目录 contents

本书赞誉　　　001
致谢　　　001
特别鸣谢　　　001
前言　　　001
序言　　　001
图表示意　　　001

第一部分　螺旋动力学基础　　　001

第1章　引言——本书"地形图"　　　003
　　关于本书　　　003
　　本书目标　　　004
　　遵循的研究方法　　　008
　　内容架构　　　009
　　对哪些人有益　　　013

第2章　"存在层次阶梯"设计师——克莱尔·格雷夫斯　　　015
　　超越了马斯洛和其他人的发展思想　　　019
　　远见卓识的智者初相识　　　021
　　克莱尔·格雷夫斯论未来　　　025
　　结语　　　030

第3章　密码本　　　031
　　引言　　　031
　　八大密码　　　032
　　"第一层级"的"生存"密码　　　035
　　"第二层级"的"存在"密码　　　037
　　密码变化的双螺旋形态　　　038

密码变化呈"我"导向和"我们"导向波动　　042
密码变化的起伏发展　　043
缤纷世界中我们也绚烂多彩　　045
密码变化的挑战　　047
人类本性"主密码"　　049
条形码　　050
结语　　052

第4章　自然设计——新兴生态　　053
自然设计概念化　　053
"设计"的基本特征　　054
各种自然设计工具　　054
组织结构精妙性　　055
自然设计原则　　057
自然设计的五个底线　　059
整体性应用　　061
复杂的自适应系统　　062
五个变化状态　　064
"黄色"思维需求　　065
自然设计工具　　067
大规模变革　　068
模板　　070
促成改变的6个条件　　073

WILEY

螺旋动力系列

螺旋动力
行动篇

[美]唐·爱德华·贝克（Don Edward Beck）
[丹麦]泰迪·赫伯·拉森（Teddy Hebo Larsen）
[俄]谢尔盖·索洛宁（Sergey Solonin）
[南非]黎加·科妮莉亚·维尔乔恩（Rica Cornelia Viljoen）
[美]托马斯·约翰斯（Thomas Q. Johns）/著
蔡莹晶/译　陈秋佳/审校

Spiral Dynamics
in Action
Humanity's Master Code

华夏出版社
HUAXIA PUBLISHING HOUSE

图书在版编目（CIP）数据

螺旋动力 . 行动篇 /（美）唐·爱德华·贝克（Don Edward Beck）等著；蔡莹晶译 . -- 北京：华夏出版社有限公司，2022.8

书名原文：Spiral Dynamics in Action: Humanity's Master Code

ISBN 978-7-5222-0134-4

Ⅰ. ①螺… Ⅱ. ①唐… ②蔡… Ⅲ. ①心理学 – 研究 Ⅳ. ① B84

中国版本图书馆 CIP 数据核字（2021）第 140292 号

Title:Spiral Dynamics in Action:Humanity's Master Code by Don Edward Beck,Teddy Hebo Larsen, Sergey Solonin, Rica Cornelia Viljoen and Thomas Q.Johns
ISBN:9781119387183
Copyright © 2018 Don Beck, Teddy Hebo Larsen, Sergey Solonin and Rica Cornelia Viljoen
All Rights Reserved. This translation published under license. Authorized translation from the English language edition, Published by John Wiley & Sons. No part of this book may be reproduced in any form without the written permission of the original copyrights holder.
Copies of this book sold without a Wiley sticker on the cover are unauthorized and illegal.

本书中文简体中文字版专有翻译出版权由 John Wiley & Sons, Inc. 公司授予华夏出版社。未经许可，不得以任何手段和形式复制或抄袭本书内容。

本书封底贴有 Wiley 防伪标签，无标签者不得销售。

北京市版权局著作权合同登记号：图字 01-2019-7201 号

螺旋动力 . 行动篇

作　　者	［美］唐·爱德华·贝克
	［丹］泰迪·赫伯·拉森　　　　［俄］谢尔盖·索洛宁
	［南非］黎加·科妮莉亚·维尔乔恩　［美］托马斯·约翰斯
译　　者	蔡莹晶
责任编辑	马　颖
责任印制	刘　洋
出版发行	华夏出版社有限公司
经　　销	新华书店
印　　刷	三河市万龙印装有限公司
装　　订	三河市万龙印装有限公司
版　　次	2022 年 8 月北京第 1 版　　2022 年 8 月北京第 1 次印刷
开　　本	710×1000　1/16 开
印　　张	25.75
字　　数	178 千字
定　　价	149.00 元

华夏出版社有限公司　网址：www.hxph.com.cn　电话：（010）64663331（转）
地址：北京市东直门外香河园北里 4 号　邮编：100028
若发现本版图书有印装质量问题，请与我社营销中心联系调换。

第二部分　螺旋动力学的全球发展　　077

第5章　回到未来——重新审视南非熔炉　　079
引言　　080
南非历史背景　　081
南非谈判桌　　084
其他支持螺旋动力的盟友　　091
新南非　　095
结语　　099

第6章　发现本土智能：以色列和巴勒斯坦的案例研究　　100
新本土思维的诞生　　100
"紫—红色"村庄和"蓝—橙色"城镇　　106
共情与"五层深度"策略　　110
巴勒斯坦领土的元模因概貌　　121
巴勒斯坦建设计划的诞生　　125
最高目标的建立　　127
巴勒斯坦建设峰会　　134
结语　　146
关于本章作者　　147

第7章　北欧国家和"第二层级"意识：大动荡时期对"第二层级"领导者的需求　　148
引言　　148
人们需要这本丹麦书　　150
"绿色"丹麦　　153
认知能力和自适应智能是实现飞跃的前提　　173
结语　　174

第三部分　社会环境中的跃升　　179

第8章　定义可持续发展的公司：从股东到利益相关者　　181
企业元模因之争　　181
当前的功能失调　　184
功能性第七层首席执行官　　185
所有权的演变　　186
星巴克　　189
苹果　　191
谷歌　　194
全食食品超市　　201
未来企业　　209
结语　　211
关于本章作者　　211

第9章　跨越边界的螺旋动力·行动篇　　213
引言　　213
宗教中的螺旋动力　　215
政治和经济中的螺旋动力　　222
螺旋动力的沟通策略　　224
螺旋动力的奠基石　　226
螺旋动力与动机　　229
螺旋动力与基金会　　231
螺旋动力与艺术　　233
螺旋动力与体育运动　　237
螺旋动力与俄罗斯　　246
结语　　246

第 10 章　多种工作场所中的组织参与：螺旋动力的国际应用　　250
　　引言　　250
　　可供考虑的多元文化方法　　251
　　参与多元文化组织　　258
　　结语　　274

第四部分　螺旋动力辅助技术　　277

第 11 章　螺旋动力辅助技术　　279
　　引言　　279
　　爱迪思（Adizes）方法　　280
　　同化对比效应　　291
　　价值工程的应用——螺旋动力方法　　297
　　卡可夫（Carkhuff）的七维技能模型　　312
　　功能设计的 7 个步骤　　319
　　语言的影响　　322

第五部分　人类进步之路　　325

第 12 章　螺旋动力学的应用　　327
　　螺旋动力学的一些实际应用　　327
　　螺旋动力应用实例与说明　　329
　　关于元模因密码的最终思考　　334
　　反思螺旋动力和主密码的发展历程　　336
　　今后应去往何方　　344
　　结语　　346
　　关于作者　　351
　　词汇表　　361
　　其他资料　　365

本书赞誉

在日益严峻的经济、政治和环境挑战中，这本非凡的著作证明了能够拯救地球的新型领导力就要诞生了。唐·贝克及其同仁们在文稿中写就的简直是天才之作……对于那些真正致力成为我们这个星球的清醒开拓者的领导者而言，这本书不可不读。

——美国全食食品超市（Whole Foods Market）首席执行官
约翰·麦基（John Mackey）

唐·贝克不仅是新知识的缔造者和负有名望的思想领袖，还是一位具有务实见解的杰出顾问、支持者和鼓励者。

——南非国家电力公司（ESKOM）前执行董事乔治·林德奎
（George Lindeque）博士

《螺旋动力·行动篇》提出了一个新视角，阐明了我们以前所没看到的世界多样性趋势。更重要的是，通过本书提供的视角，我们得以理解当前的时事、危机和冲突，并尝试利用这些认知使社会、环境和人类变得更好。对于所有想了解世界并积极影响世界的人而言,这本实践指南都是必读的。

——东正教犹太教堂联盟(Union of Orthodox Synagogues,UOS)犹太教法院院长安东·克莱因(Anton Klein)

贝克博士富有远见卓识的创造性精神,且极其有望达成目标,而他或许仍比他所处的时代还领先一步。本书代表了他的整体性思维在实践中的前沿动向。当前我们拥有了他这样一颗北极星,只要我们有意愿、也有能力阅读星图,这颗北极星便可指引我们回家。这本书就是星图。

——伯特·帕里(Bert Parlee)博士

《螺旋动力·行动篇》带我走上了令人振奋的自我发现之旅,并为我提供了在多民族、多文化环境中蓬勃成长的工具。《螺旋动力·行动篇》使得克莱尔·格雷夫斯(Clare W. Graves)研究"成人生理—心理—社会发展的突现式周期性双螺旋模型"的著作在我们的日常生活中显得既实用又有效。读这本书改变了我的生活。这是一本人生必读书。

——南非 InterSystems 公司销售工程师赫尔曼·布鲁尔(Herman Bruwer)

《螺旋动力·行动篇》表明,贝克如今关注 2017 年及其后的严重问题和各种社会混乱，就如同地缘政治顾问和全球及社会层面变革的倡导者那样，仍有很多贡献。

——爱迪思研究生院（Adizes Graduate School）认证专员及讲师
达雷尔·古登（Darrell Gooden）博士

在当今这个变幻莫测的世界中，要提高生产力，就需要多元化的领导才能。《螺旋动力·行动篇》超越了神经科学，成为塑造商业世界的学习榜样。

——加纳达曼（Damang）员工敬业度和沟通部乔治·马鲁维·达米安
（George Maluwi Damien）

这本书的丰富性在于它结合了理论和实践来展现螺旋动力学的概念，以提升人们的意识水平。通过了解"人性深层的潜在原型"并分析人们的心态，领导者可以参与社会的各个层面并满足人们的需求而不受排斥。这本书认为，随着人们不断适应其动态环境并倡导适应已有不同价值系统的多元化政府结构，新的范式已然形成。

——曼荼罗咨询公司领导力和变革促进者乔伊斯·滕德派
（Joyce Toendepi）博士

这本书汇集了应对大规模、复杂的人类挑战的最重要的概念和方法。贫困、犯罪、腐败、教育差距和政治分极化等社会问题可以通过一个能够容纳复杂动态并允许对人性有深刻理解的实用框架来解决。

——地球团队凯文·凯尔斯（Kevin Kells）博士

这本书是宝贵和必不可少的工具,能够帮助公司理解和管理职场意识形态的多样性。

——南非共同决策制人事行政和人事专员
亨克·范齐尔(Henk van Zyl)

现在,我每天都依靠这个重要的认知框架来应对复杂的业务挑战,并为我的客户做出重要贡献。我永远都要感激贝克博士。

——社会基础设施发展主管约瑟夫·任德(Joseph Rende)

这本书为构建一个具有包容性、真实性和重视深度智慧的社会指明了方向。通过聆听系统中所有的声音,领导者有权提出能够引导全局综合性和逐步增强系统适应能力的问题,从而造福整个社会。

——南非咨询心理学家兼 OD 高级实践者
安娜-罗莎·列·鲁(Anna-Rosa le Roux)博士

人类在自我毁灭之前面临的根本问题是必须了解自己的真实身份和最终命运。我们正在见证唐·贝克博士的愿景,它进一步定义了人类的真实身份,并提供了实现人类命运的计划。贝克提出了一种范式,可以将相互排斥的思想团体转变为有机统一的整体。贝克微妙而实用的模式要求我们接受这种新的范式,为我们掌握集体命运提供手段和控制方法。

——Destination Peace 国际创始人兼首席执行官
伊曼纽尔·C. 佩尔曼(Emanuel C. Perlman)

终于等来了这本书！如果想做出明智的决定，一定要读读它。

——Be Earth 基金会（联合国政府间组织）秘书长
劳伦斯·布洛姆（Lawrence Bloom）

这是伟大而具有开创性的著作，提炼出了人类发展实践的密码以及适用于微观、中观和大规模变革的密码。它是一部杰作。

——哲学家艾伯特·克拉姆特（Albert Klamt）

这本书应当成为每所大学里的必读书。它是人类本性的主密码，就像人类心理学的 DNA 一样，很大程度上解释了人类的动机和行为。一旦了解了它，你就能够看清在政治、商业、领导力和社会方面起着重要作用的潜在力量。

——西方文明未来项目（Future of Western Civilization Project）精神科顾问兼主任尼古拉斯·比克罗夫特（Nicholas Beecroft）

这确实是具有开创意义的著作，对于那些经历了重大飞跃的人来说是必不可少的读物。能够为它做推荐，我感到很荣幸。

——《科斯莫斯》（Kosmos Journal）创刊编辑
南希·鲁夫（Nancy Roof）博士

这是一本突破性的书，强调了早期发展阶段对整个人的至关重要性。对于设计和实施人类发展策略的人们而言，这些知识都是必须要了解的。

——SoCal 变革领导者教练和促进者协会创始成员
汤姆·费尔德曼（Tom Feldman）

这本书很好地平衡了人们参与共创进步的科学和艺术。基于人们对变革的成熟理解，《螺旋动力·行动篇》这本书为组织内部的人员提供了指导，使他们有能力将变化整合到自己所处的环境和社会系统中。

——专业的高品质健康改善顾问安西·普林斯卢（Ansie Prinsloo）

《螺旋动力·行动篇》是一本非凡的书，它展示了"螺旋动力学理论"如何构成世界上重大戏剧性变革的基础以及个人、组织和国家发展的基础。唐和他的同仁们为我们提供了完整的学习路径，他们为这本非同寻常的书所倾注的心血绝对会令你惊叹不已。

——教育学博士劳拉·弗雷·霍恩（Laura Frey Horn）

对于那些想要影响个人、组织、国家乃至整个世界的变革的人来说，这是一本必读的书。

——海战评估中心（Naval Warfare Assessment Centre）
全面质量领导力前主任，戴明公司（Deming Coorporative）与
戴明研究所（Deming Institute）支持者
吉姆·钱德勒（Jim Chandler）

本书的每一页都提出了为我们指引道路的真实愿望。读者阅读后就可以采取行动了。贝克博士一直在提醒我们思考一个问题："我们需要做什么？"《螺旋动力·行动篇》这本书巧妙地为我们提供了打开价值系统、世界观和思维方式的钥匙，破解了塑造我们多维生活的密码，让我们逐步形成有益于人类整体发展的新的思维秩序和存在形式。在这个充满挑战的历史时刻，还有什么能比这更重要呢？

——协同源基金会（The Source of Synergy Foundation）创始人兼总裁
黛安·威廉姆斯（Diane Williams）

唐·贝克博士以及与他合作的才华横溢的跨国合著者团队应被提名诺贝尔和平奖。《螺旋动力·行动篇》简直就是杰作。我鼓励所有领导者以及立志成为领导者的人都把它当作枕边书来读，每天早上醒来后和每晚入睡前都可以阅读它。这样做将改变你接受激励的方式，从而催生变革，并释放你作为领导者的才能。

——《纽约时报》畅销书作者凯瑟琳·伍德沃德·托马斯
（Katherine Woodward Thomas），著有
《理性分手：5步迈向幸福生活》（Conscious Uncoupling: 5
Steps to Living Happily Even After）

这本书对我们的家庭而言是一份遗产，我为父母亲和我的手足贝琳达（Belinda）及马特（Matt）感到无比自豪。爸爸，如果我能

够把您在祖鲁兰（Zululand）平原上积攒下来的智慧传递给我的女儿吉利安（Jillian），哪怕只传给她一点点，也特别好。爸爸，您做得太棒了。

——小唐·贝克（Don Beck Jr.）

致　谢

弗雷德（Fred Krawchuk）是探路者咨询集团（Pathfinder Consulting Group）的创始人和首席执行官，IESE（Institute of Higher Busimess Studies）商学院的高级讲师，行为教练和作家。弗雷德使领导者和组织者能够管理不确定性，并在动态环境中进行创新。他是一位出色的领导者，以利用螺旋动力进行战略规划和领导全球高风险行动而闻名，包括巴尔干地区的维和行动、拉丁美洲和东南亚的丛林行动以及伊拉克和阿富汗的反叛乱行动。

他融合了自己的巅峰表现、谈判和设计思想方面的专业知识，为高级管理人员撰写文章并指导他们如何引导各行各业的利益相关者建立共识、调整行动并针对复杂的挑战提供务实的解决方案。弗雷德与全球各种公共部门和企业客户合作，使他们无论是在商务、政府治理工作中还是在地区冲突中，面对易变、不确定、复杂和不明朗的局势能够变得更加灵活敏捷并能更好地适应。他不仅是西点军校毕业生，还获得了 IESE 商学院和哈佛大学的学位。

他被授予美国陆军特种部队上校军衔，是奥尔姆斯特德的研究学者和美国国务院前乔治·马歇尔研究员。弗雷德是长期的正念和适应力专家,还是"归家计划"咨询委员会成员以及"贸易和平"董事会成员。

用唐·贝克的话说:"弗雷德上校是21世纪的战士。对我个人而言,他代表警察、妇女、军人以及其他为维护社会稳定而走艰难路线的人。弗雷德上校既可以是主战派人士又可以是和平促进者。他在艰苦的工作环境中有着出色的工作成绩,在这样的环境中人的处境至关重要。总有事情等着他去做。他的奉献是为这些人及其家人和密友做的,他们都为我们应对社会问题付出了代价。"

谨以此书献给弗雷德上校。

这本书记录了我毕生的工作,而如果不提我的妻子和伴侣帕特·贝克(Pat Beck),这本书就不完整了。她与我一起并肩经历了人生的起起落落。她会同我一起旅行,也乐意留守在家里照顾孩子们。她也同我一起分享了我的成功与失落。

作为小小的谢意,帕特,我将这本书献给你。

愿上帝保佑你。

特别鸣谢

这本书之所以能完成,特别需要感谢以下这些专家、领导、同仁和朋友的支持:

- 乔恩·弗里曼(Jon Freeman),螺旋动力学重要专家,为螺旋动力学课程提供了积极的支持。
- 玛丽·安·汤普森·弗兰克(Mary Ann Thompson Frank),艺术家和慈善家。她目前是曼索恩研究所(Mensoyne Institute)的首席执行官,在那里她通过持续培养文化创造者来为人们提供帮助。在开创螺旋动力学课程到创建生命体征监测器(Vital Signs Monitors,VSM)期间,唐和玛丽·安一起工作,曾共同参与多个项目。
- 阿尔伯特·克拉姆特(Albert Klamt),感谢他的好奇心和全神贯注,是他不断地提醒我们哪些是重要的事。
- 凯斯·E. 赖斯(Keith E. Rice),他通过小心翼翼地持续更新综合社会心理学博客,建立了一套知识体系。他的博客网址是http://www.integratedsociopsychology.net。

- 霍华德·普特南姆（Howard Putnam），他是真正的朋友和工作伙伴，也是最诚信的高级领导中的典范。

- 约翰（John）和马戈（Margo），感谢博尔德的热饮，感谢我们之间的深厚友谊，你们俩用各种各样的方式令我振奋。

- 切丽·贝克（Cherie Beck），一直是那么好的朋友和合作伙伴，他创作的音频和新奇考验使我感到惊艳。我们不仅分享了姓氏，还一起分享其他好多东西。

- 黛安·威廉姆斯（Diane Williams），她在进化领袖项目中的构思和影响力充实了我们所有人的心灵。多年来她一直非常支持我。

- 本·利维（Ben Levi），您的头脑多么强大——本领多多，简直无与伦比。您是本书及这个群体的重要组成部分。

- 和平终点（Destination Peace）的伊曼纽尔·佩尔曼（Emanuel Pelman），您是一个有趣、深刻、有益的朋友。您的音乐直击我的灵魂。

- 尼古拉斯·比克罗夫特（Nicholas Beecroft），您使我开阔了眼界，拥有了更广阔的世界观，也让我看到了我们所有人在"西方"所面临的真正挑战。

- 迈克·杰伊（Mike Jay，前海军陆战队队员），您一直是位真正的朋友和工作伙伴，也是一位机智的朋友。

- 菲德拉（Phaedra Wintsett Stretcher），他多年来一直为我们制作图表，设计的图表极富格调、创意和品味。
- 洛兰·劳布舍尔（Loraine Laubscher），毕生都致力研究螺旋动力学。
- 我们的朋友拉斯·福尔克曼（Russ Volckmann II），他撰文优化旧思维系统和旧思维编码。愿你优化成功并被世人深深铭记。

在我需要时，你们每个人都在。感谢你们与我一路同行，也感谢你们与最初的螺旋动力社群一路同行。

——唐·爱德华·贝克博士

前　言

螺旋动力可以说是首个重要的系统性、概念化的体系，是关乎所有解决"大局"问题所涉及的方方面面的复杂思维方式。当前，在顶尖高阶领导思维中盛行的整体观视角为同时研究宏观问题和微观问题提供了机制和方法。这些观点奠定了一种特定的、实用的和可用的转变技术，用来校准和联结所有变量，使利益相关者、文化、亚文化和其他相关利益体关联在一个精心设计的有机体中。本书的视角是将技术、商务系统和人类行为动力集成在一个无缝连接的交互过程中。在任何应用文学、期刊、畅销书、学术计划或顾问包中都找不到类似于"螺旋动力学"的内容。它绝世而独立。这使得很多人难以围绕整体观视角去获取想法，因为我们习惯于只聚焦于局部。我们习惯去寻找权宜之计、单因式分析和解决方案、洗车式干预措施或微观性的应用。

在我看来，螺旋动力学存在的原因在本书第 12 章中已全部做了说明。而我所述的内容只能激发人们去了解美国的克莱尔·格雷夫斯和唐·贝克，南非的洛兰·劳布舍尔和黎加·维尔乔恩[1]，黎巴

---

[1] 黎加·维尔乔恩，全名为黎加·科妮莉亚·维尔乔恩，文中名字如有省略，则指的是同一人。

嫩裔美国人赛义德·道拉巴尼（Said Dawlabani）和埃尔扎·马洛夫（Elza Maalouf），以及欧洲的泰迪·拉森和谢尔盖·索洛宁等人的书中提到的许许多多的人，了解他们对推动全球范围内个人、组织和整个社会群体的发展而做的伟大工作。

20世纪90年代初，我与唐·贝克在南非首次见面，那是在我阅读了他与格雷厄姆·林斯科特（Graham Linscott）合著的杰出著作《熔炉：打造南非的未来》（The Crucible, Forging South Africa's Future）之后。那时我在乡下，读完书立即给格雷厄姆打电话，询问他："唐·贝克是谁？怎样能与他相识？"心怀好奇和敬畏，二十多年前我促成了唐·贝克和克里斯托弗·科万合著了第一本书螺旋动力书籍，即《螺旋动力学》（Spiral Dynamics: Mastering Values, Leadership and Change）。它构成了布莱克韦尔（Blackwell）《发展管理》（Developmental Management）一书的关键组成部分。

这部具有开创性的著作得以问世绝非偶然，它缘于我与唐在南非的相识，当时是20世纪90年代初，新南非即将诞生。也正是在南非，以"南非治理"项目为背景，我先后结识了黎加·维尔乔恩和洛兰·劳布舍尔。这是首次、至今也仍然是唯一一次揭示非洲在管理领域所必须发挥作用的尝试。我们在这方面开展工作的核心是螺旋动力以及令南非成为伟大的"彩虹"之国的多元文化模因。那为什么这种"螺旋"对我们来说具有如此开创性的价值呢？

在回答这个问题之前，请先让我将讨论焦点由南非转向以色列和巴勒斯坦，我在非洲和欧洲以外的这个地区度过了一生中的很多时光，人们在这里做了许多伟大的工作，我们将看到贝克、马洛夫和道拉巴尼也会做这样的事情。数十年来，我们一直在这个地区奋力同经济与事业中的不安定因素作斗争，不仅要考虑我们在这里发现的组织和个体的不安定因素，还要考虑社会整体的不安定因素。马洛夫在文化模因中提出的见解在这个过程中再次显得极为重要。因为我们尽管已在巴以问题进程中历经了各种考验和磨难，但如果不考虑所有这些因素以及它们之间或好或坏的动态交互作用，我们怎能发现某个地区、某个民族得天独厚的优势呢？

现在我们再转到北欧国家。"中东"和平进程如今步履蹒跚，而挪威曾在这个进程中发挥过非常关键的作用。事实上，像我这样出身于非洲的津巴布韦却生活在欧洲的人，也一直认为，只要这些北欧国家能够从容应对，它们便会成为欧洲大陆进化的催化剂。实际上，我曾经与印度人萨达汗舒·帕苏利（Sudhanshu Palsule）撰写我们的《四界治理》（Managing in Four Worlds）一书，那时他已在丹麦一所大学任教多年。他向我介绍了丹麦式的"北方"民间传统以及由此而产生的民间大学。因此在20世纪90年代中期，我们的书中就适当记载了这些内容，同时也记载了东方、西方和南方的民间传统。

因涉及美国、南非、巴勒斯坦、以色列、丹麦以及俄罗斯等国，我在写《整体优势：新兴经济体和社会》（Integral Advantage: Emerging Economies and Societies）期间就曾游历了俄罗斯。在那里，我发现了"第二层级"。而这正是在这个伟大的国家中，无论是共产主义还是资本主义都彻底错过的终极智慧。那么，让我回到之前的问题：《螺旋动力·行动篇》这本书为什么如此特别？

事实是，从东西到南北，它跨越了所有国界。非常可悲的是，在当今关于领导力的多数文献中，都是由"西方"（主要是美国）引领，其他国家追随其后，就好像唐纳德·特朗普（Donald Trump）在统治世界一样！然而，通过贝克、格雷夫斯以及劳布舍尔、维尔乔恩、马洛夫、道拉巴尼、拉森和索洛宁等人，我们看到了另一个美国，世界其他国家都在这里相遇，而不是被"熔化"成杂乱无章的一团。

最后我要说的是，二十多年前，我们之所以一下子就把"螺旋动力"视为布莱克韦尔《发展管理》中最重要的部分，是因为它不仅同步、交互式地着眼于地球的四角及中心，同时也同步、交互式地关注到其中的个体、组织和社会。在当下，领导力理论和实践的弊害之处在于它以为经过适当融合后，可以有一刀切的普适性发展模式，也以为个人可以脱离自己所在的社区、社会或脱离自己的组织去"引领"发展。本书的作者们向我们说明了可能存在其他情况。

——法国 Trans4m 联合创始人、南非达·芬奇学院管理学教授
罗尼·雷森（Ronnie Lessem）

序　言
唐·贝克博士

> 使用制造问题的那套思维是无法解决问题的。
> ——阿尔伯特·爱因斯坦（Albert Einstein）

我们生活在一个复杂、独特而又危险的世界中。

为什么经过了半个世纪的国际外交与和平谈判，以色列和邻国依然无法实现和平？为什么某些非洲国家不断出台毁灭经济、杀害民众、强暴妇女的残酷政治制度？为什么美国的两极分化如此严重，以至于对事务进行的集体辩论似乎已成为早年的模糊记忆？从何时起，美国与其亲密的北欧盟国开始以迥然不同的视角看待全球问题？为什么会这样？

这些就是我们需要回答的各种问题。如果我们只看表象将无法找到答案。当今的新闻提要也只是在揭露症候，而不是揭示原因。

我们每个人都有许多看待事物的方式，而这影响着我们对世界的感知。我们的所思所想不尽相同，我们的价值观也不尽相同。我们并不是都通过同一个镜头去看世界。正是由于这个原因，21世纪

> 现如今，我们有60多亿人，大家的世界观各异，人们通过迁移、航空旅行和互联网联结成为一个相互交融的整体。

才变得如此复杂和危险。现如今，我们有60多亿人，大家的世界观各异，人们通过迁移、航空旅行和互联网联结成为一个相互交融的整体。我们大都确信自己的观点正确，确信自己的价值观正确。于是我们就你推我搡、低吼恐吓，还高举着"我说了算"的标语牌，其中有些人甚至在互相杀戮。

我们怎么走到了这步田地？我们怎样才能走出困局？我们怎样构建系统去处理复杂的人际互联，同时又可以允许人们在人类发展的各个阶段自然而然地成长和行动？这些问题的答案隐含在我40年间持续对以下两个问题的探寻中：

解释人类发展的通用主密码是什么？

这个主密码如何告诉我们接下来必须做什么才能持续走在态势积极的道路上？

我是个乐观的人。我相信人类具有再生的力量。小时候，妈妈会把俄克拉何马州（Oklahoma）州歌唱给我听，"草地上闪耀着金色的薄雾"，随后是合唱，"哦，真是一个美丽的早晨……"俄克拉何马州的普赛尔（Purcell）地区坐落在美国大平原上，处于"龙卷风走廊"局部一带。虽然我们的生活经常充满威胁，每次当西南方出现乌云，我们都面临着失去一切的风险，不过也没关系，我是来自金色薄雾笼罩地的孩子，我认为一切都还不错。

但这不单只是一种直观感觉，历史还证实了人类乐观态度的正确性。我们的历史是复兴的历史，因为我们一次又一次地应对挑战并创造新的生活方式和思维方式去解决问题。

作为年轻教授，我一直在寻找人类发展的罗塞塔石碑。[1] 我花了20年的时间潜心研究心理学领域最新、最顶尖的知识，而且正在逐渐被公认为化解冲突的新领军人物。我知道，化解冲突的方法深植在人类的心灵之中，其深度绝非我们多数人所能解释。我也知道，如果我们能够了解人类发展，不单是了解我们如何发展，还能了解我们为何发展，那么也许我们能够成功化解许许多多的人类困境。

1974年，读到克莱尔·格雷夫斯博士发表在《未来学家》（The Futurist）杂志上的那篇关于人类发展的文章[2]时，我找到了我之所求——对人类为何发展以及如何发展，有了基于审慎研究得出的解释。发展不是一个事件，它是一个永不停息的过程。我们始终都处于这样一个进程中，超越过去，迈向未来。

格雷夫斯是位于纽约的联合学院的心理学荣誉教授，他花了数十年的时间来解锁这一过程——一次研究一个对象，直到累积了成千上万的个案才从中得出人类发展的模式。他对他这一发现的命名

---

[1] 罗塞塔石碑是拿破仑军队发现的刻字碑，通过把象形文字翻译成希腊语解锁了埃及文字。

[2] 格雷夫斯的文章名为《人类的本性已为重大飞跃做好准备》（Human Nature Prepares for a Momentous Leap），于1974年4月发表在《未来学家》杂志上。本书的作者们多次引用这篇文章。后文中我们将此文称为"格雷夫斯1974年发表的文章"。

就像他收集数据一样严谨。格雷夫斯把他的发现称为"成人生理—心理—社会发展的突现式周期性双螺旋模型"。这个名字长而拗口,但它就是被归结成了这样。当我们遇到在当下存在的层级无法解决的挑战时,我们将在生理、心理、社会和精神层面上跨越至更新、更高阶的系统。此后,该理论被称为螺旋动力学。

然而,旧系统不会消失。它仍是我们的一部分,在需要时可供我们使用。显然,我们拥有强大而充满活力的头脑。它会根据生存状况进行自我校准,且校准速度很快。虽然人类基因需要耗费一些美好时光才能产生变化,但进化螺旋上的密码几乎可以在一夜之间突然出现。

格雷夫斯的研究解释了人类是如何发展的。他确定了八个分层,并指出将会有更多分层产生。其中前六层构成了"第一层级"密码,包括我们所熟悉的组织结构,如部落、帝国、圣秩和战略资本主义。这些都是系统,每个系统都深信其价值准则的正确性,并相互争夺着支配地位。然而,未来就在格雷夫斯所称的朝向"第二层级"系统的巨大跨越中。他的研究发现有些人在表述一种囊括所有"第一层级"密码的新观点。他们知道,要想从"第一层级"往上发展,人类必须使用密码提供的健康的发展渠道来适应每个阶段的发展。为什么这样做?答案伴随着一种新的思维方式产生。

人类处于不断运动的状态,我们是由螺旋密码塑造的。简而言之,我们可以改变自己的心理状态,大脑可以自我改造,社会不是静止不变的。以往的解决方案会演变成如今面临的新问题。评估与

> 理解人类的"主密码"不仅可以解决当前我们所面临的挑战,还可以使我们走得更快,同时又使矛盾比我们想象的少。

变革将是我们未来生活的一部分。我们处于永恒的精神跋涉中。许多人都认为我们正在经历着非常重要的变革、极其重大的转折和历史性的巨变。在世界各地以及人类活动的各个领域都开始出现一种新异的思维方式。格雷夫斯在接受鲁米舍尔(Roemischer,2002)的采访时预测:"此时此刻,我们的社会正试图成功完成迄今为止人类必须面对的最艰难也最激动人心的转型。这不仅是面向新的生存水平的转型,也是人类身份交响曲新篇章的开始。"

这就是本书所探讨的内容。它涉及通用主密码,即包含过去的所有密码和以后的所有密码的基础密码。理解人类的"主密码"不仅可以解决当前我们所面临的挑战,还可以使我们走得更快,同时又使矛盾比我们想象的少。我们必须了解这个密码,不单单是因为我们当中有些人抱有匈奴王阿提拉式意识形态(他们紧盯核武器,想以此建立自己的个人帝国),还因为我们的生化和医疗技术正在挑战我们的观念,拷问着我们身为人类究竟意味着什么。我们不得不去应对这两个极端问题,并把它们处理好。

这能办得到。我已对格雷夫斯的研究进行了40年的现场测试,针对这一知识体系进行研究和实际应用。我把自己嵌入每个密码,找到了创造所谓"三赢神力"——你赢、我赢、地球赢的实用方法。这本书讲述的就是那段寻找人类本性主密码的旅程。

通过这本书,我尝试以不同的方式提出新的见解和方法,从而一视同仁地挑战社会领袖、商务领袖和政治领袖。本书的延伸网站为www.spiraldynamicsglobal.com,在那里可以找到大量的文章、博客、报纸剪辑、学术论文以及有关螺旋动力应用的其他资源。随着时间的积累，这一知识体系会日益完善并变得越来越丰富。

我会温和地发出建议，当遇到复杂、邪恶的系统性问题，而这些问题本质上又存在极端化风险时，我们惯常使用的建设性对话方式和领导方式就会受限。在这里，我向领导者们提出挑战，以构建可持续发展的文化。在这里，领导者们能够发展出鼓舞人心的愿景、至高无上的使命感和一系列的高级目标，并对其加以传播和更新，从而开创复杂文化背景下的共同事业。

此处引用肯·威尔伯（Ken Wilber）的话："螺旋动力学是目前可用的最早的整合心理学，由唐·贝克所提出，我给予它最强烈的推荐。它对商务、政治、教育和医学都产生了深远的影响，将为您提供即刻就能在自己领域中应用这些革命性思想的方法。千万不要错过！"

希望通过我毕生的努力，通过这本书，将来人类能够发展出具有增值价值的社会系统和运转良好的地缘政治圈，同时激发出个体领导力，共同创造一个我们都想要的未来。

图表示意

本书中这个部分提供了不同图表的汇编,以方便读者做整合。它可以作为对各种色彩、密码、价值系统和思维结构的参考,借此能够了解螺旋动力中所使用的不同密码。

通过图表,读者能够熟悉不同的原型、组织模式和图例,了解每个密码如何控制意义和融合的不同产生方式。此外,应强调不同密码如何引起不同的存在问题——没有哪一个比另一个更好或更可取。格雷夫斯最初的说法并不是指某个价值系统比另一个好。他强调,最适合的系统才是特定条件下最好的系统。

此外,读者还可参阅贝克与林斯科特合著的《熔炉:打造南非的未来》(1991年出版,2006年、2011年和2014年重印)以及贝克与科万合著的经典著作《螺旋动力学》(1996年出版,2006年重印)。本书最后的"其他资料"中介绍的其他各种出版物中也详细阐述了该理论及与其相关的各种内涵。

贝克提醒我们,研究此处呈现的各种图表时,我们须记住,密码不是音符而是和弦;一个人也不是一种色彩;人的思维中有密码,但这却不是人的密码。

价值系统底线	自我表达系统 关注个体/精英	过渡因素	自我牺牲系统 关注公共/集体
"第一层级"系统			
(AN) 生存意识 保持存活	**"米色"价值观** 自发/本能 "我存活"	·独特自我的意识 ·因果认知的唤醒 ·担心威胁/恐惧 ·存活需要群策群力	**"紫色" 价值观**
	世界1		
(BO) 血脉精神 安定与安全	·显性自我的出现 **"红色"价值观** ·自我比团体更强大 ·直面对手和危险力量，夺取控制权 ·领地有限		泛灵论/部族主义 "我们安全"
			世界2
(CP) 权力之神 权力与行动	以自我为中心/开拓性 "我掌控"	·认可道德 ·追求生活的意义与 目标，拓展时间范围/未来 ·产生重要思考	**"蓝色" 价值观**
(DQ) 真理力量 稳定与有目 标的生活	世界3		
	"橙色"价值观 ·当下为自己追求更好的生活 ·挑战上级权威，以取得切实的成果 ·在众多方法中寻求最佳方法		绝对化/崇高的道德 "我们获救"
(ER) 奋力驱动 成功与自主			世界4
(FS) 人类连接 社群和谐与 平等	唯物主义/成功者 "我改善"	·发现物质财富无法带来幸福或安宁 ·重新产生对社区、共享以及更丰富的内心生活的需求 ·对贫富差距的敏感性	**"绿色" 价值观**
"第二层级"系统	世界5		
(GT) 灵活流动 品质/责任	·受到经济和情感上关心成本的强烈影响 ·直面混乱/无序 ·需要具体的结果和功能 ·认知高于感觉		相对性/以社 会为中心 "我们成为"
			世界6
(HU) 全球流动 全球秩序与 复兴	**"黄色"价值观** 系统性/整体性 "我学习"	·在混乱中感知秩序 ·寻求指导原则 ·科技将所有人联结在一起，整个地球的问题随之产生 ·让精神灵性回归身体	
	世界7		
"珊瑚色" 价值观	这个系统将会成为一种全新的表现形式，延伸到整个星球。全球性问题似乎需要得到统一的控制，这是一种新的生存方式，适用于这个被群居生活改变了千百年的世界		**"青色" 价值观** 全球化/复兴 "我们体验"
	世界9		世界8

全球文化地形图

了解不同的密码，了解密码中独特的天赐智慧，同时知晓它的副作用，这不论是在未来的工作领域，还是在确保文化可持续发展和地球可持续发展方面，都会是一项至关重要的领导技能。

螺旋动力 ★

生存状况	元模因能力
时间、地点、问题、情境	系统—内部
元模因是一个核心价值系统、一种世界观，也是渗透在组织结构、决策系统以及各种文化表现当中的一种组织原则	随着新的元模因崭露头角，先前占据主导地位的系统逐渐衰退

组织密码与原则——心理 DNA							
生存群体	部族秩序	开拓性帝国	权威架构	策略型企业	社会网络	系统化流程	整体性有机体
本能驱动	安全驱动	权力驱动	秩序驱动	成功驱动	人力驱动	过程驱动	综合驱动

螺旋动力 *

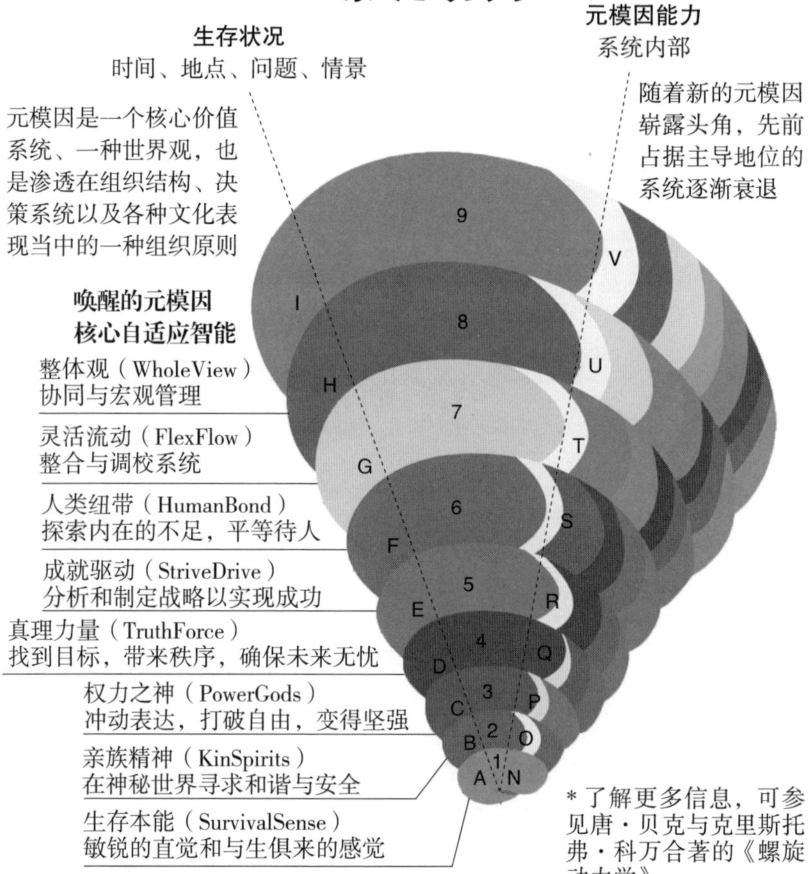

生存状况
时间、地点、问题、情景
元模因能力
系统内部
随着新的元模因崭露头角，先前占据主导地位的系统逐渐衰退
元模因是一个核心价值系统、一种世界观，也是渗透在组织结构、决策系统以及各种文化表现当中的一种组织原则
唤醒的元模因
核心自适应智能
整体观（WholeView）
协同与宏观管理
灵活流动（FlexFlow）
整合与调校系统
人类纽带（HumanBond）
探索内在的不足，平等待人
成就驱动（StriveDrive）
分析和制定战略以实现成功
真理力量（TruthForce）
找到目标，带来秩序，确保未来无忧
权力之神（PowerGods）
冲动表达，打破自由，变得坚强
亲族精神（KinSpirits）
在神秘世界寻求和谐与安全
生存本能（SurvivalSense）
敏锐的直觉和与生俱来的感觉
9
8
7
6
5
4
3
2
1
I
H
G
F
E
D
C
B
A
V
U
T
S
R
Q
P
O
N
* 了解更多信息，可参见唐・贝克与克里斯托弗・科万合著的《螺旋动力学》

组织密码与原则——心理 DNA

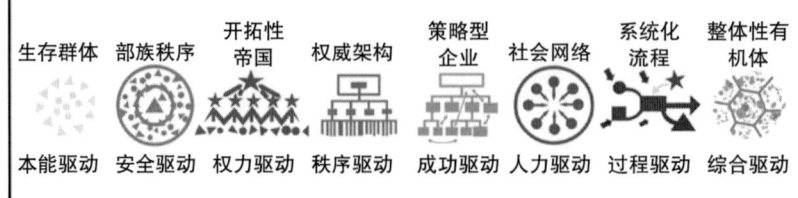

生存群体
部族秩序
开拓性帝国
权威架构
策略型企业
社会网络
系统化流程
整体性有机体
本能驱动
安全驱动
权力驱动
秩序驱动
成功驱动
人力驱动
过程驱动
综合驱动

唤醒的元模因

* 欲了解更多信息，可参见贝克与科万合著的《螺旋动力学》（华夏出版社出版）。

第一部分

螺旋动力学基础

- 引言——本书"地形图"
- "存在层次阶梯"设计师——克莱尔·格雷夫斯
- 密码本
- 自然设计——持续新兴生态

第1章 引言——本书"地形图"

螺旋动力·行动篇之探索主密码：引言

关于本书

　　这本关于螺旋动力的书问世于唐·贝克的生命之秋。书中讲到的故事是他经历过的，书中描述的大多数干预措施也都是由他自己推进的。在他脑海中与此相关的记忆能够追溯到第二次世界大战时。时至今日，他仍会在所有能接触到的电视台和广播电台上收看和收听国际新闻，并以本国公民和人类成员的身份积极参与其中。这本书由贝克与来自俄罗斯、美国、丹麦、南非的朋友和同仁们合著。他们都是螺旋社群的前辈，但其中也包括新千年的新生代成员（第三代和第四代格雷夫斯追随者）。我们无法将贝克负责的众多干预措施、咨询和策略的完整记录全部呈现出来，但我们尽力给出足够丰富的描述，以激发、启发甚至感召读者行动起来，使世界变得更美好。

　　本书所述的理论可用来解决个人、组织和社会如何应对不断变化的生存状况这一复杂问题。个人、组织和社会内部的系统能够帮助我们了解不断变化的环境条件的适应力。围绕环境条件，本书将会研究以下几个方面的内容：

- 世界观：信息传递及模式识别。
- 复杂程度：既有或新兴的思维准则。
- 指挥与控制：固有的灵活性。
- 组织原则：条件的强度。
- 阐释流的含意：关于过去、现在和将来的时间线的视角和内涵。
- 潜力：系统的功能性或健康状况。

本书目标

本书的目标不是针对这里所描述的关键概念和结构给出深入的学术性或理论性知识。尽管人们已对该理论的历史和发展及其相关特性和情况给予了一定的关注，但唯有本书提出了螺旋动力在各种地缘政治环境下的工业领域和组织空间中的实践。

诸多案例的丰富性与价值、从民族志学视角对不同国家和群体的理解、学术根基的深度以及贝克（及其同仁）在50多年的实践中所做的工作，这么多内容简直无法被囊括在这样一本书中。再加上贝克的学生和同仁从螺旋动力的立场出发所做的所有出色工作，所有这些叠加在一起，形成了一套广泛的知识体系。贝克明确要求这本书应使智慧的光芒、重要的工作成果与业已实现的具体里程碑相互融合、交相辉映。

本书旨在协助组织和公共部门的领导者们：

- 识别、确认和定义他们所领导的社会系统的文化DNA密码，并将这些密码细化为要执行的功能。
- 了解到当组织或团队的文化DNA中的核心价值系统发生变化时，所有事物是怎样受到影响的。
- 设计不同类型的团体——无论是银行、矿山这样的企业机构，还是教育机构、宗教或灵性组织、运动机构、高效能团队、军事系统，或是航空公司、医院这样的服务机构，均适用。
- 应用自然设计的基本流程、原理和工具去超越陈旧、僵化、自上而下的领导和管理模式。
- 整合领导方法、组织理论和文化。
- 不局限于整体论，而是形成特定的功能设计——随着时代的变化和新问题的出现实现自我调节和改变。

我们尝试不去复制曾经发表过的作品，而是采取兼收并蓄的风格，将螺旋动力相关著作和教义（由唐·爱德华·贝克传授和诠释，并由克莱尔·格雷夫斯进行了概念化）加以汇编，并以理论、商务和实践应用相结合的形式呈现出来。读者需要注意的是，几十年前，格雷夫斯曾提到，如果人们能很好地理解这一理论的结构和内涵，

> 本书的目的有三个：首先是共享唐·贝克博士毕生所致力的工作；其次是说明这种现象复杂而完整的特性；最后是想给出一种洞察力的源泉，指出以往学到的经验教训，并探讨该理论在不同环境中的运用情况。

就会知道它几乎能解释一切。这种强大的理论、方法及其应用所具有的与生俱来的本质或许就解释了为什么书中各个部分、各个章节看似各有不同，但实际上它们讨论的却是同一现象。这就是唐·爱德华·贝克博士创造的人类本性主密码。

我们工作的主体远不止您现在正在阅读的纸质书或电子书中的这些内容。实际上，本书仅探讨了历史发展、理解此处概念所需的理论构建模块和一系列不同的应用。本书只是大量案例、文章、博客文章、案例研究和在云端的支持性技术网络中获取的各种资源在物理层面上的体现，它所展现的内容要比其他理论书籍多得多。确切地说，本书的目的有三个：首先是共享唐·贝克博士毕生所致力的工作；其次是说明这种现象复杂而完整的特性；最后是想给出一种洞察力的源泉，指出以往学到的经验教训，并探讨该理论在不同环境中的运用情况——从北方到南方，从东方到西方，从政治到体育，甚至应用在艺术上是如何显现的。在决定本书需要包含哪些内容、剔除哪些内容以及哪些内容需要扩展到相应网页上时，我们采用了如下标准：

- 根植于最初的格雷夫斯思想。
- 指出贝克为研究领域带来的独特贡献。
- 突出贝克所提供的支持性理论的独特整合。
- 在以下层面经受住了时间考验的应用：
  ★ 可持续性

★ 信誉

★ 可移植性

★ 学术深度

★ 格雷夫斯和贝克理论基础的纯粹应用

  本书的目的本质上是一个三者不可缺少的整体。一些具有深度理论基础的章节都经过了同行评审，也从建构主义本体论和解释主义认识论的角度呈现出了必要的学术严谨性。而且，其他章节将重点聚焦在螺旋动力实践者身上，就如何处理系统性、多样性的实际问题给出了实用建议。学习的单位从个体层面到群体、到组织，再到地缘政治层面，各不相同。甚至有一篇文章都将贝克描述为治愈了国家的"心理医生"。

  不过最重要的是，可能需要将重点放在私人及公共空间的领导者们身上。旧的解决方案和以往已做出的决定造成了我们人类目前所面临的问题。我们急需更复杂、更系统、更具全局性也更实用的思维，以确保将来我们的孩子及追随者们不重蹈覆辙。本书向所有领域的领导者提出了挑战，这个挑战不一定会改变他们的世界观，而是有意识地提出会产生不同结果的不同的问题，因为当前我们的所作所为正在产生着严重程度不断升级的副作用。这个世界迫切需要领导者——这些人经过螺旋动力中所述的功能性思考和整合，能够将思维多样性带来的各种恩赐进行杂糅——因此，随同而来的增值能力会同时表现出来，有利于所有社会系统，也有利于整个人类。

遵循的研究方法

在数据收集阶段，本书所采用的研究方法中包含内容分析，是围绕贝克及其同仁们征集到的数据进行的。这些数据包括课程材料、多年来出版的文章、已开发和发展的各种课程、现场记录、认证手册以及多年来从不同的政治领导、伙伴及干预参与者那里收到的信件和电子信函。我们还转录了各种各样的音频、视频，并进行了内容分析，其中包括最初以贝克为专题的广播电视节目。此外，本书还对影响螺旋动力发展的研究领域和博士论文方面的学术资源进行了文献综述——这些博士论文从实践者立场或学术角度应用了这一理论。大量的当代管理、领导力、系统思维、政治、经济和文化书籍也为文献研究提供了依据。本书结尾处提供的参考列表中涵盖了这些资源。现场记录由托马斯·约翰斯（Thomas Q. Johns）完成，跨越了18个月的时间。我们对这些现场记录进行了数据分析，并将获得的见解纳入了文本中。妮基·麦克奎斯逊（Niki McCuistion）进行了三次深度访谈，我们对此进行了记录和转录。她还主持了一个电视节目，在麦克奎斯逊电视网播放。此外，黎加·维尔乔恩博士做了36次深度访谈，为期18天，由约翰斯进行了音频和视频录制。同样，这些访谈也被转录并做了编码。呈现本书各个章节时采用的方法是将普卢默（Plummer，2001）的生命历史论述与卡麦兹（Charmaz，2008）和维尔乔恩（2017）的扎根理论相融合。数据征集的结果以故事、隐喻、案例研究、现场记录、学术著作、生活史、理论和应用相互交织的形式呈现，如织锦一般。本书由于作者众多，且本体论和认识论视角各不相同，有些部分以第一人称呈现，而其他部分则以第三人称呈现。本书中的学术性内容均进行了同行评审。

内容架构

这本书分为五部分，下面将对各个部分进行阐述。由于各部分之间的系统性、整体性和共生关系，因此某个部分中的章节甚至可以归入其他部分。阅读不同的部分可能会产生不同的感觉。要知道，这本书由螺旋领域的多位作者共同创作，他们遵循不同的价值系统。因此，对于某些读者而言，书中某些部分可能较易理解，而另一些部分则可能较陌生，甚至复杂难懂。在正文之前，已经汇总展示了各种各样的图表以便参考，也便于读者选择快速查看支撑本书其余部分的技术论据。

本书的第一部分为当前我们螺旋动力的理论发展奠定了基础。第2章介绍了克莱尔·格雷夫斯的背景和故事，他是"存在层次阶梯"的设计师。讲完格雷夫斯的故事后接着会开始讲贝克的故事。尽管他们在一起度过了十几年的光阴，而且众所周知，其实贝克还想再与格雷夫斯共事至少十年，但思想上的共生共融确保了能将心理学、社会学、政治学、经济学和生物学方面的构念加以整合，形成对在研现象的深刻见解。这样就产生了一种元理论，它可广泛应用于各个研究领域。这种整体观和对成人行为的多学科研究方法，在20世纪60年代后期发表的学术著作中确实是先进且前所未见的。

第3章探讨了贝克在这个知识体系中贡献的概念。他的博士专业方向专注于美国内战的防范。他在20世纪60年代美国政治和种族紧张局势高峰期应对学生起义的做法，以及被他打造成独特艺术形式的那种解决冲突的能力，所有这些都拓展了最初的格雷夫斯式著述和他发表的研究成果的应用范围。像南非的种族隔离及与其相关的社会政治经济动向这类问题似乎极难解决。书中把"和弦""通用主密码"和"某些人"规则等说法做了概念化。第4章将论述进行了扩展，其中包含了自然设计以及"干预和应对棘手问题、社会问题时应依靠制衡而不是靠对策"这样的概念。

本书的第二部分讲述了与特定国家和地缘政治相关的故事，贝克曾身处其中，努力治愈其眼前的社会顽疾。第5章讨论了南非的情况。在那里，少数族裔白人通过分裂的种族隔离政权拥有了超越多数受压迫公民的经济、政治和社会地位。贝克信守对格雷夫斯的承诺访问了南非，他们相信世界上只有这个国度做到了像螺旋动力所描述的那样，所有迥异的价值系统在同一社会系统内自然共生。为防范内战，贝克63次造访这个濒临战争的国家。故事的完整版本已发布在《熔炉：打造南非的未来》这本书中。以前从未披露过的要点和记述在这里被描述了出来。贝克并不知道南非的案例会变成他自己的熔炉。这是他在国家层面和地缘政治层面进行干预以促进和平、进步和包容性的实地试验。

第6章讲述了巴勒斯坦的故事,由埃尔扎·马洛夫撰写,最初发表在《浮现》(*Emerge!*)杂志上。在这一章里,马洛夫精湛地描述了以色列和巴勒斯坦之间的严峻形势,并分享了在这个充满冲突的地区,她和贝克在推动地区发展方面的个人经验。

丹麦是典型的"绿色"重心型后现代社会的代表。其他四个北欧国家(瑞典、挪威、芬兰和冰岛)也是如此。第7章从螺旋动力的视角对这些国家发展得如此成功的原因进行了详尽的分析和讨论。这一章还将重点讨论有关"第二层级"意识的早期迹象,这些迹象会出现在众所周知已经超越了大部分"绿色"模因特质、为格雷夫斯1974年发表的文章中提到的"重大飞跃"做好准备的国家中。只有时间能验证这些北欧国家是否具备必要的适应力智慧或是否能发展出这种智慧,从而做出螺旋中的下一次飞跃。

在第三部分,研究的重点转移到了工业和具体领域的角度。第8章继续探讨人们对工业的重视,但其中包含赛义德·道拉巴尼撰写的章节。这最初发表在他的《文化模因经济学》(*MEMEnomics*)一书中。这一章提出,当前的经济结构并不一定能解决眼下面临的问题,这就要求领导层建立"第二层级"组织。这些商业组织可以应对当今复杂的现实和挑战,着眼于经济的新方法变得至关重要。

第9章介绍了一些简短的故事和案例,展示了如何通过不同的镜头将螺旋动力变为现实:如何运用螺旋动力激发艺术灵感?如何在宗教空间体现艺术?如何为体育队伍带来价值?如何不费过多力气就能让城市变得清洁？这一章的目的是帮助读者找到螺旋动力的实际应用空间。此外，这些故事和案例中还谈到了整体螺旋动力方法的可移植性、可变性和适应性。

第 10 章为商业领导者和组织发展实践者提供了一个研究案例，该研究案例涉及文化整合。商业领导者在并购、增长战略以及组织变革和转型过程中经常遇到这种文化整合的挑战。这里介绍了在坦桑尼亚（东非）案例中螺旋动力学的应用，接下来又介绍了加纳（西非）的案例，阐述了如何通过组织发展方法（如开放空间技术、欣赏性探询、世界咖啡馆研究法和"工业剧院"）的可持续影响实现这种剧场式的观点。此外，该章还介绍了澳大利亚（南部）案例和中国（东部）案例。商业领导者被要求精通螺旋动力语言，因为在未来的工作实践中，将需要创建具有包容性的组织来引领可持续发展的商业公司。

在第四部分中，作者们介绍了螺旋动力辅助技术。贝克独具慧眼，意识到要变成"黄色"，就需要领导者做出功能性、系统性和整体性的决策。这里整合了辅助性的方法和技术。第 11 章第 1 节介绍了伊查克·爱迪思（Ichak Adizes）所做的工作，进而在第 2 节讨论了价值同化对比效应（the values Assimilation Contrast Effect，^{V}ACE），还介绍了生命体征监测器（Vital Signs Monitors，VSM）的使用和卡可夫（Carkhuff）应对冲突的 7 种技巧。第 2 节还讨论了价值工程、价值管理和价值圈。此章的独特之处在于它分享了贝克构建的解决棘手的系统化社会问题的方案，还介绍了决策具备的 7 个设计功能，并讨论了诸如索引、断字和连字符之类的语言功能的重要性。

本书的结束部分介绍了笔者作为螺旋动力实践者多年间在全球各地获得的见解。在第五部分的第12章，贝克和其他合著者讲述了人类未来的挑战，建立百家争鸣的包容性世界的重要性，并扩展了重要的元理论和其他相关学科。

本书随后还汇集了各种书籍、文章、博客和网站的信息，所有这些都围绕着贝克解读螺旋动力的方式展开。书中列出了其他相关出版物的链接，并强调了它们在哲学观和解读上的相似点与不同之处。最后，本书提出了论题和学术基础，笔者在这个基础上从不同的角度运用不同的观点对这一特定理论研究了40多年。如今，随着螺旋思想被整合到各大学的课程中，学术工作仍在继续，对实践应用的学术探索也在继续进行。

对哪些人有益

对于尚未接触过螺旋动力的新手来说，阅读那本经典的《螺旋动力学》（Beck & Cowan, 1996）甚至《熔炉：打造南非的未来》（Beck & Linscott, 1991）那本著作应该都会有意义。本书开头给出的图表也能帮助读者领会这个复杂的方法。对于富有经验的螺旋动力实践者或商业领导者而言，这本书就如同各种应用的万花筒一般，可以突出体现螺旋动力理论的广泛而全面的应用情况。

> 在许多方面,螺旋动力都可被视作圣杯。有些人力求简单快速地解决系统性问题,可这是一个永远不会产生可持续结果的幻想。对这个理论了解得越多,就越会被其应用深度和适用性吸引。

在许多方面,螺旋动力都可被视作圣杯。有些人力求简单快速地解决系统性问题,可这是一个永远不会产生可持续性结果的幻想。对这个理论了解得越多,就越会被其应用深度和适用性吸引。该理论涉及多个层面。人们刚刚认为自己了解了这一方法的某个层面,另一个新的层面就会出现。就像格雷夫斯和贝克经历的那样,对这种方法的发现过程确实可以变成追寻通用主密码的终生历程。它为学术型读者和组织发展的实践者都带来了深刻的洞见。

贝克在每堂课结束时,总会要求全班同学跟他一起诵读童谣《蛋头先生》(*Humpty Dumpty*)。他还自豪地宣称拥有了来自世界各地的 80 多个"蛋头先生"。因此,让我们也开始吧,像贝克那样:

蛋头先生墙上坐
蛋头先生跌下墙
国王所有的马儿和士兵
都没法再把他来拼凑……

第2章 "存在层次阶梯"设计师——克莱尔·格雷夫斯

> 去他的,每个人都有权利成为他自己。
> ——格雷夫(引自 Beck & Cowan, 1996)

克莱尔·W.格雷夫斯曾在美国康涅狄格州哈德逊山谷上游的联合学院(Union College)担任心理学教授。第二次世界大战带来的创伤刺激他为人性观念的转变寻找新的理由。作为发展理论家,格雷夫斯感兴趣的是不同人对成熟度进行概念化的不同方式,以及为什么有些人(而非其他人)设法穿越了人类生存的新兴阶段甚至混乱阶段。在《螺旋动力学》一书中,贝克和科万解释说,格雷夫斯的意图就在于整合生理、心理和社会动力的相关内容,让"人类的智慧体系严丝合缝地衔接起来,打破学科和领域之间的学术壁垒"(1996)。图2.1中是正值壮年的克莱尔·格雷夫斯。

格雷夫斯是心理学教授,也是成人发展理论的提出者。他出生于印第安纳州的新里士满。他深切专注弗洛伊德(Freud)、沃森(Waston)和斯金纳(Skinner)、罗杰斯(Rogers)以及马斯洛(Maslow)等人的概念体系的研究工作,甚至还研究了当时最新的认知心理学理论。学生们曾问他哪种理论正确,这个问题让格雷夫斯感到其中存在非常深刻的冲突。这种困境也可见诸不同政治立场间的争论。为什么各种会议上会有关于经济问题的不同争论,会有各种不同的视角?为什么所有不同的理论会存在,这些理论又为什么会互相冲突?格雷夫斯甚至曾考虑过离开学术领域。但在1951年,他进行了研究,尝试更好地理解这种现象。他要求人们通过仔细考虑以下几句话来对这种现象进行概念化:

· 健康的人是怎样的?
· 成熟的人是怎样的?
· 既健康又成熟的人是怎样的?

图2.1 职业生涯高峰期的克莱尔·格雷夫斯

格雷夫斯的脑海里简直有成千上万种这样的概念。最初他尝试根据马斯洛需求层次得出的数据来确定主题结构图，但很快意识到还存在着其他模式，人们并不总是问个体性问题，有时自我牺牲系统也会被提及。很明显：

- 不同的人表达了不同的世界观。
- 不同的人在一段时间内会说不同的话。
- 在对世界观变化数据的分析中，某些模式浮现出来了。

格雷夫斯（1996）是个有远见的人。他对这个系统框架进行了概念化，将其描述为"成熟人类的心理是逐渐展开的、自然发生的、摆动的螺旋式过程，其标志是随着人类存在问题的变化，旧有的低阶行为方式逐渐从属于新的高阶行为方式"。格雷夫斯（在1974年发表的文章中）指出：

- 人性不是静止或受限定的，会随生存状况的变化而形成新的系统，而旧系统也会与我们同在。
- 随着新系统启动，我们应对新情况的心理状态和适应性就会出现。
- 世界是一个开放的价值系统，我们有无数种生活模式可以选择，不存在我们所有人都必须向往的终极阶段。
- 社会系统（个人、团体、群体系统）只能对那些与我们目前人类生存水平相适应的原则、诉求、规则以及法律或道德守则作出积极回应。

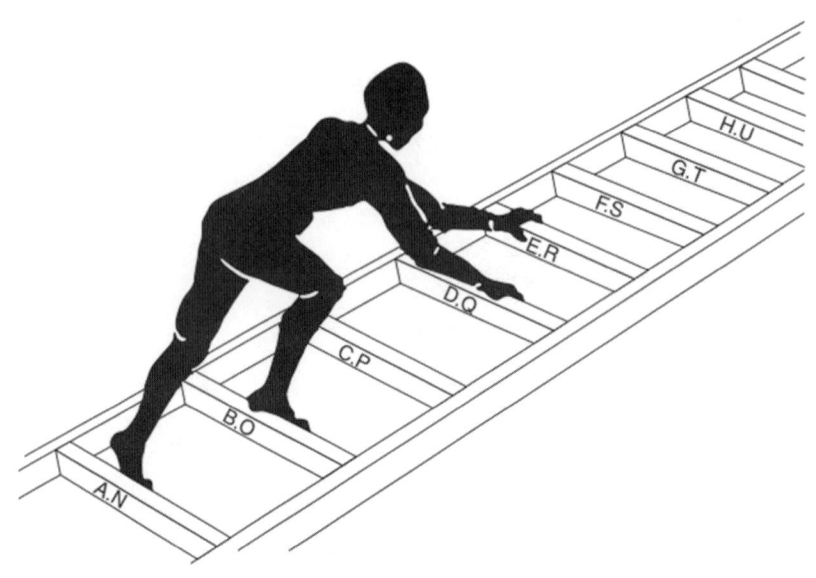

图 2.2 "存在层次阶梯"（Graves，1974）

格雷夫斯关于人类发展、改革和转变的理论至今仍被承认。它提供了一种在个体以及全局层面上处理行为差异的独特能力。该模型的整体目标是整合和集成。

在 1967 年 11 月发表于《哈佛商业评论》（*Harvard Business Review*）的《工作标准的退化》（*The Deterioration in Work Standards*）一文中，格雷夫斯将他的思想应用到整体质量和再设计上。贝克和科万（1996）强调指出，格雷夫斯框架"确定了如何改造公司或文化，使其健康并易于接受复杂技术的引入和迅速变革"。图 2.2 展示了"存在层次阶梯"，最初由格雷夫斯在 1974 年的《未来学家》杂志中做了描述。[1]

超越了马斯洛和其他人的发展思想

众所周知,亚伯拉罕·马斯洛以描述动机理论而闻名。他广受欢迎的需求层次结构始于基本需求,随着这些需求得到满足,人们最终会为实现自我而奋斗。作为成人发展理论家,格雷夫斯研究了类似的发展动力。格雷夫斯作为一位讲师,在纽约经常为马斯洛代言。然而,格雷夫斯认为人类发展的需求层次可能还会更高——后来他们一致认为人类发展不存在终极阶段,且不同的人会通过不同方式完成自我实现。他坚信,一个非基于个体需求的活跃健康人格正在超过马斯洛"自我实现"的层面上发挥作用。两位学术专家之间的友好辩论持续了多年。在马斯洛看来,一旦人们的需求在其现有层次上得到满足,就会自动跳转到更高的动机层次。而格雷夫斯认为情况并非总是如此,因为无法保证更高层次的系统一定出现。

在收集的所有数据中,似乎出现了某些模式。格雷夫斯没有特意设定主题的范畴。他将先前的假设和意义表达方式搁置,去使用一种新兴的研究设计方法。格雷夫斯与同时代的其他发展心理学家的不同之处在于其研究的深度和对成熟成人行为的整体概念化,即

---

[1] 如前所述,格雷夫斯的文章名为《人类的本性已为重大飞跃做好准备》,于1974年发表,原文可在 www.spiraldynamics global.com 网站上查看。

将价值系统独特地定位为一种生理—心理—社会性的整合构建。

最初先是确定了两个自我牺牲系统和两个表达系统。通过相关性研究，格雷夫斯转而去关注通过诸如明尼苏达多项人格测验（MMPI）、开放性和封闭性量表以及教条主义量表这些理论决定性测试得出的数据。于是就确定了六个不同的系统，包括三个牺牲性系统和三个表达性系统。但测试本身的性质会影响答案的构成。出于这种担忧，他设计了综合性的识别速度—符号测试。这是一种深层的心理—生理测量方法。

图2.3显示了贯穿历史进程一直显现的两大主题，即以"我们"（WE）为导向的系统和以"我"（ME）为导向的系统。

图2.3 贯穿历史进程的两大主题——"我们"与"我"

图2.3展示了贯穿历史进程，在个体和社会层面显现的两大方向。格雷夫斯（1974）在他的经典著作中解释道：

> 在人类发展的每个阶段，成熟的人都在追寻自己的圣杯，寻求他赖以生存的生活方式……在开始每次探寻时，他都坚信自己即将找到答案，很快就会发现自身生存发展的意义。然而，令他感到既惊异又沮丧的是，在每个阶段，他都会发现生存发展问题的解决方案并不是他寻找到的那个。他所到达的每个阶段都会使他感到不安和困惑。就是说，他刚解决某一组人类问题，就会发现冒出了一个新问题需要解决。他的探寻之旅永无止境。

远见卓识的智者初相识

1974年4月，在北得克萨斯大学（University of North Texas）的办公室里，贝克读到格雷夫斯在《未来学家》杂志上发表的那篇名作。文中格雷夫斯并未再提出有关衰退和萧条的悲观消沉的见解，而是对人类发展的主题进行了荟萃分析。格雷夫斯并未将社会上的种种迹象和挑战当作问题去看待，而是将其视为重生的迹象。他描述了基本的模式，那些是人们创造条件，以一种新的方式去建造世界的人类历史阶段。读完文章，贝克立即与格雷夫斯取得联系，并受邀去访问他。

格雷夫斯教授和贝克博士立即建立了联系，并在之后数年时间里继续对人类发展现象做详细阐述（见图2.4）。

图 2.4　格雷夫斯和贝克在深入探讨人类发展问题

1975年年初，时年39岁的贝克访问了格雷夫斯。当时他应邀飞往纽约雷克斯福德拜访格雷夫斯，探索共同合作的机会。贝克还深深记得他当时看到的那个身影——身材高大、身体消瘦，头戴俄罗斯皮帽。在机场等他的格雷夫斯，令他印象深刻。两位教授都不知道，这将成为他们的哲学和研究方法后续得以发展的开端。那将是对特定生活条件下人性存在的意义、人性发展或倒退方式的鲜活的、指数级的理解。

贝克见到了格雷夫斯的家人，在此后的11年间他们进行了密切的合作。格雷夫斯由于健康欠佳，未能写完他的那本书。即便当时贝克是一名具有最高学术职衔的大学教授，门下有很多深受他思想影响的学生，他还是联系了格雷夫斯，热切地表示愿意在他生命中接下来的十年时间里投身于对格雷夫斯思想的深入研究。在一次私人对话中贝克坚持让格雷夫斯继续保持思想上的领导，贝克则提供经济和情感支持，以确保他们之间可以进行充满活力、愉快而发人深省的会话。

他们将这个"生理—心理—社会发展的突现式周期性双螺旋模型"称为"螺旋动力学"。从图2.5中可以看到通过数据得出的8个不同系统。图中展示了在32年的格雷夫斯式研究中呈现出来的8种类别。格雷夫斯对其中出现的主题进行编码后,就给不同的价值系统设定了AN、BO、CP、DQ、ER、FS、GT及HU这些类别。每种价值系统都有一个非常具体的底线用来描述其发展问题。后来他开始独特地使用密码去指代不同的价值系统。下一章将会阐述贝克在格雷夫斯奠定的基础上做出的独特贡献。

个体/精英		(内控,表达性)
AN	生存本能——米色(SurvivalSense)	AN
CP	权力之神——红色(PowerGods)	CP
ER	成就驱动——橙色(StriveDrive)	ER
GT	灵活流动——黄色(FlexFlow)	GT
公共/集体		(外控,牺牲性)
BO	亲族精神——紫色(KinSpirits)	BO
DQ	真理力量——蓝色(TruthForce)	DQ
FS	人类纽带——绿色(HumanBond)	FS
HU	整体观——青色(GlobalView)	HU

图2.5 价值系统底线图

贝克将格雷夫斯思想与其他42个行为描述系统进行了比较。他发现，相较于过去尝试描述人类本性的方法而言，格雷夫斯式方法具有整合性与复合性且具有持续的生成性，在对人类存在和发展问题的解答上显得更加系统和完整。贝克开始谈论双螺旋之舞，这是对人类和社会发展方式的终生探索。图2.5展示了不同的价值系统、密码及它们对应的底线。

格雷夫斯和贝克经常在格雷夫斯的大牧场共度时光（见图2.6）。他们花大量时间讨论世界及人类的动力问题。在格雷夫斯1986年去世之前，他们探讨了南非案例，在那里，所有盛行的主流思想体系融合碰撞着。贝克许诺他将前去访问南非，将自己融入这个迥异思想的大熔炉中，而当时该国正深受种族隔离制度及其所有副作用的危害。格雷夫斯与贝克分享想法，表示他也很希望能有机会一起去南非，一起探索实际生活中这些体系之间的相互作用。

图2.6　格雷夫斯和贝克在格雷夫斯的大牧场上

如图 2.7 所示，贝克和格雷夫斯在一起参加一个大学活动。

图 2.7　贝克和格雷夫斯在大学活动中

贝克向格雷夫斯承诺，他将始终把自己的工作方向设定在经过多年学术研究而形成的基于深刻理论架构的系统上。即使在今天，贝克在演讲、授课和写作时也都仍旧会致敬他的这位导师和朋友，贝克的这一理念也极大地影响了他的同事。本书对格雷夫斯的突出认可也证实了贝克的这个立场。

克莱尔·格雷夫斯论未来

在其 1974 年发表的文章中，格雷夫斯宣称一部分人已准备好发展到一个不同的生存水平，即人性发扬光大的水平。他预言，我们可能会看到人类制度的剧烈变革。格雷夫斯警告说，人类意识将以指数级的速度飞速发展，随之将出现一系列思维系统。这些思维系统将彻底颠覆人类赖以发展到现在的整个系统的历史发展进程。

格雷夫斯和贝克最初使用了不同的字母组合（AN，BO，CP），然而人们反馈这样的指代方式太令人困惑。后来，他们使用数字1、2、3表示层号，可这样做造成的后果就如查尔斯·达尔文那样，会让人们觉得较高的数字层优于较低的数字层。再然后他们使用了"部落性""自我中心性""绝对性"等，人们又批评这样的说法过于简单，就好像每个复杂的系统都能用单一词汇来描述似的。他们于是选择使用词对——KinSpirits、PowerGods、TruthForce等，可还是会陷入语义陷阱。再后来，贝克开始使用色彩作为指代，因为颜色是中性的，可以做出混合色相的图形设计，而且生动形象、富有吸引力。他用暖色调表示具有表现力的个体性系统，即AN为米色、CP为红色、ER为橙色、GT为黄色；用冷色调表示集体性系统，即BO为紫色、DQ为蓝色、FS为绿色、HU为青色。

格雷夫斯将旧价值观称为"生存水平"，将新价值观称为"存在水平"。他进一步将后者视为前者的"高级逆转"。实际上，他是在争辩，人类将再次从新的起点开始直到"黄色"产生且掌控世界，并为他们开启新的人性以便跨越到下一个水平。劳布舍尔（Laubscher，2013）强调指出，格雷夫斯认为"黄色"是"米色"的平方。此外，我们面临的生存问题如今处于不同的复杂性水平上，

> 除非社会系统（个人、群体、组织、国家或地缘政治领域）的领导者们能理解不同的思维结构或准则，即贝克所称的人类潜在组织原则，并开始用截然不同的方式做事，否则可能未来将注定黑暗。

我们在考虑自身和他人的生存问题，由此便也在考虑整个人类的生存问题。

格雷夫斯在1974年发表的文章中辨识了以下三个基本场景：

（1）有可能我们无法做到使世界稳固安定，而且可能从人类诞生起我们就在连续的灾难中历经发展倒退。

（2）另一种选择可以是将"蓝色"/"橙色"/"绿色"社会综合体固化下来。在格雷夫斯看来，这种组合将给人们带来强硬的操控型政府，附带人道主义思想和道德合理化虚饰的光鲜表面。

（3）最后一种可能性就是，我们能够发展到"第二层级"的"黄色"水平，并进一步朝世界稳定的目标前进，这样所有生命都可延续。

前两种可能性确实令人感到惊恐。本书刚好出现在最重要的时刻。除非社会系统（个人、群体、组织、国家或地缘政治领域）的领导者们能理解不同的思维结构或准则，即贝克所称的人类潜在组织原则，并开始用截然不同的方式做事，否则未来可能将注定黑暗。了解自然设计原则至关重要，不然我们可能会助长恶性循环的文化形态产生。

然而，如果我们成功实现了最后一种可能性，就将会发展出一个异于目前所知的新世界。新的生存状况将激发产生新的思维结构，我们将不再生活在过度自我表达和自我放纵的世界中。"黄色"（GT）并非通过运用教条、宗教和宗教激进主义来确定其功能，而是通过系统性流程来确定功能。这种思维将引导形成人人皆可生存的世界，使人们学会在生命平衡固有的限度内行事。

GT思维不受恐惧、内疚和羞耻感的影响，它是无我的，专注于更大的善。它超越个人，攸关人类存亡，坚定而自信，但又谨慎、务实且从不显多余。它意识到人类生活在一个复杂而矛盾的世界中。随着国际上社会暴动增加，宗教激进主义团体在宗教、土地和信仰方面形成两极分化，当前的经济和政治结构将趋于崩溃。贫富群体之间的差距将会扩大，集体生态的力量可能变得非常对立，以致整个世界可能倒退到更为原始的生存水平。格雷夫斯将生态危机、能源危机、人口危机以及对发展的限制描述为"T-问题"。GT思维的个人主义本质及其灵活性使它能够依托于最初创造它的思维去处理系统性问题。在格雷夫斯看来，使用"黄色"密码的人将规则、金钱、成就和慈善视为无条件之爱的虚假替代品。

超越旧的分歧，联合多方力量一起努力去实现共同的最高目标已变得非常重要，这样我们就能像格雷夫斯所预言的那样，做到奇迹般地向前飞跃。

克莱尔·格雷夫斯的研究历史和研究内容被克鲁姆（Krumm）、帕斯托弗（Parstoffer）和法耶兹（Fayyad）记载在他们的合著中。书中指出，格雷夫斯在生前并未因他的研究、深刻见地和理论而收获多少赞誉，格雷夫斯还认为人们对该理论的所有兴趣和了解都要归功于贝克和克里斯托弗·科万所做的贡献。尽管这本书主要用德文书写，但其中也包含许多英文段落。

贝克向格雷夫斯许诺将会延续他未竟的工作，并在接下来的50年间一直在完成这件事。格雷夫斯深受社会怀念，并因其对研究领域所做的基础性贡献而得到人们的认可。从图2.8中可以看到，2016年在匈牙利希欧福克（Siofok）举行的第二届整合欧洲会议（Integral European Conference，IEC）上，一位螺旋动力学专家做演讲时使用了格雷夫斯的照片。

这张照片证明，即使在30年后，贝克的工作方向仍定位在格拉夫斯思想的基础上。

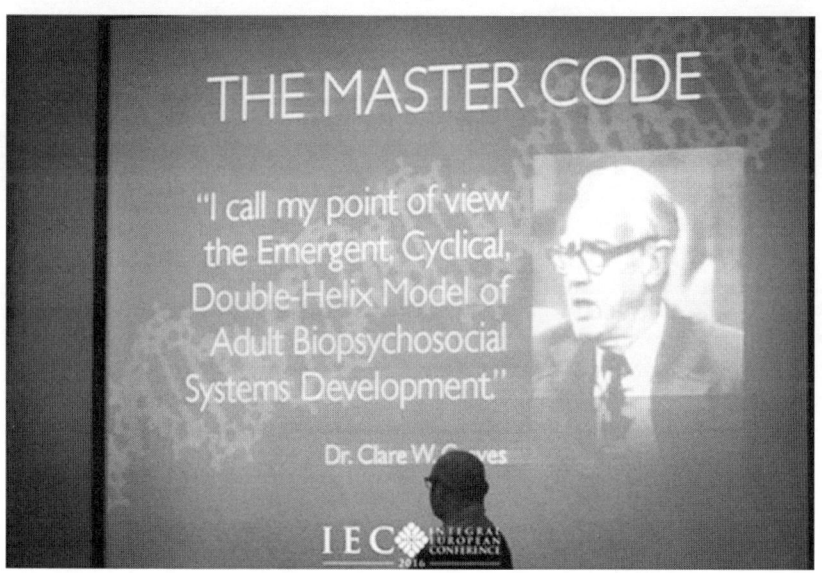

图2.8　格雷夫斯的贡献在2016年匈牙利希欧福克的
整合欧洲会议上得到了认可

结语

格雷夫斯（1974）提到："成熟人类的心理是逐渐展开的、自然发生的、摆动的螺旋式过程，其标志是随着人类存在问题的变化，旧有的低阶行为方式逐渐从属于新的高阶行为方式。"本章旨在使读者熟悉螺旋动力概念和格雷夫斯所描述的成人发展思想，以及它们对其他思维系统的影响。著名的发展理论家皮亚杰（Piaget）曾说，格雷夫斯在他停止的地方继续进行着研究。这种成人发展理论的概念化构成了本书的基础。

格雷夫斯把"成人生理—心理—社会发展的突现式周期性双螺旋模型"托付给了贝克。

如前所述，由于以"我"（I：ME：MINE）为导向和以"我们"（WE：US：OUR）为导向这两极之间呈"之"字形振荡，他们都开始称其为"螺旋"。

接下来的两章中，我们将讨论贝克解释螺旋的方式（人的思维中有密码，但这不是人的密码）。

第3章　密码本

> 人不分品类，但人心中肯定存在各种系统和各种思考问题的方式。
>
> ——贝克（2017）

引言

本书到目前为止，一直将重点放在介绍最初的成人发展理论上，且该理论主要由克莱尔·格雷夫斯教授加以概念化。前文强调了在试图理解系统动力时应考虑社会动态，是它塑造了社会内部的系统，因为随着生存状况的改变，在人类发展过程中，某些曾有利于发展的价值观和生活方式可能不再适用（见格雷夫斯1974年发表的文章）。

本章将论述的重点转移到格雷夫斯的好友、终身学者贝克所做的贡献上。如果这里研究的设想能够应用在个人、群体和组织层面，那就没理由推导说这些见解不能应用在大规模的国家变革和地缘政治变革层面。实际在本书第二部分,就对大规模变革方面的应用做了说明。

本章最后一部分关注了大规模变革的动力。我们可以凭借一点一滴的努力去渐渐疗愈地球。艰难的路途往往会引领我们走向美好的终点。带着优化一切的意愿,构建我们的地缘政治战略和全球战略,我们有可能会释放出新兴经济和发达经济社会体系中潜藏的善意。

八大密码

英文单词code体现了很多内涵。最初,code这个词意指法典,《古巴比伦汉谟拉比法典》(*Babylonian Code of Hammurabi*)就是最早的一部法典,它是公元前20世纪处理民事和刑事事宜的法律准则。从一个国家现有准则的记录来看,code这个词演变得具有了更为微妙的含义。它可以是任意规章准则的系统,例如绅士的行为准则。这些社会准则中有许多是不成文的,但要是在文雅人士面前表现出不懂这些准则,对人们来说会是种灾难。我们看到在现今世界上人们经常使用"code"一词,像莫尔斯电码(Morse code)、达·芬奇密码(Da Vinci code)、战士密码(warrior's code)、进化密码(evolutionary code)、邮政编码(zip code)和源代码(source code)等。code这个词可涉及所有学科。如今,对它最简单的定义可能是

> 密码是人们思考事物的框架，而不是人们思考的事物本身。

"解开……秘密的密码"。

我们想要做的就是找到文化准则的密码。当前，只有深入参与人类发展的很少一部分人才能真正理解那些影响我们思考方式和生活价值观的文化准则。但情况也在发生着改变。现在对我们所有人而言，是时候去理解人类的秉性了。

从我们在书中的意图简单地来看，密码是人们思考事物的框架，而不是人们思考的事物本身。举例来说，可能我们两个人都是关心战事的公民。但如果我告诉你我很爱国，在你我看来其中的意味或许与我要表达的意思不同。我们所遵从的密码决定了我们如何定义爱国这件事。对我而言，被称作爱国者可能意味着志愿参军并听从参战的召唤，以保卫我的国家和捍卫我们的生活方式。对你来说，爱国可能意味着对不公正的战争提出抗议，并为此不惜锒铛入狱，以使你的国家免遭由于错误决定招致的高昂代价。那么我们两个人当中哪位才是爱国者？两个人都是。我们都想对国家最好，只是思考方式不同。而思考方式不同是因为我们各自都在遵从着不同的框架，受不同密码的影响。

密码代表的是塑造世界观的容器，而不是用来填充这些容器的内容。每个密码容器内都盛满了信念、理想、道德、原则和目标。我们知道当今世界受八大密码影响。实际上，人类历史上曾经存在过的每个密码如今依旧存在。

在以下各章中，不同的作者分别审视了每种密码，但最开始让我们先在这里简要介绍下这八大密码。需要解释一下的是，密码所指定的色彩没有任何意义。选定这些色彩是在20世纪80年代末90年代初，当时我正在为和平解除南非的种族隔离付出努力。在充斥着炽烈情感的大熔炉中，肤色对人们有着至关重要的影响。当时，南非人根据种族和肤色归类，以此被给定一个编号，用来确定他们可以住在哪里、能在哪里上学、嫁给谁、从事什么工作及是否可以出国。

因此，我采用中性色彩来避免种族定性。我希望致力于和平解除种族隔离的领导者们能够意识到，人们内心存在着不同的密码，即便是同一种族的人也有着不同的密码。只有认识到这个情况，我们才能真实了解正在发生的事情。

南非十大部族之一的祖鲁族通常被认为是一个部落种族。然而，数百万祖鲁人居住在具有西化城市价值观的南非城市中。欧洲血统的阿非利卡人通常被认为是极其传统而虔诚的农人，他们所信奉的价值观也基于这种"不二准则"。不过，他们的子孙受城市化影响可能会将这种价值准则转化为一种强有力的资本主义取向。与祖辈相比，城市化的祖鲁人和阿非利卡人之间或许能有更多共同点。

如果我使用中性色彩，那么负责规划南非未来的领导者就可设计出与这些密码配合使用的系统，而不是设计出基于种族、族裔、性别、宗教、国籍或其他任何标签的系统。这些是表层的特征，而在其底层是世界观和价值系统的漩涡涌流。我们必须对这些世界观和价值系统进行解码才能找到解决方案。这种色彩编码的视角，就像精神上的罗塞塔石碑一样，揭示了我们赖以生存的价值观。

> 随着每次"之"字形运动的进行,产生和解决的问题都愈加复杂,因此我们并不是像钟摆一样往复运动,而是在经历螺旋上升运动,使能力变得越来越强大。

因此,色彩是任意设定的,仅有冷暖色调的区分。暖色调(米色、红色、橙色、黄色)指代的密码关注个体如何掌控其所在的环境。暖色调以"我"为导向。冷色调(紫色、蓝色、绿色、青色)指代的密码关注特定群体或社会如何与环境和平共处。冷色调以"我们"为导向。随着新密码出现,它们在这两个导向间呈"之"字形运动发展,因为这样一来,由于过分强调以"我"为导向而产生的问题就可通过以"之"字形推进到关注"我们"导向的群体需求上而得以解决。当集体性过重而压制到个体性时,密码就会以"之"字形回转到以"我"为导向。随着每次"之"字形运动的进行,产生和解决的问题都愈加复杂,因此我们并不是像钟摆一样往复运动,而是在经历螺旋上升运动,使能力变得越来越强大。

这些密码分两类。前6个在几十万年前就已出现,是"第一层级"的"生存"密码。我们多数人会发觉这些密码很熟悉。后2个密码,即"黄色"和"青色",是对我们不久的将来的预见——"第二层级"的"存在"密码首次出现于50年前,代表着人们向新思维方式的巨大飞跃。

"第一层级"的"生存"密码

"米色"密码(Code BEIGE)始于10万年前,它与基本生存有关。食物、水、温暖、性和安全对生活在小部族、依靠本能仅能得以生存的人们来说最为重要。这些人就是早期历史上的穴居人。在国际上，螺旋社区目前正在努力重新审视"米色"动力。

"紫色"密码（Code PURPLE）始于大约5万年前，当时部族演变成了族群，人们尊崇部落和部落首领、长者、先祖、仪节、习俗和神圣的仪式。美洲原住民、澳大利亚原住民、非洲的祖鲁族和爱尔兰氏族只是这些族群在世界各地扩散的几个例子。

"红色"密码（Code RED）较为冲动和以自我为中心，大约在1万年前冲破了部落的藩篱，在充满捕食者的丛林世界里攻城略地，以智取胜，统治世人。匈奴王阿提拉、亚历山大大帝（Alexander the Great）、凯撒大帝（Julius Caesar）和拿破仑（Napoleon）都是成功的帝国缔造者，在世界上至今仍存在许多这样的"强者"。

"蓝色"密码（Code BLUE）始于大约5 000年前，当时人们在伟大事业、真理或公正之路中发现了生活的目标。"蓝色"密码认为，基于永恒、绝对原则将社群秩序强化为行为准则，可以带来当时的稳定，也能确保未来会有回报。犹太教、基督教和伊斯兰教兴起于这个时期。"蓝色"密码是法律和秩序的基本建构规范。

"橙色"密码（Code ORANGE）始于300年前，当时科学和欧洲启蒙运动开始兴起。自力更生、敢于冒险的人认为，变革和进步是天地万物的格局中固有的。在"橙色"密码影响下，个人通过竞争和寻求最佳解决方案来获得地位和富足。自由市场、工业化和公司的兴起、民主和实证科学研究都源于这一新的密码。

"绿色"密码（Code GREEN）出现于150年前，志在从内在自我中寻求和平,并与他人一起探索社群关怀维度,从寻求地位的"橙色"转变成一个平等和人文主义的准则。该准则认为,在发展途中我们必须营救落后者,还必须修复地球的资源平衡。环保运动和民权都始于"绿色"密码的出现。

"第二层级"的"存在"密码

"黄色"密码(Code YELLOW)50年前才出现,它认识到混乱和变化是自然产生的,而且必须将自然层级、系统和形式的万花筒整合到相互依存的自然流动中。"黄色"密码重视超越物质财富的存在的重要性,并寻求作为一个真实的自我全然而负责任地生活。我们发现,在一些政治领袖中出现了"黄色"思维,他们能够将具有各种色彩的"第一层级"价值观融入辖区所有人都可以信奉的要旨中。

"青色"密码(Code TURQUOISE)首次出现在30年前,认为自我既是独特个体,同时又作为一个组成部分融合在较大的富有悲悯情怀的整体中,在这个整体中人们期望能够采取全局性、直觉的思维方式和合作行为来支撑所有生命的发展。对于"青色"思维者来说,世界是单一而有活力的有机体,并且万事万物都以生态统一的方式相互联结。

"珊瑚色"密码(Code CORAL)尚未被察觉,但随着人类的不断发展将会出现，且可能会出现更多更新的高阶系统。适于产生"珊瑚色"的生存状况尚未对人类形成挑战，无须应对。在这本书中，"青色"和"珊瑚色"尚未得到充分表现，就像在现实生活中一样。

图 3.1 展示了贝克所述的不同优先级密码。了解这些密码，以此释放困于系统中的人类潜力，这对领导者而言至关重要。

优先级密码
生存优先级密码：满足基本需求；食物、水、防卫、生殖；不计一切代价活下去。
亲情优先级密码：追求安全和安宁，保护家园/家庭；捍卫种族/血统。
自我中心优先级密码：挑战恶龙，坚持自我；活在当下；寻求乐趣。
目的优先级密码：尊崇事业、真理、信仰；为明天而牺牲；自律。
进取优先级密码：创造美好生活；创造技术；取得成功；策划行动计划。
人文优先级密码：重建人类焦点；寻求共识；珍视平等；回应感情。
整合优先级密码：寻求真实性；系统地思考；对复杂事物加以设计；拥抱自然与本能。
整体优先级密码：整体感知模式；校准所有的点；更新深层灵性。

图 3.1　贝克描述的不同优先级密码

密码变化的双螺旋形态

在进化螺旋中，有两个因子的力量在起作用，即生存状况和人

> 人类具有复杂的适应性智能，当生存状况发生变化后，人能适应新的生存状况。

的思维方式。人类具有复杂的适应性智能，当生存状况发生变化后，人能适应新的生存状况。类似于DNA的结构排列，这两个因子也形成一个双螺旋结构（见图3.2）。复杂的适应性智能为应对生存状况变化而产生，随着生存状况和适应性智能这两种力量的相互作用，它们推动彼此向前发展，也推动了进化进程。

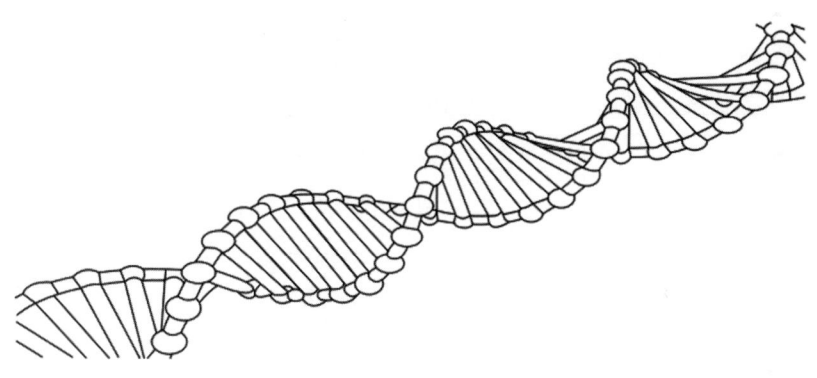

图 3.2　典型的 DNA 结构

例如细菌是具有适应智能的生物。医学科学家研制出抗生素，通过改变生存状况来打败这些威胁生命的生物。不具免疫力的细菌会死亡，但有免疫力的细菌（即便很少）会存活下来并发展出新的免疫力来应对变化。它们迅速繁殖，会打败我们的抗生素。因此，我们必须研制新的抗生素，用来应对这些微小的"变化艺术家"的新菌株。

人类也在做同样的事情。当生存状况威胁到我们时，我们会重新做校准，我们的想法会改变。这样是对的。因为我们的生活环境里充斥着无法解决的问题，促使我们彻底改变思维，唤醒神经通路，驱使我们具备更新、更高阶的思维能力。我们寻找到新密码来处理我们当前赖以生存的密码所制造出来的问题，新密码必然会比之前的密码更为复杂。

个体的生存状况受以下四个因素影响：

- 时代。同一时期，我们生活在不同的时代。不同于瑞士日内瓦的物理学家，阿富汗农人生活在一个不同的时代，他们无法受到教育，也没有电话或互联网。有些人生活在不断变化和不断有新发现的文化中，另一些人生活在世世代代没怎么改变的生活条件下。
- 处所。地理因素也会影响我们的社会价值和人际交流。与流浪迁徙的沙漠居民或在温暖肥沃的山谷中发展进化的农人相比，与世隔绝的岛屿族群会产生不同的集体行为。波利尼西亚人生活安逸，享受着丰富海洋资源的馈赠，这些都反映在他们热情和睦的社会环境中，而居住在沙漠的贝都因人拼命求生存，为保护有限的资源而制定了苛刻的规则，发生争战行为也是常事。在当今世界，处所还包括人造环境——我们的工作场所和社区。
- 人为问题。我们的生存状况可能是特定文化所特有的，例如特定地区的饥荒；也可能是个人所特有的，例如疾病。全球变暖等全球性挑战可能全人类都需要面对。无论哪种情况，都推翻了现有秩序内的应对机制。挑战会触发大脑更准确地感知问题，并释放出能量和概念化力量去处理问题。每个密码都有其必须解决的一

> 没有哪两个人可以居住在相同的概念世界中或以相同的方式分享相同的经验。我们每个人都是独一无二的自己。这些环境因素在社会、教育或经济流动性和机会领域为我们界定了开放或封闭的边界。

系列独特挑战。当许多问题在同时同地激增并压垮现有资源时,我们就会遇到动乱和冲突的"热点"问题。

- 社会环境。最后,我们每个人都有自己的个人处所、社会地位、基因传承、智能或体能天赋。没有哪两个人可以居住在相同的概念世界中或以相同的方式分享相同的经验。我们每个人都是独一无二的自己。这些环境因素在社会、教育或经济流动性和机会领域为我们界定了开放或封闭的边界。图3.3中描述了变化的构成部分。

图3.3表明,构成存在问题和挑战的生存状况是通过人们的思维方式和他们整合的优先级密码来满足的,不同的价值系统、世界观或准则在起着作用。外部生存状况和内部优先级密码之间的相互作用创造了人们的想法和行为。而后,我们可以看到优先级密码在个人、群体或社会行为中的明显表现。

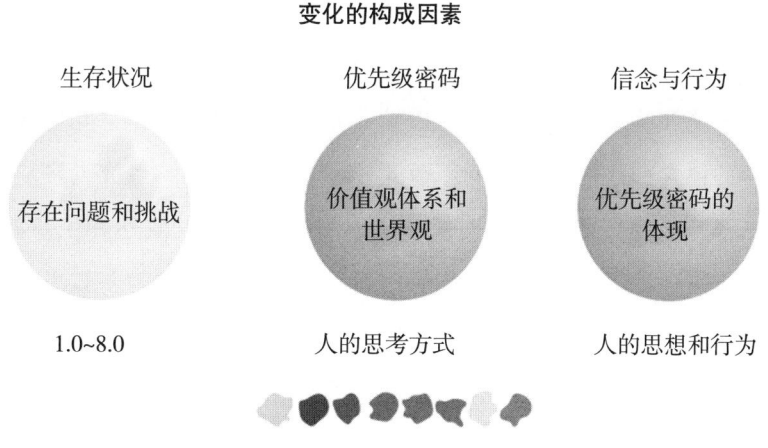

图3.3 变化的构成部分——生存状况如何导致行为的产生

> 每个密码的发展都要经过三个阶段：出现阶段、峰值阶段和退出阶段。

密码变化呈"我"导向和"我们"导向波动

如第 1 章所述，密码在"表达自我"和"牺牲自我"两种观点间呈"之"字形运动，时而关注"我"，时而关注"我们"，时而关注独立个体，时而以群体定义自己，振荡往复。我们会在外向输出与接收他人的反馈间迅速切换，以确信我们内心的判断。

这些振荡以波浪形态产生。无论在个人发展还是社会发展方面，这些变化都像一波又一波的浪奔涌在沙滩上。每个密码都有自己的上升波，同时随着先前的系统逐渐衰退，它们又与先前系统的回退波重叠。

像海浪运动那样，每个密码的发展都要经过三个阶段：出现阶段、峰值阶段和退出阶段。在出现阶段产生了先知和有远见的人，向人们阐述即将发生的变化。而他们必然会受到旧密码拥护者"抗体式抗议"的攻击，并经常被作为异端杀死。然而，他们的阐述也会被其他那些富有远见的专家采纳，专家们可以看到当下问题的解决方案包含在他们所阐释的新范式中。这些早期采纳者成为最前沿的先锋。当他们取得成功时，新密码将广泛传播并到达峰值阶段，此时价值观和原则由真理守护者进行编撰，其任务是为多数人建立现在公认的范式规则。新密码不断扩散，直到取代了旧密码。但经过一段时间后，这个密码会开始变得死板和发展过度，无法再处理问题。因此，它退化为空的符号和程式。当它退出时，其影响力逐渐减弱，而后又会不断出现更新、更复杂的密码，去解决不断涌现的新问题。

该过程是持续进行的。密码的发展绵延不绝，没有最终状态，各种密码将不断出现。生命进化的原则并不代表最终状态，而是代表着一种潜在的架构。随着生存状况变得更为复杂，它会复制现有密码并产生新密码。在《星际迷航》(Star Trek)现实版中，我们期待下一代会拥有比当今人类更微妙、更有见地和更悲悯的价值观，也期待到时会有炫酷的高科技玩具带我们畅游星系。

密码变化的起伏发展

可是，我们并不总是毫不费力就能发展出更复杂的思维。环境可能会使我们在复杂程度上呈螺旋状起伏发展。充满压力的生存状况会使我们回退到之前的密码上。当两架飞机撞毁了纽约的世界贸易中心时，美国人震惊不已、悲痛异常，他们团结一心，涌发了一股爱国主义浪潮，这是自1941年12月7日日本轰炸珍珠港以来人们在美国从未见到过的。美国人不再看有关经济全球化的文章。公众迫切需要强大的领导者出来挽救美国式的生活方式。处于激烈党派纷争的民主党人和共和党人一起站在美国国会大厦的台阶上，一起演唱了"上帝保佑美国"，这种象征性姿态要是放在这之前简直是不可想象的。图3.4描述了人类密码的本性。

> ○ 人类具有创建新密码的能力。
> ○ 生存状况唤醒了那些可能会出现、发展、回退或消失的密码。这些密码在自我表达和自我牺牲两个主题间呈"之"字形振荡。
> ○ 密码以波浪状形态沿螺旋运动发展，出现、达到峰值并渐渐退出。
> ○ 在我们的描述中，新旧密码像俄罗斯套娃中的大小娃娃那样共生共存。
> ○ 根据生存状况的不同，密码在复杂程度上呈螺旋状起伏发展。
> ○ 密码沿螺旋排列成6层。

图 3.4　人类密码的本性

当卡特里娜飓风使数千人滞留在新奥尔良时，密码开始为每个个体服务。在人们蹚过齐腰深的水流，打破商店橱窗去获取食物和水时，"米色"密码在起作用。而对某些人来说，出于不健康"红色"密码的心态，在手持枪械强取豪夺时，抢夺战利品的机会控制着他们的心智。

在新奥尔良，不健康"红色"密码的肆虐为人们了解密码的本性又上了重要一课。密码不仅会呈螺旋状起伏发展，而且每个密码都存在健康和不健康两种形式。例如健康的"蓝色"会为社会带来秩序和稳定；不健康的"蓝色"变得太过封闭，将其他系统封锁在外，以至于当生存状况迫使人们采用更复杂的思维方式时，它就固化起来，无法做出超越。因此，即便有新知识出现否定了以往的宗教阐述，且如果调整信条、纳入新知识将为信徒们带来更好的生活，某宗教也可能会坚持将那些具有数百年历史的阐述视为神圣真理。

同样，一个人也可能会表现出不健康的密码形式，并认为参与变态行为和犯罪行为合乎情理。因此，一个虔诚的宗教信徒认为杀

> 密码不是单个的音符，它们就像音乐和弦一样在内心与我们共存。

死一名给他人做了流产手术的医生理所应当，而环保主义者则认为炸毁一辆高耗油量的悍马车也合情合理。我们必须消除这些不健康的密码形式，以促进密码间的和谐健康发展。

缤纷世界中我们也绚烂多彩

密码的螺旋特性非常重要。需要理解的是，每个新密码在超越前一个密码的同时，也涵盖了之前的每个密码。在任何时刻，不同的音符在我们听来可能响亮也可能无声，就像在管弦乐队里，弦乐奏罢轮到号角演奏，而铙钹则一直寂静无声，只偶尔响起催人振奋的锵锵声。

密码不是单个的音符，它们就像音乐和弦一样在内心与我们共存。

设想有一套俄罗斯套娃，你拿起最上面的娃娃，会看到里面还嵌套了一个小一些的娃娃。拿起这个娃娃，里面又会露出另一个再小些的娃娃，以此类推，你可以发现许多个尺寸渐小的娃娃。同样，即使新密码在我们的思维中占主导，上一个密码的特性仍停留在我们的意识中。因此，"米色"嵌套在"紫色"内，"紫色"嵌套在"红色"内，"红色"嵌套在"蓝色"内，"蓝色"嵌套在"橙色"内，而"橙色"又嵌套在"绿色"内，以此类推。

生命本身给我们提供了模型。粒子位于原子内，原子位于分子内，分子又位于细胞内。以此类推，细胞间相互协作并结合在一起，形成多细胞结构，便拥有了包括你我在内的各种各样的生物，如图3.5[1]所示，为不同螺旋动力密码的隐喻——俄罗斯套娃。

图 3.5　俄罗斯套娃——不同螺旋动力密码的隐喻

切记，密码指人的思维的类型。

它们不指代人的类型。

例如，可能有人会强烈表达出"橙色"价值观，但我们一定不要忘记，嵌套在这个人身上的密码也会包含"米色""紫色""红色"和"蓝色"，而且他的心理构成中或许也已出现了"绿色"密码的起始阶段。

没有人是"橙色"密码者。

"橙色"表示一种价值系统、一种准则。

1　这个俄罗斯套娃是贝克在俄罗斯旅行时一位代表送给他的礼物。

密码变化的挑战

尽管个人和社会可以视生存状况游走在这些密码间起伏发展，但密码整体的发展方向却愈加复杂，因为我们的知识和经验是叠加的。宇宙在扩展，我们的意识也在扩展。这种扩展流动具有以下四个特征：

- 将心理空间扩展到更多面的人格、更多样化的组织形式和更复杂的世界。
- 将概念空间扩展到更广阔的图景、更宽广的影响范围和更长久的时间范围。
- 将选择范围扩展到更宽泛的行事方式选项中。
- 将行为自由扩展到实现更多生存的可能性以及发展可接受的人际关系。

这种扩展流动对"第一层级"造成了巨大的挑战。该层级内有6个密码共生共存，但每个密码都会一致蔑视落后的旧密码。每个密码都非常确信自己带来的新生活方式才是正确的。因此，人们通常会认为进步在于除旧布新。可正如我们所见，每个密码都需要旧密码。

例如一位"橙色"密码企业家通过规避"蓝色"密码政府机构的规章制度来获取更多利润，并在免税区成立了一家公司，以避免对公司的利润缴纳税费。这位企业家可能会蔑视未曾利用这种谋划去获利的公司。但是，他的"橙色"心态却依赖于"蓝色"密码为他提供一个公司赖以运作的法律和秩序环境。没有"蓝色"密码，"橙色"密码就不会存在。这时"红色"密码将占支配地位，它遵循弱肉强食规则。在"红色"密码支配下，富有进取精神的企业家不会有发展空间；相反，他将不得不成为强者的侍从，企盼强者能分给他一杯羹。

这里还有另一个谜题。我们以为基于同一密码生活的人至少会和睦相处，但事实并非如此。同受"蓝色"密码支配，印度教徒会与基督教徒和穆斯林作斗争，逊尼派和什叶派穆斯林会相互争斗，基督教派内部也在不断进行着分裂……这样的派系斗争不胜枚举，足以证明人们在同一密码规范下也产生了诸多分歧。

因此，八大密码可以描述一个人的思维方式，但这些密码却未描述密码容器中承载的哪些内容是重要的。因此，我们可以看到两个人虽同受"蓝色"密码支配，但却就密码容器所承载的内容产生了纷争。不同宗教的宗教激进主义者都非常确信自己秉持的宗教信仰才是真理，可这个真理很有可能最初是发源于伊斯兰教、基督教、印度教、犹太教或其他传统的宗教。

> 关键在于不消除任何密码!
> 我们的任务是认识到每个密码的重要性,并保持密码间的互联互通,使人们能够在适合其生存状况的密码内健康地发展和成长。

人类本性"主密码"

这是塑造个人、构建组织和改造社会的隐性动力。

这对于如今即将出现的"第二层级"而言,昭示着巨大的希望。这种新的认识解锁了"主密码"。它是一套整体逻辑,解释了为什么会出现不同的密码,它们会在什么时间出现,以及这些密码如何起作用。

通过理解这个"主密码",我们能够帮助健康的密码更好地发展,以便人们在生存状况允许时可以在这些密码间进行切换。通过了解"主密码",人们可以找到在个人和群体中人类最深层次的动机和优先级。它构建了不同生存状况下的自适应智能,使人们能够从多个层面出发去解决问题,并跟踪深度变化的密码以监视和促进大规模系统的变革。

关键在于不消除任何密码!

我们的任务是认识到每个密码的重要性,并保持密码间的互联互通,使人们能够在适合其生存状况的密码内健康地发展和成长。这是我们的追求。我们必须找到自然的设计,使我们朝着更光明的未来前进。贝克(2017)谈到"主密码"时,提到肯尼·罗杰斯(Kenny Rogers)的歌曲《赌徒》(*The Gambler*)中的一个片段。歌中这个片段字里行间阐明了"主密码"的精髓:"你得知道何时持牌,何时弃牌。"

对于未来的领导者们来说，构建互联网将最重要的事物联结起来，借此设计出最有效的方案变得至关重要；将全球与地方、左右脑思维以及神圣与世俗的模式相互结合以促进人类的发展，也变得极其重要。"主密码"可以影响社会所有领域，包括经济、地缘政治、宗教和灵性、社区发展、教育和医疗保健。本书第三部分讨论了螺旋动力在这些领域的应用。

螺旋动力可以帮助我们理解人类意识的发展。它是基于螺旋的，这意味着伴随螺旋的伸展，它会变得更加复杂。从某种意义上说，它是一条线，因为当螺旋被表现出来时它就会是一条线。但是，螺旋的每个转弯都代表着一种不同的世界观、一种理解现实的方式、一种底线以及一种元模因。我们能够通过关系、问题、争议、甚至战争来展现潜藏在表层之下的本质。实际上这些密码是不同的核心智能、适应性智能、情境智能和复合智能。如果我们能够了解不同的密码，知道它们如何理解现实并能够将我们自己组织起来以适应不断变化的生存状况，我们就可以在生活和组织的旅程中实现超越并融入每个阶段的美好。

条形码

开发条形码是在个体和集体范畴展示密码的一种有用且富有创造性的方式。图3.6展示了凯文·凯尔斯（Kevin Kells）博士给出的中东地区使用的条形码。

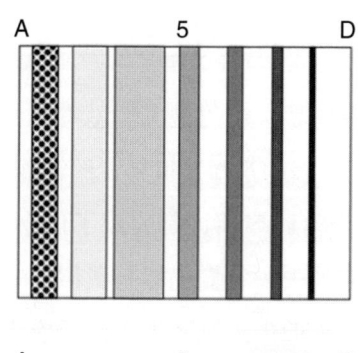

元模因条形码,基于巴勒斯坦人的生存状况数据描绘出的社会构成和项目需求。

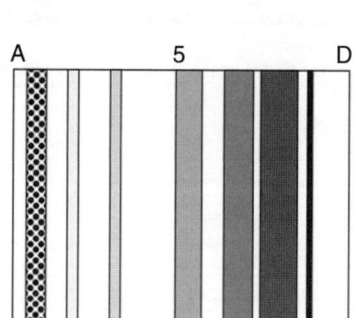

元模因条形码,描绘了一个典型非政府组织在巴勒斯坦开展工作的概况。

图 3.6 中东地区使用的条形码(Maalouf,2014)

图 3.6 中,通过使用条形码以图形形式说明了非政府组织的活动与中东生存状况之间的失调。需要注意,相对于提供"橙—绿色"服务的非政府组织的能力而言,人们对满足"紫—红色"生存状况的服务的需求过大,从而导致付出的努力无法持续(Maalouf,2014)。

密码代表的是塑造世界观的容器，而不是用来填充这些容器的内容。每个密码容器内都盛满了信念、理想、道德、原则和目标。

结语

本书的这一章讨论了密码的概念和应用。密码是人们思考方式的架构，而不是人们思考的内容。密码代表的是塑造世界观的容器，而不是用来填充这些容器的内容。每个密码容器内都盛满了信念、理想、道德、原则和目标。旧密码没有消失，它们仍然是我们的一部分，在需要时它们可为我们所用。如果旧的思维系统无法适应不断变化的生存状况，它们可能会跨越到更新的秩序体系以及更新的生物体系、心理体系、社会体系和精神体系。

第 4 章　自然设计——新兴生态

自然设计概念化

奥尔（Orr，2003）解释说，自然设计是指一种心理学和生物学立场，它系统地研究概念，例如系统的内部感觉、动机、适应性和发展，而不是对我们如何分解事物的简化解释：

- 一刀切的普适性解决方案永远无益。
- 自然设计的过程会在社会系统的核心内搜索类似 DNA 的密码，这个过程至关重要。
- 需要描述流经它的节奏和互联联结的独特性质。
- 了解能量流至关重要。
- 唐·贝克在开发生命体征监测器时不断使用新技术。
- 必须能够理解整个实体如何响应及转变的需求是什么。

与僵硬、人为、自上而下的领导和管理模型式相比，建议考虑：

"自然"的基本原理和过程。

> 领导者应能够在企业机构和权力中心发现最深层的元模因密码。

重要的是在早期就发现社会系统的起伏、信息传播中的独特模式以及各种功能和子功能所独有的能量。领导者应能够在企业机构和权力中心发现最深层的元模因密码。螺旋动力向导可以帮助决策者检测其特定组织文化或社区内的自然流动。

"设计"的基本特征

设计是指从具体的蓝图到线性序列，到同时发生的事件，到前馈/反馈回路，再到连接整体区域内的职能部门和成员的智慧和知识领域，所涉及的不同的形式、类型、表达和表现形式。

各种自然设计工具

领导者们可以使用不同的自然设计工具，其中包括：

- 锻造底线。
- 实现流序列。
- 破译元模因密码。
- 构造元模因映射。
- 阐释 4Q/8L 象限。
- 制作生命体征监测器。

- 应用方程式、指南针。
- 观察周期并适应周期。
- 建立情境，助推变化。
- 同步螺旋（技术、商业、人文）。
- 评估存在于人思维中的密码。
- 整合领导方法、组织理论和领导风格。

程序和选项的框架成为将"自然设计"编排在一起的素材库和参考手册。"第二层级"领导力（"黄色"或GT）对于区分存在于人思维中不同密码的特性和价值天赋至关重要，它最终以一种功能性的方式围绕最高目标将生活的各个方面编织在一起。与一刀切的普适性方法形成鲜明对比的是，"第二层级"领导力能满足系统需求，并通过释放系统中的人力能量来创造魔法（Viljoen，2015）。

组织结构精妙性

在第四部分"螺旋动力辅助技术"的章节中，讨论了用来协助领导者共同创建精妙的系统性自然设计的各种技术。爱迪思（Adizes，1999）和古登（Gooden，2016）强调了组织整合的重要性。想让组织结构变得精妙，应使要实现的功能相互联结，采用能使功能得以实现的设计形式，并使人们能够适应各种功能和形式。此外，即领导者应具有远见卓识，确保业务功能与组织运营模型的设计形式之间具有一致性、相互关联性和整合性。

焦点的唤醒与可持续性，流的触发与维护，以及人们的愿景、需求和愿望的实现，这些都成为系统性领导力有效与否的关键条件。领导层在组织中创建行为框架或文化时，在架构方面他们有责任营造氛围，以促进人员参与，最终为他们带来乐趣，并促使人们保持对未来需求的持续敏感性。

为使组织结构变得精妙，应遵循9F的设计形式，即领导者应具有远见卓识，确保业务功能与组织运营模型的设计形式之间具有一致性、相互关联性和整合性，进行调适以确保人员适合其职位，确保人员和系统能量的聚焦与流动相适应，也确保在实现愿景的同时为人们带来乐趣，同时可以共同制定能够确保理想未来实现的最高目标。

必须提到的是，维尔乔恩（Viljoen，2014）所描述的组织的扩展定义亦适用于此。学习的单位不仅包括企业，也包括产生组织功能的任何其他生活系统，例如家庭、社区、社会或地缘政治地区。应分析不同密码的构造模块，并通过包容性将它们联结在一起。如图4.1所示的人类周期表展示了人性的基本组成模块。

"第二层级"的"黄色"是具有整合能力的领导者，需要去识别、沟通、实施和衡量精妙性组织的基本组成部分、特性和规模。这些领导者可以毫不费力地感知图4.1所示的人类周期表中不同密码间相互关联而产生的模式。可以在要素（密码）之间建立有机的、功能性的和可持续的联系，以促进新的密码组合形成新的社会结构。

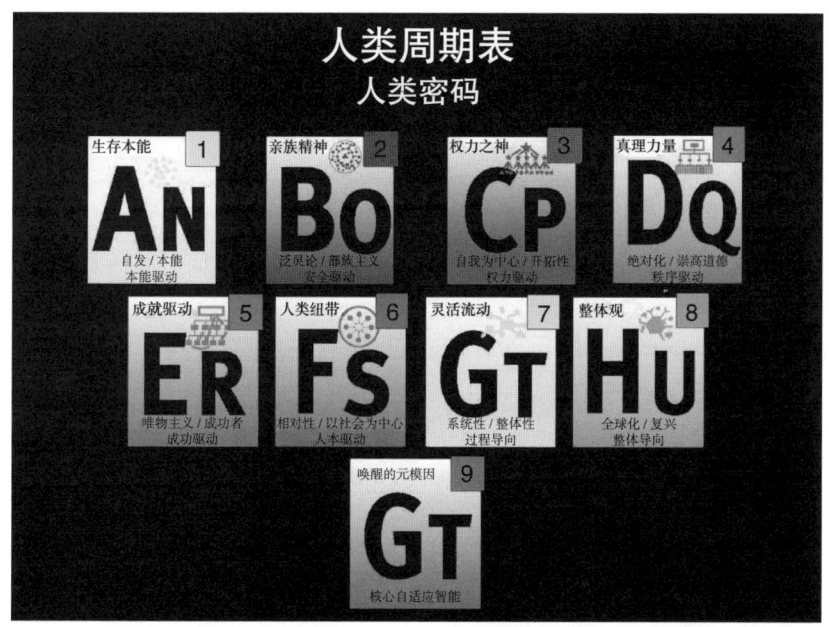

图 4.1 人类周期表

自然设计原则

图 4.2 列出了十几条自然设计原则。

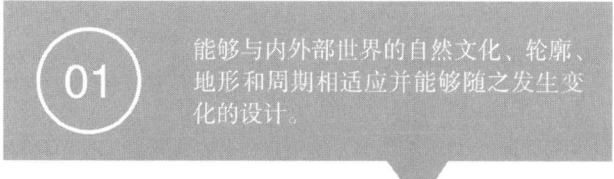

图 4.2 自然设计原则

图 4.2 （续）

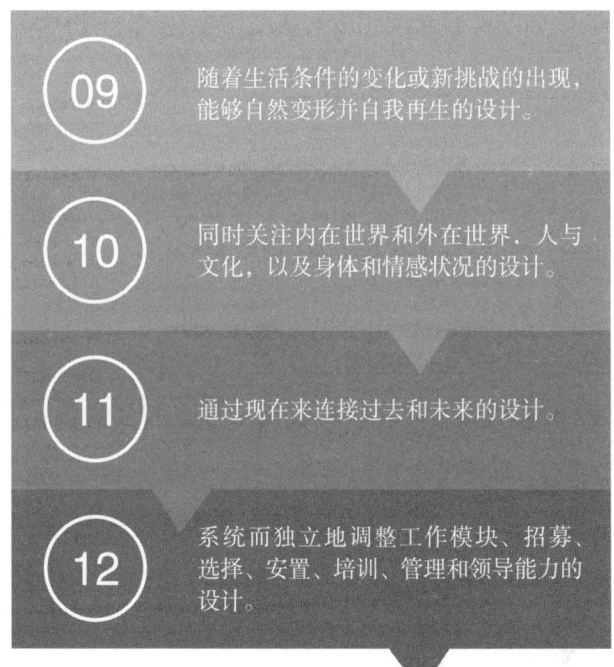

图 4.2 (续)

自然设计的五个底线

自然设计的五个底线是:
- 崇高的目标和卓越的追求。当人们的工作与更宏大的事物、超越自我的目标联系在一起,或当人们赋予生活以意义和重要性时,许多人就会迅速成长并表现出更高的水准。这种追求让人们超越了日常关注的范畴，使他们有机会成为整体的一部分或参与到他们愿意投身于其中的广受关注的事业中去。

- 合理的原则和高效的流程。这在于对高度专业化的承诺，承诺学习最好的、最具成本效益的做事方式，以及为了追求自我或地位诉求而承诺一种精益高效感，避免铺张或浪费。人们学会如何利用更少的资源做更多的事情，也了解到通过自然设计和运用高效能人才是如何产生生产力和绩效的。

- 利润可靠且兼顾多种用途。利润被视为是有益的，是促使其他底线得以实现的必不可少的资源和灵丹妙药。但它必须："负责任"——避免利润榨取或算计；"多人共享"——利润不应只是服务于成功人士；"精英"——让精英中饱私囊，利润更应用来提升整个实体的能效，保留和增强其当前的生存能力，同时使整个实体得以保存，以期收获更美好的未来。

- 对人和社会需求敏感。在许多公共和私人领域，对具有"社会意识"的要求越来越高。这可被理解为对企业内外部人员需求的高度敏感。尊重完全的人性化就变得至关重要，组织对人们身体和情绪健康的影响备受关注。领导者对当地社区、文化和社会中人们的需求也变得更加敏感。

- 尊重地球和系统的自然生态。这涉及承认自然环境以及永远互联的各种生态系统的脆弱本性。如果破坏了地球家园，我们所有人都需要承受相应的恶果。这也可以解释基于对各行各业的职业完整性的敬重，当人们在社会中履行其重要职能时，我们需要使他们保持体面、权威和可敬。

整体性应用

"模因工厂"将元模因密码和螺旋动力学原理转化为程序、产品、成果和实践方案时，应考虑以下内容：

- 整体性遴选和归置。通过元模因将人员匹配到相应的工作职能和责任级别上。
- 整体性沟通。学习在信息设计、广告工作和复杂的公共关系实践中运用各种元模因密码语言，使我们能够在各个局部之间进行翻译转换。本书第四部分介绍了一些有效且可持续的应用，给出了对应的实例和案例研究。
- 整体性动机。它激活人们的各个元模因底线（见第2章中的介绍），将人们所做的事情与元模因底线的自然动机流关联起来。
- 整体性营销。确定客户、市场、委托方、利益相关者、股东和支持者等实体的关键决策动机，以唤起他们内心深处的元模因密码并与之形成关联。

> 智能的复杂自适应系统包含一系列移动的、但又看似碎片化的活动，这些活动是智能系统的表征，却又不容易证明其智能之所在。

复杂的自适应系统

乔恩·弗里曼（Jon Freeman，2017）在文章《组织发展：第二层级、自然设计和生命系统》（*Organizational Development: Tier 2, Natural Design and Living Systems*）中指出，螺旋动力学领先于它所处的时代。凭借着格雷夫斯式的洞察力，他并未在传统视角看重的科学、学术和智慧可信性上纠缠。弗里曼认为，螺旋动力学在系统设计方面不可避免地陷入了受当时流行文化所制约的"橙色"世界观中。组织被视为机制，而人员则被视为物化的组成部分，从外部参与到组织活动中。受这种视角的限制，我们就无法真正理解组织作为具有生态特性的生命系统所蕴含的深意。

正是考虑到这些挑战，弗里曼将组织的概念构想为一个智能的复杂自适应系统（intelligent Complex Adaptiwe System，iCAS），从外部出发向内观察，确认人员、流程和事务，掌控这个生命实体并对其进行剖析，有意识地探寻这个系统的智能、复杂程度和适应能力。

弗里曼（2017）描述了人们在考虑何为智能的复杂自适应系统时面临的无数错综复杂的问题。智能的复杂自适应系统包含一系列移动的、但又看似碎片化的活动，这些活动是智能系统的表征，却又不容易证明其智能之所在。由于以下几个原因，情况变得更加复杂：

- 那些看到并理解该系统的人。
- 人们看到并试图理解的信息。
- 解释和理解的过程。
- 判断，这可能是最重要的。
- 由判断所导致的行为选择，包括沟通交流。
- 沟通交流会影响到系统的其他部分。

弗里曼（2017）进一步探讨组织智能的问题，解释了人们最初是如何在个体中感知到它，而后又在作为集体而存在的组织中感知到它的。它存在于人们的意识中，被用来构建他们的现实世界。由于这是活跃而鲜活的过程，因此它不能与组织分离或接受外部控制，不能被外部化，也无法被管理。

将这种情况的出现归结到缺乏用来捕获分析数据的工具，似乎是合乎逻辑的，这也可能误导人们试图去识别更多需要进一步分析或推断的数据、庞杂事物或模式。弗里曼（2017）认为，无论在数据方面做出多少努力，甚至也对数据进行了分析，事物的复杂程度都不是问题，问题在于从智能的复杂自适应系统中的人们身上发现的未知因素。这些人的世界观、性格类型、环境、情感状态、价值表达、密码、在智能系统中所处的位置，以及能够在某个时间点辨别出一个人的许多其他可能性，都在影响着他们的行为、思想和认知（Freeman，2017）。图4.3介绍了在智能的复杂自适应系统中发挥作用的不同密码的价值和道德核心。

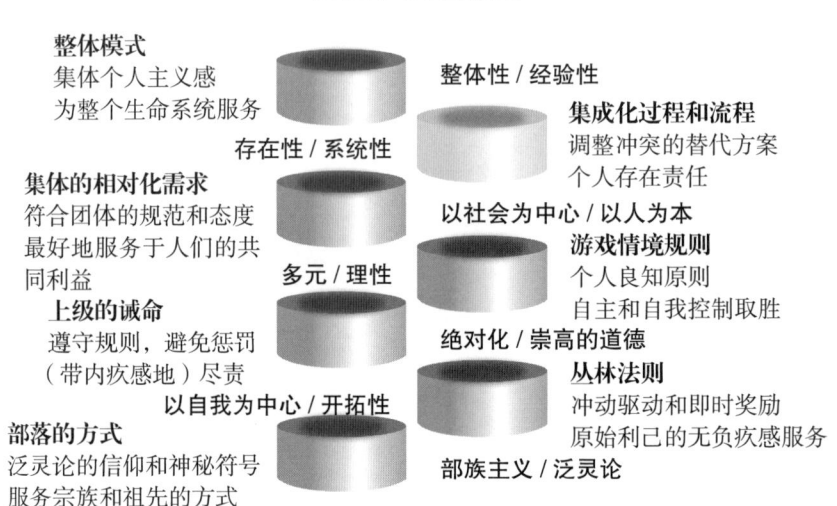

图 4.3 价值和道德核心

在智能的复杂自适应系统中,所有螺旋的各种密码都应被识别、确认、接纳和校准,并应围绕最高目标去激发它们(见图 4.3)。

五个变化状态

贝克(2013a)还提醒我们,在任何变化发生的过程中,人们付出的任何努力都要经历五个变化状态。表 4.1 描述了这五个变化状态。

表 4.1　五个变化状态

ALPHA	稳定和平衡的状态，个人/社会与他们的生存状况保持同步发展
BETA	不确定、怀疑和沮丧的状态
GAMMA	愤怒、无望和变革的状态
DELTA	兴奋状态，个人/社会狂热而奔放
NEW ALPHA	思想和见解巩固地得以体现，个人/社会再次保持同步发展

表 4.1 中描述了由变化状态指示器（Change State Indicator，CSI）测量出来的五个变化状态。变化状态指示器由贝克开发，在维尔乔恩的《组织变革与发展》（*Organizational Change and Development*，2015）一书中做了详细描述。

我们需要具有"第二层级"的"黄色"思维，才能与不同的变化过程中付出努力的各种错综复杂的人相处。下一小节将进一步探讨人们对这种领导力的需求。

"黄色"思维需求

"第二层级"的"黄色"（GT）领导者研究的是全球领域的主题和趋势。他们整合了多种功能，并通过类似于网状组织（MeshWORKS）的过程，将核心 DNA 动力联结起来。"黄色"领导者能设计出自然的系统和结构，并能增进系统灵活性、精进流程。"黄色"领导者的

> 在每种不同的社会环境下，都应考虑领导力方程式。

领导风格可谓具有包容性。他们自然而然地吸引着不同人们的心灵。他们能够真正拥抱不同价值系统在第一个螺旋层面上给人们带来的恩赐。

正如贝克在南非所做的那样，他并未尝试改变阿非利卡人的价值系统，而是欣然接纳他们的价值和潜在附加值；如今他在强调西方人能够给全球舞台带来的附加值。

在每种不同的社会环境下，都应考虑领导力方程式（见图4.4）：

具有整体观的领导者必须设法去解出这个方程式，而非谋求解决方案。

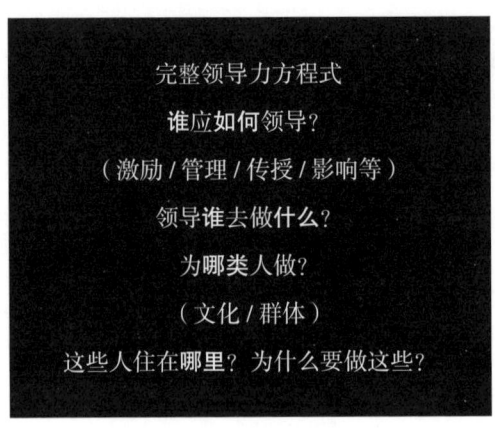

图4.4　领导力方程式

自然设计工具

螺旋动力学实践者或商业领袖可使用不同的自然设计工具，包括：

- 密码：模因 DNA 或 mDNA——获得制定决策和创造长期文化内核的核心智能。
- 地形图："地形走向"——密码作为模因地形图的表层显示，分布在不同的物质文化地带。
- 方程式——链接多个函数和系统排列的复杂的、类似演算的语句。
- 生命体征监测器——物理或电子场所，在单一环境中收集并显示单个实体的健康、幸福度和身体表现的关键指标。
- 场景——精心创作出事先确定好的"关于未来的故事"，放置在可能性/概率的锥体中。通过使用生命体征监测器获取的信息来选择"最可能的"场景。
- 指南针设置，用来对齐点、节点和区域。
- 停滞点——目的、结果和目标的关键参考或校准点。
- 网格节点和区域——过程中的位置或时间框架，重要但又相互分离的实体、智能或知识，必须以系统而又常常协同的方式共同流动。
- 传感器，为生命体征监测器提供关键信息并建立指导决策的指南针设置。它们被设置在停滞点内或位于停滞点附近。
- 周期——了解节奏变化的自然过程以及峰／谷、潮起／潮退和问题／解决方案循环交替出现的必然性。

本书第四部分将探讨更多的工具和支持技术。

大规模变革

图 4.5 显示了在大规模变革中要考虑的条件：

- 为了能够理解如何变革，需要了解系统中的基本信念。对人类准则的了解也影响着变革实现的可能性。
- 大型组织变革需要有胆量的领导者，这样的领导者不会偏离他们的信念。
- 如果一个领导者没有人追随，就不可称其为领导者。领导者需要将组织成员的故事编织在一起，以创造一种共识感。这种编织过程是必须进行的。
- 必须为投身于变革的行为创造意义。在人们参与一个完整的包容性过程时，人们常常会意识到这个事实。
- 让人们参与进来，能量就会得到释放。必须将这些能量围绕当前的任务加以运用，否则可能会具有破坏性。
- 应确定系统性杠杆作用点，以最大限度地扩大影响。

- 随着旧问题得到解决，一系列新的问题将会出现，迫切需要新的解决方案。

大规模变革的十个条件

1. **体制、文化或国家方面的潜力**
   - 必须具备变革的能力和结构，以理解和实现新思想。
   - 不存在纯洁质朴的思想状态（空白状态）。
   - 系统是否处于开放、中止或关闭状态？
   - 潜力通常是促使变革发生的成败攸关的条件。
2. **当前和过去的问题及威胁得到了解决**
   - 如果历史问题不解决，则进步不可能产生。
   - 到达了舒适区并达成了相对平衡，就会出现更复杂的思维和解决方案。
   - 具有多余的可用来探索接下来是什么的能量。
3. **当前系统中存在不和谐**
   - 动荡会令人产生"有些事情不对劲"的感觉。
   - 意识到生存状况与当前应对方式之间的差距越来越大。
   - 逆向搜索失败……旧的解决方案无法解决存在的新问题。
   - 非和谐状态现在或许可以释放能量，并激发人们随着螺旋运动产生崭新的思维。
4. **洞悉可能存在的原因和可行的备选方案**
   - 了解哪里出现了问题以及现在需要哪些资源和解决方案。
   - 了解系统如何形成、衰退和革新，必须接受这种变革的可能性和变革方式。
   - 考虑其他场景、新模型和替代方案。
   - 识别出新的生存状况的外在表现，并定制元模因以实现最佳配合度和一致性。
5. **注入能量，为人员、系统和资源增强能力**
   - 这里的能量可能是正能量，也可能是负能量。但是，要激发人与系统的应变活力，激活冲动、动机和变革并增加其流动量，以及刺激的形式就显得很重要。
6. **将变化从哪个起点映射到哪里去**
   - 映射为人们提供了各种可能性并给出了方向。
   - 人们需要知道"改变"意味着什么。
   - 改变可能发生在生存状况层面或元模因发展（甚至是新内容领域的发展）方面。
   - 通过运用适当的价值观、语言和习语多问"为什么"，可以增加刺激，并使运动和转变更容易发生。

图 4.5 大规模变革的十个条件（Beck，2006）

7. 利用转折点、知名事件、决定性时刻来提升潜力、拓宽视野和促进行动
   - 这些为扩大动态和给出变化原因奠定了基础。
   - 惊喜、未知因素和意外事件都是阐明变化过程并增加转变动力的机会。
8. 识别和克服阻碍或阻挠变化发生的内外障碍
   - 障碍因素可能是诸多影响元素中的参与者、人或组织架构：家庭、"系统"、机构等。
   - 辨认并揭发那些对未能实施变革的否认论调、借口和合理化理由。
   - 这些障碍包括外部障碍与内部障碍，诸如"这是他们的错！""我们反对，他们会为此付出代价的！""要是……，就好了。""是他们挑起来的！"。
   - 使用全方位的媒体策略和战术来消除或略过障碍。
   - 开始重建之前，先确保具备了坚实的基础。
9. 必须启动支持新思想和新行动的整合努力
   - 过渡期间的支持至关重要：情感、财务、架构、社会层面的支持都重要。
   - 过程中可能会伴随困惑混乱、错误的开始、陡峭的学习曲线，以及令人尴尬的同化效应。
   - 我们可能还会需要一些时间才能实现充分稳固的变革，足够有力量去抵御落后的负面力量带来的所有攻击。
10. 预料到新解决方案可能带来一系列新问题
    - 思考一下："成功解决已有问题后，会出现什么新问题？"
    - 将思想和大脑的联合组织设置在整体路径上，识别出问题和解决方案之间的基本流程……伴随着成败带来的压力，新的思想、计划和行动也将会为我们带来承载着更快变化的密码。

图 4.5（续）

模板

概念

"模板"源于法语中的"templet"一词，指可以用来指导行为和行动的一系列指令、模式或模型。模板由我们心理 DNA 中的元模因

决定，这些元模因创建了我们的心理地图的边界。模板为人员、技术和工作流程勾画出最自然的设计，以实现特定的结果。在社会系统中，每个模板都必须根据特定的生活条件和元模因系统去创建。它涵盖了等级、意识形态、人际关系、传统和领土等问题。

可将以下三种螺旋模板添加到组织开发工具箱中：

· X 模板：关键功能的最自然形式和流程；
· Y 模板：人员因素和管理系统；
· Z 模板：指挥智能。

下面对每个模板做简要描述。更多详细信息请参见 www.spiraldynamicsglobal.com。

X 模板

在 X 模板上，影响待完成工作的每个变量都包含在了工作流中。可视化的 X 模板可能类似于一个网络、集群、星座、游戏板、故事线或时间序列。这里我们使用"战略联盟"这样的术语。

除非了解螺旋动力学，否则出于传统、批判或借口，昂贵而耗时的全面质量管理（Total Quality Management，TQM）计划和宏伟的再设计工作可能都会以失败告终。在这里，我们经常使用胜任力模型，并仔细地将人员与工作进行匹配。该模板的设计旨在将影响待完成工作的所有变量连接在一起，以便能够依次处理它们。

Y 模板

通过 Y 模板，可以查看到那些在 X 模板上轻而易举地执行工作布局的人的模因代码和思维模式。它使得 X 模板更加丰富，并强化了其功能；它可修复 X 模板，并使其发挥作用。将 Y 模板与 X 模板对齐，就需要提出如下问题：

谁应管理谁？如何管理？该做什么？何时做？

Y 模板负责对工作流程进行微调，监测所有生命体征，在工作过程中提升人员的能力，并提供必要的整合以形成无缝的组织。

Z 模板

许多组织都在努力变得精简和高效。它们有时会解雇中层管理人员，其业务问题也变得更加复杂和多维；做出关键决策时所处的环境愈加混沌无序，业务节奏加快，容忍度也随之降低了。Z 模板将 X 模板和 Y 模板与社会相连接。首席执行官和执行经理们通常会意识到自己的知识和见解并不完整，特别是在涉及人类动态的时候。Z 模板的用途在于指挥智能。Z 模板注重释放社会系统的集体智慧、知识和判断力。

Z 模板可能会有一个执行核心（Executiwe Core，EC），其外观和行为就如同一个具有创造力的包容性自然系统。执行核心会不断重新塑造其公司以适应生存状况。它要求人们富有活力、有兴趣、有

> 拥有开放系统的人思想开放、享受新的刺激而且不死板。他们会去学习、旅行和探索新事物。

道德良知、有能力。三个模板就好比组成了一个三环马戏，执行核心居于其中，就像是马戏表演的指导者。

另外，Z模板专注于运用重点智能去解决特定的问题。在执行核心的指导下，来自三个模板的智能被分配到某个特定的任务上。价值工程原则也适用。通过Z模板可以了解来自未来的奇异信息，例如创建愿景所需的信息。

最后，Z模板还从宏观视角管理整个组织。每个组织都有生命体征和健康指标，其中一些可以在通常的电子表格编号中看到。但是，大多数文化的生命体征更加无形、虚幻，也更难以理解。它融合了世界感知、序列计划的构建和复杂计划的执行。在工作中发挥出色作用的领导者表现出了企业家的智慧、平移的智慧和变革的智慧。

促成改变的 6 个条件

条件 1

第一个条件是改变的潜力。不是每个人都有能力改变，改变并非总是可能的。开放的系统可以容许最大限度地改变。拥有开放系统的人思想开放、享受新的刺激而且不死板。他们会去学习、旅行和探索新事物。在受抑制的系统中，人们被内部或外部边界所困，只有在边界被移除后他们才能改变。恐惧通常会使人们停留在原地，改变会被视为威胁。封闭系统中的人们被生理—心理—社会能力所阻碍，原因可能是发展性、环境性或心理性的，这样的人基本上没有能力改变。

条件 2

如果一个人没有处于封闭系统中，则他们需要能解决当前和以前问题的解决方案。满足这一条件的目的是平静处理当前面临的所有威胁，无论这些威胁来自外部还是内部。例如一个患病的人只有在消除疾病带来的死亡威胁后，才有能力进行系统的改变（过上更完整、更健康的生活）。又例如患有焦虑症的人如果不首先解决自己的焦虑问题，将很难经历改变。

条件 3

个体或其生存状况当中也必然存在着失调。个体必然会对某种方式感到不舒服，甚至可能变得不作为——放手以便让新事物走进来。

条件 4

必须确定并克服改变所面临的障碍，且需要将这些障碍重新加以构建。

条件 5

个体必须洞察是什么原因导致了之前思维结构的失败。他们必须知道之前的系统出了什么问题以及问题出现的原因，还必须意识到有可以用来更好地解决问题的新资源。个体必须要有新的模式、方法和方式。他们必须要有能力辨别出新生存状况的出现。

条件 6

改变在过渡期间必须得到巩固和支持。改变在过渡期间通常是反复无常的，很难稳定下来。

如果未能满足所有这 6 个条件，改变的过程将不会取得成功的结果。

《螺旋动力学》（1996）一书中，提供了关于该模型的更全面介绍。更多信息，请访问 www.spiraldynamicsglobal.com，获取相关支持文档和文章。

结语

由生存状况确定的规范的出现塑造了文化和国家。复杂的自适应智能形成了黏合剂，将一个群体凝聚在一起，定义了这个群体是谁，并反映出这个群体在这个星球上所处的位置。尽管它们都是人类经验的合法表达，但它们处理社会复杂问题的能力并不"相等"。正如格雷夫斯（1974）所言，要问的不是如何激励人们，而是如何将自己所做的事情与人们的自然动机流动联系起来。本章讨论了自然设计的本质，将其看作是理解新兴系统和社会复杂动态的关键组成部分；还讨论了自然设计的不同方法和工具。做自然设计时，须运用贝克的领导力方程式，即设法解答以下问题：

谁应如何领导？领导谁去做什么？为哪类人做？这些人住哪里？为什么要做这些？

第二部分

螺旋动力学的全球发展

- 回到未来——重新审视南非熔炉
- 发现本土智能:以色列和巴勒斯坦的案例研究
- 北欧国家和"第二层级"意识:大动荡时期对"第二层级"领导者的需求

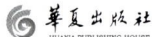

螺旋动力学

唐·爱德华·贝克（Don Edward Beck）与
克里斯托弗·科万（Christopher C. Cowan）合著

插图：布兰迪·阿杰贝克（Brandy Agerbeck），图源网站：Loosetooth.com

参考资料：

1. 唐·贝克和克里斯托弗·科万合著的《螺旋动力学》
（Spiral Dynamics, Mastering Values, Leadership and Change），
布莱克威尔出版公司（Blackwell Publishing），2006年牛津出版
2. 肯·威尔伯（Ken Wilber），《万物理论：商业、科学与灵性的整合视角》
（A Theory of Everything: an integral vision for business, science, and spirituality），
香巴拉出版社（Shambala Publications），2000年波士顿出版

层级[1]	编码#[1]	元模因[1]	通俗名称[1]	组织结构[1]	动力[1,2]
第二层级：存在	8	青色	整体观	整体型	共情，和…
	7	黄色	灵活流动	交互型	适应，融…
第一层级：物质	6	绿色	人类纽带	平等型	赞同，平等…
	5	橙色	成就驱动	授权型	自主权，成…
	4	蓝色	真理力量	金字塔型	秩序，是非…
	3	红色	权力之神	帝国	权力，统…
	2	紫色	亲族精神	部落	魔法，安…
	1	米色	生存本能	松散群体	生存…

特征[1,2]	人群占比（%）[2]	影响力占比（%）[2]
整体性、全面性	0.1	1
系统性、概念性、生态性、灵活性	1	5
相对性、主观性、敏感、多元	10	15
物质性、战略性、野心勃勃、个性化	30	50
绝对化、顺从、目的性、专制	40	30
自我中心、剥削、冲动、反叛	20	5
泛灵论、部落性、魔法、神秘主义	10	1
古老、本能性、初级、自发性	0.1	0

螺旋动力全景图

便于理解：
① 主导价值观
② 世界是一个……
③ 组织模型
④ 行为动机
⑤ 身份
⑥ 危机的迹象
⑦ 重大突破

聚焦我

螺旋云

关于意识与存在

将这个螺旋模型理解为一个闪闪发光的振荡的生命体

珊瑚色……

绿松石色……
如同海洋，
"社会建筑"

① 概要：约60年以来的复杂性和非二元性

对于大问题的意识 显现需求协调行动

我，知识分子
新：共享价值 敏捷性 既……又……

系统性流程

1%B
5%H

肯定是经由演化发展

黄色……
如同太阳
"企业家"

② 不断在迁徙的生存空间

④ 评估局势，改变视角，做出选择

约650年以来
效能、成功、效率

甜蜜的生活变味了

我，能者
新：科学 创业

市场 以(几乎)任何代价获取盈利 用计谋和策略 战略公司

30%B
50%H

肯定是经由唯一论者

绿色……
如同绿色政治
"专家"

橘色……
如同钢的能量
"实干家和战略家"

约二万年以来
权利，自我延展

任意性、骚扰性、野蛮生长

我，掌权者
新：自我，劳动分工，定居

竞技场 战斗到事态升级 帝国灭亡

20%B
5%H

肯定是经由强大的引领者

蓝色……
如同天空
"流程专家"

红色……
如同斗士
"英雄"

紫色……
如同酋长

浅褐色

约十万年以来
生存，死亡

缺乏协作
我，幸存者 群组
灌木丛 本能行为

0.1%B
0%H

经由本能存活者

元模因的发展

极盛点   极盛点
              新的元模因
出现点 危机过渡
        旧的不健康形式

元模因转化的6大条件：
1. 思维潜力
2. 给定元模因中的解决方案已用尽
3. 现有的心理痛苦、感受，不再适合
4. 认知和备择方案
5. 坚决而有建设性地迎接阻碍
6. 巩固和支持

翻译：陈如一
图片来源：thatonegirlsbloglife.blogspot.com

力学

发展的思维模型

KLARA agil

Coaching, Moderation, Workshops, Team- und Organisationsentwicklung

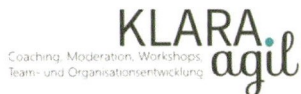

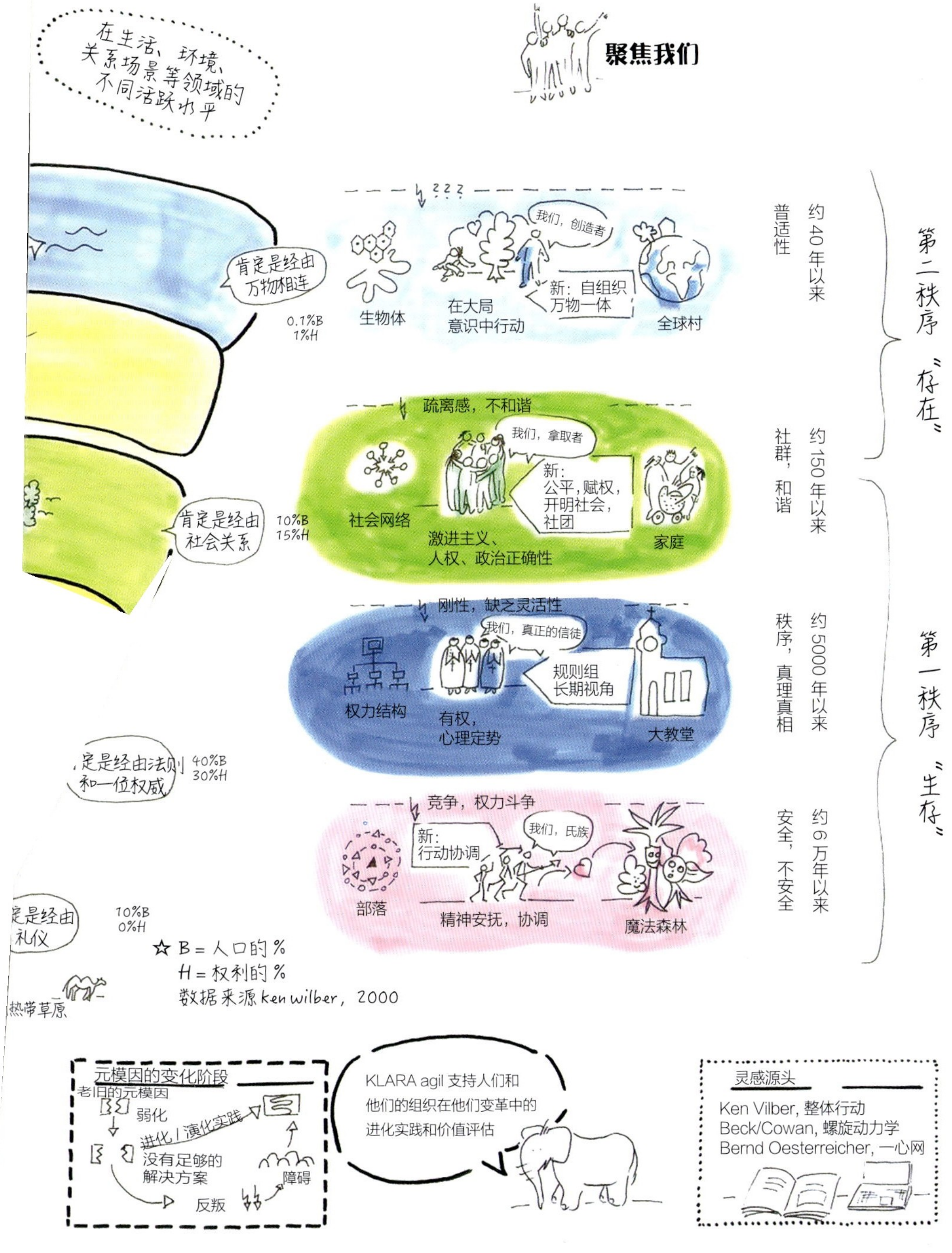

第 5 章　回到未来——重新审视南非熔炉

1990年，当时的南非总统德克勒克（F. W. de Klerk）向全世界发表讲话，宣布南非内部的种族隔离制度被彻底废除。这是新南非的开端，是基于"黄色"价值系统实现的。它考虑到了南非整个国家的健康发展和所有南非人民的生存状况。由于人们内心信奉不同的价值系统，这自然而然也在南非国内引发了一些问题。

贝克当天就在开普敦议会前聚集的人群中，但他可能是人群中唯一知道马上将发生什么事情的人。贝克清楚地记得，当时人群将他推挤到栏杆边。他都能觉察到人群中积聚的能量和紧张的气氛。当那辆黑色梅赛德斯－奔驰汽车从拐角驶过，看到德克勒克坐在后排座位上时，贝克几乎感到无法呼吸。在一闪而过的瞬间，他吸引了总统专注的目光。他们两个人都知道那天的事件将永远改变南非。德克勒克对贝克竖起了大拇指，带着深深的理解和支持，贝克也用同样的方式致以问候。

历史正在酝酿中，马迪巴也将被释放出狱。

引言

在 20 世纪 80 年代末 90 年代初，贝克多次乘坐飞机往返于南非和他在得克萨斯州的住所之间。他总共访问南非达 63 次，实在令人惊叹。这些访问很大程度上是由他个人发起的。他想将南非那时的不同价值系统整合起来。在当时，种族隔离及其影响达到了历史最高水平，社会起义每天都在发生，美国的严厉制裁也在扼杀当地经济。每隔一天当地新闻中就会报道一起胎刑[1]事件。国际上，人们担心南非正处于内战爆发的边缘。就在这个时候，这位牛仔从得克萨斯州走出来，进入充斥着各种社会冲突的大熔炉中。他试图编织出一幅完整的人性织锦，使世界上其他地方的人们得以学习借鉴。

贝克利用格雷夫斯的价值系统理论分析了南非的动态，并试图团结这个四分五裂的国家，而它进入了世界上大多数价值系统发展的鼎盛期。贝克相信，如果南非能够在螺旋系统内将每个价值系统的各种智能和天赋整合排列好，就可以创造出一种平衡，为南非带来巨大的成功，也能为解决世界其他地区的问题提供应对方案。在格雷厄姆·林斯科特和洛兰·劳布舍尔的帮助下，贝克在他多次访问南非的过程中会见了信奉不同价值系统的各界人士。63 次南非之旅，每次都有劳布舍尔陪同他完成。他会见了纳尔逊·曼德拉

---

[1] 胎刑（Necklacing）：来自南非的刑罚，将受刑人套进一个浸过汽油的轮胎中，然后行刑人会把轮胎点燃，让受刑人吸毒气、灼烧致死。

（Nelson Mandela）、德斯蒙德·图图（Desmond Tutu）、德克勒克和其他重量级政要人物，也会见了代表着南非企业的国家和平委员会委员。他解释了螺旋动力学，并发起和共同创造了这次社会转型，从而进一步促成了1994年的选举、1995年的橄榄球世界杯夺冠，开创了南非的后种族隔离时代。

本章基于对贝克的深入访谈，《熔炉：打造南非的未来》和其他众多出版物，其他证据，以及凯斯·赖斯（Keith E. Rice）按时间顺序精心记录和维护的博客编撰而成。洛兰·劳布舍尔还为本章内容提供了源文件和众多故事。

本章简要概述了南非在获得民主之前的社会动态，贝克及其同仁在这个多彩螺旋构筑的"彩虹"之国所做的工作，以及当今南非的形势。那时，贝克几乎还不知道南非也将是他自己的大熔炉，他对于国家和地区疗愈方法的见解也浸染在各个参与者之间的紧张关系中。南非的案例让他在巴勒斯坦、俄罗斯、冰岛、英国、南美等不同国家和地区，以及在美国本土成功做好干预工作做好了准备。

南非历史背景

1980年，阿非利卡人统治的紧张局势和被压迫人民的起义使南非变得四分五裂。贝克应用了格雷夫斯的双螺旋模型，将不同的价值系统用不同颜色指代。

随着欧洲殖民定居者于1652年到达开普敦，欧洲的"蓝色"和

"红色"价值系统被掺入非洲的"紫色"价值系统中。这种"紫色"价值系统为欧洲殖民定居者所利用。随着时间的推移,从荷兰、法国、英国等地来到南非寻求机会的企业家们也带来了越来越多不同的价值系统。开普敦变成"红色""蓝色""橙色"和"紫色"价值系统的混合体,这本身就引发了问题。

到1836年的大迁徙(Groot Trek)中,许多荷兰定居者和其他机会主义者北上,既寻求摆脱英国的统治以获得自由,也期望他们的价值系统能够脱离开普敦体系而获得更多的发展机会和更好地成长。这些阿非利卡人(旧称"布尔人")被称为开拓者。随着环境的变化,对立者也发生了变化,阿非利卡人遇到了不同的非洲部族。此外,通过战斗和权力斗争,这些开拓者占领了土地,取代了拥有"紫色"价值系统的非洲部族,并最终接管他们所发现的土地,造成祖鲁部落的瓦解。这次大迁徙的结果是"紫色"价值系统溃败,人们改而遵循阿非利卡人所制定的新规则。随着与祖鲁人("蓝色"对"紫色")和英国人("蓝色"对"红色")的斗争继续进行,阿非利卡人的民族主义逐渐升温,并最终在1948年大选后得以掌控这个国家,"蓝色"价值系统马上牢牢占据了主导地位。

然而,伴随着黄金和钻石的发现,农耕和探索其他机会的重要性开始变得显著。创业精神和"橙色"价值系统开始缓慢出现。到20世纪70年代,这个国家的价值系统变成了"蓝—橙色",对"红色"(英国人)人口和"紫色"(黑人)人口的异化和统治有着特别的关注。南非得到了发展,并出现了富有的中产阶层。这与最早抵达开普敦以外的新建省份的那些穷困的开拓者形成了鲜明的对比。

> 外部的国际压力只会提高先前处于不利地位的人们的期望值。

随着技术的发展和全球联系的加强,关于南非的沙佩维尔(Sharpeville)惨案[1]和其他屠杀的图像出现在各地的新闻动态中,引起全世界人民的不满。这使得一些信奉"紫色"价值观的人转而信奉"红色"价值系统。尽管阿非利卡人与该国大多数信奉"紫色"价值系统的人之间已产生了仇恨,但"橙色"价值系统认为有必要培养黑人中产阶级以平息这一矛盾,并打乱过去的贫困人口构成。黑人劳工被允许成立工会,并可要求提高工资以及改善工作和生活条件。

然而,这愈发驱使被压迫的"紫色"人口转入"红色"价值系统阵营,以争取更多的自由和自主。也有些人转入了"蓝色"价值系统,还有人努力奋斗,追求财富,进而变成了"橙色"人口。外部的国际压力只会提高先前处于不利地位的人们的期望值。在南非的阿非利卡人和英国人中都发展出现了"绿色"价值系统。同样,这种"绿色"运动在其他西方国家也很显著,给阿非利卡民族主义者施加了更大的压力。这种"绿色"价值系统为各个种族的所有南非人的平等而呐喊。为了迫使这一变化发生,南非进一步受到了制裁。阿非利卡人的"蓝色"价值系统受到了严重攻击,其人民的安全也受到了影响。

基于对格雷夫斯价值系统进行的色彩解读,贝克通过色彩价值系统将阿非利卡人的变迁进行了分解,这导致20世纪80年代末纳尔逊·曼德拉获释。他根据南非阿非利卡人的需求和发展,通过各种价值系统将螺旋动力学应用于这一运动中。

---

[1] 1960年3月21日,在沙佩维尔的一场和平游行示威中,警察向人群开枪导致69人死亡。

南非谈判桌

贝克解释了他加入南非政治和价值系统的方法,即通过利用如图 5.1 所示的"立场概貌"将南非的政治领导人带到众所周知的谈判桌上。这张图将人们划分在色彩价值系统的两端,分称为"左翼"或"右翼"。

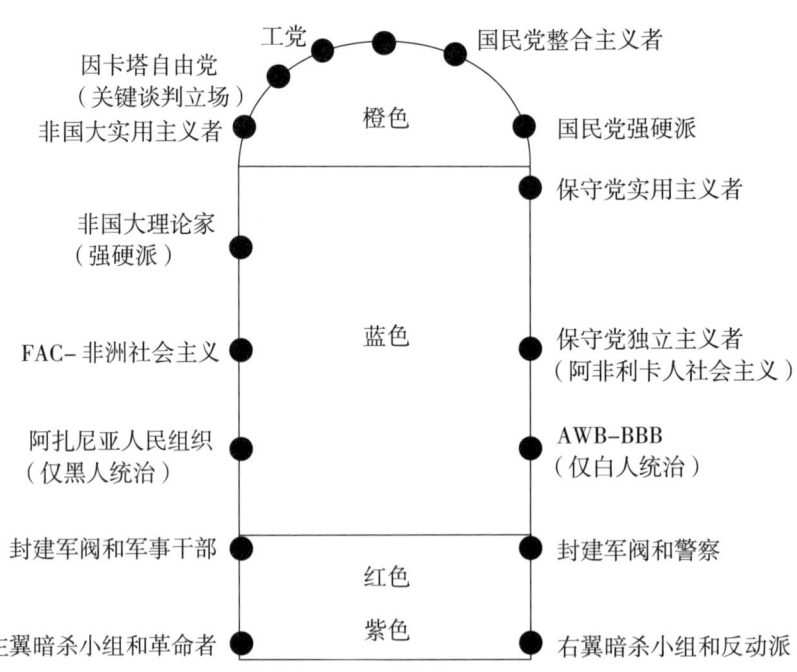

图 5.1 立场概貌(Beck & Cowan,1996)

> 双方都渴望获得同样的东西,却拒不承认对方的相似愿望。当价值系统受到攻击时,人们自然会变得具有防御性。

  贝克努力与尽可能多的南非政治领导人对话,并将他的学术见解与螺旋动力学相结合,以防止南非发生内战。图 5.1 清晰地说明了他对价值同化对比效应和螺旋动力学的独特整合。价值系统的差异和对立是南非当时面临的严峻局势。贝克截然不同的观点和南非结成的各种联盟在当时给南非的所有价值系统带来了极大的不安和打击。贝克及其同仁林斯科特和劳布舍尔知道,将这些价值系统融入核心意识形态、走好南非的前进之路都将需要耐心和时间。不仅不同的价值系统在发挥作用,而且同一价值系统中的人们也处于对立的两极。双方都渴望获得同样的东西,却拒不承认对方的相似愿望。当价值系统受到攻击时,人们自然会变得具有防御性,在 20 世纪 90 年代初南非国内的情势就是这样。因此,南非产生了左翼和右翼这样的对立政党和分化的两极。

  然而,南非在螺旋动力学价值系统中处于中间极。这个国家拥有庞大的"紫色"价值系统基础,其中还带有一丝"红色"光亮。此外,强烈的"蓝色"价值系统在南非荷兰人和非洲人中普遍存在。"橙色"价值系统的迹象处处都能看到。淡淡的"绿色"和"黄色"呼吁和谐统一,并提出了一个包容各方的前进之路,表现为所有人和平、和谐共处。贝克为南非发展出一种价值系统布局,归纳出需要使新思维在熔炉中产生并扩大,从而形成一个新的强大国家的观点。

  贝克试图设计一种应对南非困境的解决方案,即"我为人人,人人受益"——"黄色"世界。贝克认为重要的是突出"南非谈判桌"上的决策过程（Beck and Linscott，1991）。表 5.1 描述了在这个"彩虹"之国完好存在的多元性。

表 5.1 不同密码的关键因素

密码	思维模式	关键因素
米色	反应性	本能和生存感
紫色	泛灵论	传统，神秘符号，互惠
红色	以自我为中心	控制权和即时满足感
蓝色	绝对性	高权限和秩序/逻辑
橙色	战略性	竞争优势和冒险精神
绿色	相对性	和谐与集体压力

谈判桌上的成员需要理解表 5.1 中描述的密码，以使每个价值系统之间都能相互理解，并在谈判开始之前就能达成一致。

- "米色"密码未能积极参与讨论；南非有 9% 的人表现出这种密码特征。[1]
- "紫色"密码要求集体出力，在元老间做探讨，由酋长做决策。关系对这个价值系统非常重要。南非有 65% 的人表现出这种密码特征。
- "红色"密码要求一切都必须"按其条款"进行。"红色"系统通

---

[1] 本节中所述的百分比数值曾记载在洛兰·劳布舍尔的博士论文中。

过威胁和恐吓手段，利用权力来实现目标。这个问题需要得到解决，因为谈判桌上的"红色"价值系统思考者变得更灵活了。南非有15%的人表现出这种密码特征。

- "蓝色"密码依赖于规则、法律以及对结构、秩序和尊重谈判过程的需要。传统和根深蒂固的信念都很重要，需要在谈判桌上得到承认和处理。南非有10%的人表现出这种密码特征。
- "橙色"密码将谈判和交易决策视为其天性中的组成部分。一切都有价可谈。权力联盟对于"橙色"价值系统至关重要，它能帮助所有相关人员认为每个人都"赢了"。这需要在南非谈判桌上得到承认和公布，以确保所有人都参与公平谈判。南非有1%的人表现出这种密码特征。
- "绿色"密码坚持达成共识性决定，因此涉及"紫色"体系中的一些方面，但要求不设等级制度，并且要让所有人的声音都被听到。"绿色"密码确保可进行长时间的讨论，并呼吁各方做出妥协，以实现决策公平。对于谈判桌上信奉"绿色"密码的人们而言，这或许不是个容易的过程，因为对"绿色"密码来说一切还不够和谐。南非有0.1%的人表现出这种密码特征。

20世纪70年代和80年代南非各地爆发的暴力事件和社会起义被视为不同价值系统之间发泄出的能量和被压抑的怒火。而且，当同一价值系统内对立的两极发生冲突时，这种张力也会增强。这都归因于该国所面临的确凿变化，以及在差异性的熔炉中崛起的人类力量。

对于贝克来说，南非能够得以发展进步的唯一解决办法是要以一种完整有效的方式来恢复其生存能力。"黄色"密码占据了模糊和变化的概念世界，其中人们的行为基础深深扎根于知识和现实中。"黄色"思考者善于应对复杂性，也善于找到清晰的方法来整合生命系统中的各种差异。图 5.2 中的螺旋图直观地提醒我们，为避免内战，南非必须整合所有的系统。模型中的所有系统在南非的环境中都发挥了作用，而且至今仍在使用。从复杂性角度看，这种动态使南非显得与众不同，同时也使它成为研究在完整社会中起作用的思维方式的一个天然实验室。

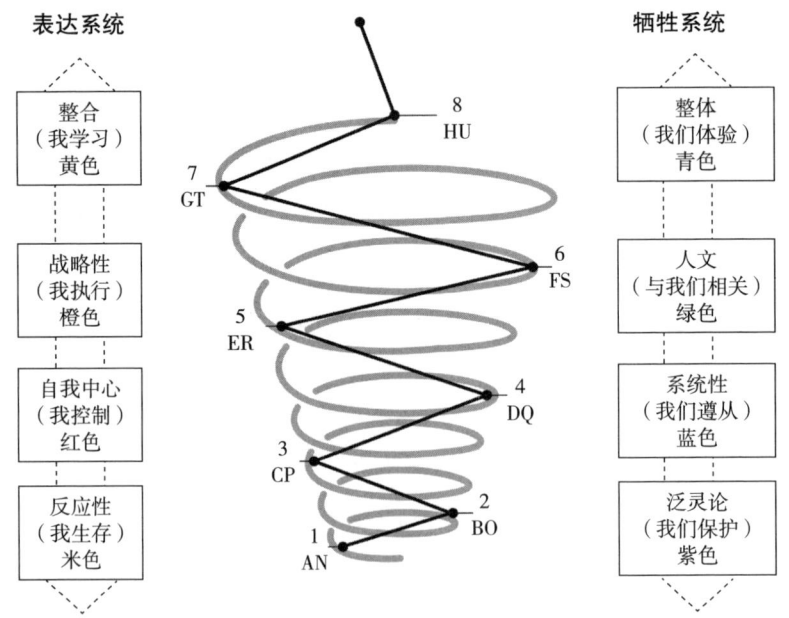

图 5.2　螺旋动力作用模式

在南非工作

凯斯·赖斯在他的综合社会心理学博客[1]中准确地记录了南非的故事。本节随后的内容主要来自赖斯所提供的资料。凯斯·范·希尔登（Keith van Heerden）在得克萨斯州达拉斯的一次会议上听取了贝克关于格雷夫斯的著作的演讲，于是在1981年，贝克应他的邀请首次访问南非。贝克出席了在太阳城举行的为期三天的南非价值圈会议（South Afrieam Values Circles Conference），首次在南非亮相，首次开启了他在20世纪80年代和90年代经历的63次南非之旅，而他第64次南非之旅则发生在2013年。

1988年，他使用生命体征监测器来描绘南非的动态情况。图5.3显示了这些动态。

劳布舍尔在每次旅行中都陪伴着贝克，他们共同推动了无数次螺旋动力会议的召开。他们出席议会会议，进行发展工作，与各种政治领导人进行磋商，并积极参与新南非的成立。《星报》对詹姆斯·克拉克（James Clarke）的采访受到了人们的广泛关注。该采访的回放可以在www.spiraldynamicsglobal.com网站上观看。贝克曾在702电台的脱口秀节目中多次出镜，在南非广播公司电视台的《早安南非》（Good Morning South Africa）节目中露面，并通过得克萨斯州登顿市的广播电台向南非直播。他向各种学术机构、医学团体、专业团体和科学团体发表过演讲，甚至为传统的荷兰归正教会的领导层做过演讲。

---

1 凯斯·赖斯的综合社会心理学博客网址：www.integratedsociopsychology.net。

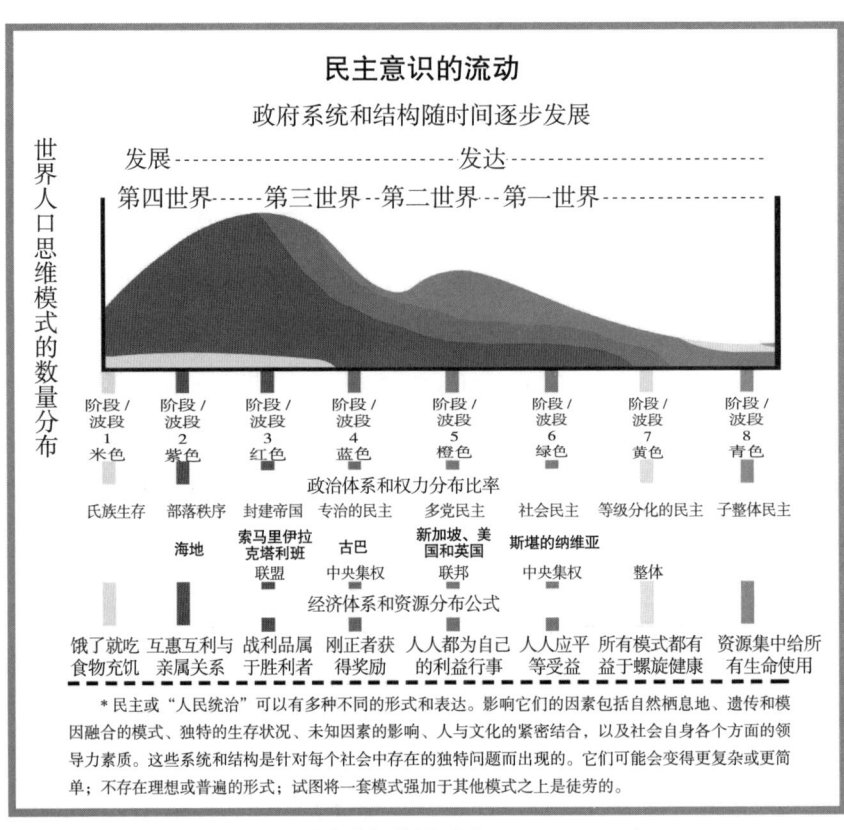

图 5.3　民主意识的流动（Beck，2013a）

1989 年 4 月，六篇系列文章被撰写出来，发表于南非所有的主要报纸上。这些文章可以在书中最后一章里探讨文章的那部分，在"影响曼德拉释放的六篇文章"标题下找到。贝克不知情的是，马迪巴[1]在

1　马迪巴：在南非，曼德拉通常被称作马迪巴。这一名字来源于曼德拉所属的滕布部落。19 世纪时，一个名叫"马迪巴"的滕布部落首领统治着南非东南部特兰凯斯地区。因而，人们称呼曼德拉为"马迪巴"是表达对他的钟爱和尊敬。——编者注

狱中读到这些文章,因此在获释不久后就安排与贝克和劳布舍尔会面。

此时,被视为中立的人们,特别是教会领袖和各族商人,包括阿非利卡人商人,促进了和平谈判的进程。也正是这些商人为贝克的南非之行提供了资助,并成立了国家和平委员会。贝克看到了人们需要一个最高目标(那是由体育和文化带来的共同价值观和符号象征),也需要做出一些切实的改善,例如增加住房、创造就业、改善教育和医疗保健等,而这些对于协调能量都是至关重要的。贝克认为引起种族问题的根源并不在于种族,而是在于这些价值系统的不同,以及由此导致的教养上的差异。这种观点最初对南非人来说是陌生的,因为它挑战了所有价值系统。在很多时候,人们都叫嚷着"Yankie gaan huis toe"[1]将贝克赶出会场。

南非领导者不知道,贝克参与南非变革,在美国是不被认可的。南非仍然承受着美国的沉重压迫。美国领导者们不赞成美国人帮助那些缔造种族隔离制度的阿非利卡人融入新的民主制度,因为毕竟他们是压迫者一方。

其他支持螺旋动力的盟友

凯斯·范·希尔登、劳布舍尔和贝克在西部深层矿山(Western Deep Level)和米德伯格钢铁合金公司(Middelburg Steel and Alloy)

---

[1] 南非荷兰语,意即"美国佬,回去吧"。

进行了咨询。价值工程与螺旋动力学的结合是各种利益和关系自然发展的结果。米德伯格钢铁合金公司的约翰·霍尔（John C. Hall）对螺旋动力学十分欣赏。艾伦·汤金（Alan Tonkin）是该公司的人力资源总监，后来经营了全球价值观网络网站。贝克开始与南非国家电力公司的人力资源总监乔治·林德奎（George Lindeque）博士合作。南非国家电力公司在工会谈判中非常积极，还尝试实施共同决定程序。价值工程师安德鲁·巴克（Andrew Barker）和记者格雷厄姆·林斯科特也参与其中。汤金、贝克和霍尔继续举办研讨会，以确保入选。劳布舍尔（2013）记得有一天德斯蒙德·图图出现在一个钢铁车间中，那里有一个由黑人雇员和白人雇员混编而成的团队在一起平等地工作着。他难以置信地摇了摇头，泪水从眼眶中滚落出来。在某些地方，即使在种族隔离制度下，平等也是常态。在1990年12月15日的《星期六星报》（*Saturday Star*）上，刊登了这样一段描述："在德兰士瓦省东部的南非钢铁业工厂里发生了一件极其不同寻常的事情，大主教德斯蒙德·图图都无法相信自己的眼睛。"《前线》（*Frontline*）编辑丹尼斯·贝克特（Dennis Beckett）在第二天写道："昨天，AWM 在镇上的游行异常平静，不仅没有发生任何插曲，而且得到了当地伙伴的全力支持。"

在 16 年的时间里，贝克在南非与很多人建立了友谊，包括纳尔逊·曼德拉、西里尔·拉马福萨（Cyril Ramaphosa）、沃尔特·西苏鲁（Walter Sisulu）、安德里斯·特里尼奇（Andries Treurnicht）、德斯蒙德·图图、罗尔夫·迈耶（Roelf Meyer）、莱昂·韦塞尔斯（Leon Wessels）、维南·马伦（Wynand Malan）和德克勒克等人在

> 人类在不断适应和改变他们的思维系统，从而允许形成新的范式。

内。螺旋动力学根据社会的元模因轮廓来描述南非未来可选的几种发展方案。他们共同制定了南非的最高目标，即"从种族隔离中走向和平过渡"。在贝克一定程度的影响下，约翰·霍尔（John Hall）从1991年至1993年一直担任南非国家和平委员会主席。

贝克与南非政治家、因卡塔自由党（Inkatha Freedom Party，IFP）创建者、祖鲁部落首领曼戈苏图·布特莱齐（Mangosuthu Buthelezi）亲王之间建立了非常特殊的联系。他们就非法移民和祖鲁民族的永续发展等话题进行了深入的交谈。贝克被赋予了一个特别的祖鲁语名字——Amizi Muthi，意思是"有强效药物的人"。

第七世界思维——缔造"彩虹"之国

为使磋商顺利进行，一种新的范式将被采用，以便能够集中关注以下六个关键特点：

（1）螺旋定律：人类在不断适应和改变他们的思维系统，从而允许形成新的范式。贝克设想，应该将螺旋（每种价值系统）视为它们各自所能带到谈判桌上的优势力量。谈判者需要了解每种价值系统对整个螺旋和整个国家的稳定性的影响。因此，如果这个螺旋能够在各个价值系统的起伏消长间和谐地运转，那么这个国家将会保持稳定发展，避免暴力和动荡。

（2）多元智能：螺旋所呈现的不同价值系统扮演着生理—心理—社会DNA的角色。螺旋中的每种价值系统都有其自身的智能，因此可以向其他价值系统赋能。这就使得每种价值系统都具有了自身的力量和完整性，从而使螺旋中的每个人都与众不同。贝克认为，需要将系统与斗争结合起来,利用每个价值系统的天赋来创造新的范式以及新的思维秩序和存在秩序。然而,人类的情感不允许发生如此简单的结合,因为还有一些创伤需要被处理并加以疗愈,而后才能继续向前。

这些智能不仅需要得到承认,而且需要在整个南非的螺旋管理中得到显现,甚至连压迫者也构成了这个整体中的一部分。

(3)整合结构:要确定每种价值系统的天赋整合,以通过在螺旋层次当中和各个层次之间创立相互依存的动态关系来加强螺旋。

(4)悖论的力量:在20世纪90年代南非内部的政治体系混乱中,存在着"论题与反论题的并置",即"系统与斗争"共存(Beck and Linscott,1991)。需要将系统与斗争结合起来,利用每个价值系统的天赋来创造新的范式以及新的思维秩序和存在秩序。然而,人类的情感不允许发生如此简单的结合,因为还有一些创伤需要被处理并加以疗愈,而后才能继续向前。

(5)"某些人"规则:在组编新南非的大规模变革过程中,提醒所有群体注意"某些人"规则。每当关于种族、年龄或性别的明显刻板印象出现时,贝克都会提醒他们在陈述之前加上"某些"字眼。例如"某些"白人、"某些"黑人和"某些"女性(当然不是人口统计范畴中的所有人)具有螺旋所描述的相同思维结构。

(6)价值管理:南非案例强调了创造更新、更好的事物的重要性,而不是简单地将各个部分相加构成整体。同样,差异、过去的伤害和价值系统可能会阻碍这一进程。因此,其重要性在于"价值管理"。价值管理是一个高度严格的决策过程,它利用创新性、科学性、整体性和参与性机制来解决复杂的技术和人类问题,这些问题涵盖了从企业工作人员到工作一线的方方面面。关于价值管理,本书第四部分将对其进行描述。每个人都参与决策过程,可以通过共同创造找到具体、实用和可行的解决方案。后来,维尔乔恩(2008)将包容性过程概念化为一种根本性的转变过程,该过程围绕着共同定义的目标将组织中的不同思维系统整合在一起。

新南非

我为反对白人统治而战,也为反对黑人统治而战。我怀有一个民主自由社会的理想,在这个社会中,所有人都和睦相处、机会均等。这是我希望为之而活并去实现的理想。但如果需要,我也愿意为这个理想献出生命。

——纳尔逊·曼德拉,1964年4月,
瑞佛尼亚审判(Rivonia Trail)

赖斯(2016)在他的博客上分享了这样一个故事:

1999年,我在利兹与一群来访的南非学生进行了交谈。令我惊讶的是,他们不仅认识贝克,而且将他视为某种意义上的"政治英雄"。(其中有两个人确实听过他在大学的演讲。)其中一人告诉我,得益于贝克所做的工作,五年之内种族问题将在南非消亡。这些学生竟然来自德兰士瓦,来自与生俱来就有着强烈种族主义传统的阿非利卡人家族!

现在到了 2017 年，种族主义还没有在南非消亡。实际上，社会起义已成为司空见惯的事情。在当地，白人和黑人团结起来，反对自由党非国大（ANC）提供的差强人意的服务和未兑现的承诺。学生们大失所望，动乱和罢工频发，社会人士呼喊着其灵魂口号，诸如"降低税费""祖马下台"，仇外攻击也时常发生。

然而，虽然目前对当地政府有越来越多的不满，也不管经济水平下降到了垃圾级，但是在我主持的每次领导会议上，私立及公立组织的领导者们，包括黑人和白人，都会讲述他们如何承担起个人责任，使自己所在的社区变得更好。这些会议上所展现的领导力质素使我感到惊讶。新千年的新生代并未受到老一代仍在骨子里承受着的深深内疚和伤痛影响。他们清晰地解释为，种族隔离不是他们这代人的斗争，而是属于父辈和祖辈那个时代。他们希望能拥有一个利于个人成长和经济发展的未来。

螺旋动力学根植于格雷夫斯思想，也由此而得到解释，成为南非五所大学的硕士和博士课程。

贝克（2006）在一篇关于美国政治的非常有趣的文章中提出了以下几个问题：

- 通过利用螺旋的智慧和智能，在我们的社会中可以用哪种方式去替代危险的两极分化？
- 会有人对此感兴趣吗？
- 需要我们去做些什么？

关于这几个问题的解答对所有国家都很重要！

  这里提出的问题都可以用来刺激南非的关键对话。正如案例中组织内的所有员工都必须参与相关文化研究和发展策略的研究结果以引发转变一样，南非公民也必须参与这些问题的解答，以在这个"彩虹"之国创造价值和意义并疗愈创伤。

  现年75岁的林德奎仍在努力改变现状。他认为，目前南非有经济协议，却还没有政治协议。他们与拉菲勒·曼菲拉（Ramphele Mamphele）博士（女商人、活动家、医生、学者和政治思想家）一起，共同为南非制定了最高目标。曼菲拉满怀激情地说："现在是时候要新构想这个国家和它的未来了。这都是为了我们的子孙后代，我们不敢失败。"在《梦想、背叛与希望》一书中，曼菲拉指出，南非需要的是对剥削性经济行为"伤痕的解读"。她提醒南非人，"加强我们的民主基础"的最好方法是"重申并再次承诺宪法序言中的四项要求"（Mamphele，2017）。

  这四项要求分别是：

- 消除过去的分歧，建立以民主权利、社会正义和基本人权为基础的社会。
- 奠定民主开放社会的基础，在社会中，政府以人民的意志为基础，每个公民平等地受到法律的保护。
- 提高所有公民的生活质量，释放每个人的潜力。

- 建设团结民主的南非，使其能够在国际大家庭中具有主权国家地位。

南非各地采取了许多举措来疗愈眼下依然存在的创伤。林德奎和曼菲拉也在积极地教导年轻人在民主社会中做一个积极公民意味着什么。从精神分析的角度来看，重要的是，一位年长的传统白人男性和一位年长的黑人女性活动家都发起了这样的倡议。没有党派关系，只有教育，才能使年轻人在时机成熟时提出正确的问题。在她的书中，曼菲拉指出，南非被赋予了与过去和解的另一个机会，我们必须重新构想这个国家。在这本书的结尾，曼菲拉（2017）热情洋溢地写道：

> 重新构想我的国家，能使我活在自己渴望的未来。我不再觉得自己手里只拿着一颗沙粒。越来越多的人携手共进，希望之浪一波又一波地奔涌着。金色的沙浪在翻滚，不再是单颗沙粒孤军奋战。我们想象中的未来拥有无限可能，就像漫无边际的广阔海岸上那无数的金色沙粒。梦想是鲜活的。

在为本书接受采访时，贝克问我在20世纪80年代和90年代，对南非的干预出了什么问题。我有点惊讶，回答说这个问题根本无须提出。南非是一个新成立的民主国家，但1994年南非并未发生内战,这件着实令人惧怕的事情没有发生,出乎所有人的预料。南非经历了和平的过渡。我提出了另一个问题:"那如果您没有来过南非呢?那又会是什么样子?"

结语

贝克利用螺旋动力学和价值系统的解释,使对立双方根据各自的价值系统所阐释的思想和理想得以整合在一致的方向上。他的解释、独到见解和创新都对1994年大选前后的平稳过渡有积极的影响。尽管存在动乱和突发暴力事件,但相较于以政治或种族为基础的体制而言,更多的体制是基于价值而成立的。他为1995年南非世界杯足球赛设计的计划,对国家团结的洞见,以及他执行计划的能力,都在将南非作为一个团结一致的国家来考虑。

我的巴索陀名字是莱波冈(Lebogang),意为我非常"感恩"。我不仅生活在南非那令人愉悦的千变万化的差异世界中,而且有幸至今一直与贝克博士、劳布舍尔博士(索托语名字为赛玛,即Potseletso Seema,意为"来解决麻烦的那个人")和林德奎博士一起旅行。他们都是我追随的人。

最终,南非沉浸之旅成为唐·贝克的个人熔炉。在那里,他可以将所有不同价值系统的天赋神奇地交织在一起,形成不可分割的整体。本书随后的部分分享了一些实例,在这些实例中,我们在非洲发现的这种神奇魔法也在其他地方燃起了魔力之光。

第6章 发现本土智能：以色列和巴勒斯坦的案例研究

> 对于为获得独立国家地位做准备而进行的演习活动，有人感到担忧，因为它代表着巴勒斯坦人的单边主义。我在这里告诉大家，这的确是单边主义。之所以理应如此，是因为这事关一个巴勒斯坦国的建立。这事关为建造巴勒斯坦国做准备。如果我们巴勒斯坦人都不来建造它，谁会来为我们建造呢？
>
> ——巴勒斯坦前总理萨拉姆·法耶兹（Salam Fayyad）
> 2010年2月3日发表于以色列荷兹利亚（Herzliya）
> 战略治理会议

新本土思维的诞生

2004年10月下旬的一个月夜，在特拉维夫（Tel Aviv）的也门区（Yemeni Quarter），两名男子坐在一家露天咖啡馆里，一边品尝清淡的中东佳肴一边随意地交谈着。拉菲·纳赛尔（Raffi Nasser）是华尔街一名成功的证券交易员，来自在该地区有着悠久历史的阿拉伯犹太家庭。几个世纪以来，他的先祖们都一直是阿勒颇

（Aleppo）古城文化结构的组成部分。以色列国成立后不久，他的家人移居欧洲。另一位是内里·巴龙（Neri Bar-On），他后来成为以色列人类发展中心（Center for Human Emergence，CHE）的负责人，祖先是欧洲犹太人。巴龙平日衣着普通，但实际上他是微芯片行业的明星，对纳米技术颇有贡献。

巴龙的一位巴勒斯坦工程师同僚穆尼尔·班诺拉（Mounir Bannoura）写过一本技术书籍，介绍了巴龙的专利技术，也谈到此技术对摩托罗拉（Motorola）主宰20世纪90年代的手机市场所起到的重要作用。在以色列到处都有聪明的工程师，他们处在知识经济的最前沿。在任何特定时间，路人都能听到人们在咖啡馆里交谈，情绪高昂地讲述着高科技领域接下来可能会出现什么样的事物。特拉维夫是一个科技枢纽，也是地中海沿岸的创新绿洲。它一直都是世界上高科技发明的主要来源地，其排位仅次于硅谷（Silicon Vauey）。

在那个10月的夜晚，坐在这个俯瞰地中海的咖啡馆里，这两个人没有讨论科技或商业领域可能会发生的下一个大事件。他们关注的是另一种价值——这是一种无论耗费多少金钱或军事力量都无法交付给该地区的产物。他们将关注点聚焦在运用新方法为心爱的以色列带来持久的安全与和平。他们希望在基层发起一场运动，使以色列人和巴勒斯坦人能够通过新的价值观棱镜来进行对话，而非在同化对比效应（Assimilation Contrast Effect，ACE）[1]模型的两端，处

---

1 同化对比效应在本书第三部分有介绍。

于历史分化立场上。

傍晚时分，基于唐·贝克在南非所做的开拓性工作，纳赛尔和巴龙就解决冲突主持了一场深入的探讨沙龙。[1]那天晚上，在引发变革角度，"模因论"和"大范围心理学"两个词第一次同时来到中东这片土壤。以色列和巴勒斯坦无法理解对方的文化价值系统，对沙龙参与者来说这是一个重要的洞见。以色列人第一次学到了科学的差别诊断工具，可用来帮他们找到造成文化顽疾的原因，理解社会文化的兴起及人们对文化价值系统冲突的补救措施。用贝克向南非人推荐的那种类似的平台来设法解决阿以冲突问题，将具有开创性意义。

当他们在夜晚分开时，两个人都深信这种新的方法可能会造成人们思维上的转变。当然，这定将是30多年来以色列处事方法上的第一次重大变革。它可以成为促进和平和建立基本软技能的终极工具，而他们的目标是将这个工具交由社会各阶层的以色列人来掌握。

那时，我担任阿拉伯企业的顾问已有数年，在我所熟知的文化中运用领导能力的生理—心理—精神维度开拓着一条探索性道路。我主要从事的是文化价值观方面的高管领导力培训，旨在帮助西方企业了解中东商业文化得以形成的原因及其得以发展的方法，也帮助中东企业发展了解员工行为的能力。

中东的中型企业通常拥有来自10个不同西方国家的高层管理团

---

1 在《螺旋动力学》(1996)一书中有相关描述。

队，来自30个不同国家的中层管理人员，以及数千名来自北非第三世界国家和亚洲次大陆的低层员工。就像以色列人认识到或许存在其他替代方式可以用来实现和平一样，我毫不怀疑，通过在"大范围心理学"框架中采用整体方法，也可以给阿拉伯世界带来类似的认识。中东是我的出生地，阿拉伯语是我的母语。了解这个地区需要依靠什么才能崛起，已成为我终生追求的目标。

到2004年时，我已经与贝克博士相识多年，也一直在关注他的工作。想到合作共事的可能性，我们两个人都倍感激动，但当时我们并未考虑太多，因为我们都了解当前任务的重要性，也知道巨大的政治障碍可能会阻止任何有意义的工作落地生根。我们两个人都知道，美国的中东政策制定者们数十年来也一直陷入思考中。华盛顿已成为一个封闭系统。

美国政府或华盛顿机构几乎不可能赞助我们的任何工作。贝克曾试图影响他的得克萨斯同乡乔治·W. 布什（George W. Bush）及其助手卡尔·罗夫（Karl Rove）。我也理解过去的中东和平条约是如何被历届政府纯粹出于政治利益而精心策划出来的。对于华盛顿来说，中东和平牌永远是一张备用的王牌。

2005年年初，纳塞尔参加了贝克在纽约市举办的关于解决冲突主题的演讲，该演讲通过螺旋动力理论和价值同化对比效应的视角展开。演讲结束后，纳赛尔第一次见到了贝克，并与其分享了他和以色列同仁关于使用文化价值系统作为解决以色列/巴勒斯坦冲突的重要工具的宏伟愿景。几分钟探讨过后，贝克接受了纳赛尔的邀请，同意前往以色列对以色列/巴勒斯坦局势进行初步评估。至于贝克的参与程度，以及首次访问可能带来的结果，双方都没有做出多大的承诺。

大约一周后，贝克打电话问我是否愿意和他一起前往以色列，探讨解决冲突的可能性。当时我的第一个想法是，我所具备的文化知识是关于阿拉伯世界的，他们在以色列怎么也会需要。当想到要是以色列人愿意从文化价值系统的角度去了解他们邻国的人，那么我对以色列人的贡献就将会是无价的时，我的疑虑很快一扫而光。于是我没有听从丈夫的劝阻，迅速理清了自己的咨询服务时间表，同意与贝克一起对以色列进行首次访问。这让巴龙、纳赛尔和奥林（Orin）开心至极。在他们看来，由美国得克萨斯人和阿拉伯人组队共同来倡导中东价值系统的观点，简直是一个强有力的结合——可以打破双方所有的刻板印象。

我们开始认真准备落实框架工作。在到访之前，我和贝克就开始指导我们的以色列朋友准备好必要的基础设施。从一开始，贝克就展示出"第七层"的"黄色"领导者所需具备的通透度。与此同时，我也开始寻找可能与之合作的具有类似品质的巴勒斯坦人——那种既能很好地了解巴勒斯坦文化又有能力进行系统思考的人。在与同仁的各种交谈中，纳菲兹·里法伊（Nafiz Rifai）这个名字频频出现。后来，通过一个共同的朋友的正式引荐，我才结识了他。

里法伊是法塔赫第三代领导人，因其政治观点，曾被关在以色列监狱中一段时间。他和马尔万·巴尔古提（Marwan Barghouti）一起被囚禁，两个人创建了一个学习社区，类似于曼德拉创立的罗本岛大学（Robben Island University）。在同一监狱里的巴勒斯坦年轻人，别无选择，只能去学习英语和希伯来语，并参与知识交流。有些人甚至在那期间获得了硕士学位。里法伊写过好几部成功的小说，他本人也是一位受人尊敬的深刻思想家。

我们在巴勒斯坦方面的另一位伙伴是第三代法塔赫成员阿卜杜勒·马吉德·苏威提（Abdel Majid Suwaiti），他了解巴勒斯坦部落习俗，受到各年龄段巴勒斯坦人的尊敬。他们两个人都曾是战士。经过多年的斗争，他们现已转而依靠文字的力量而非诉诸武力，为解决冲突寻求审慎的解决方案。

我和贝克花了几个月时间与我们新找到的合作伙伴进行沟通，以确保他们双方从一开始就了解在我们的倡议中将会如何剖析冲突。在将以色列和巴勒斯坦同仁聚在一起之前，我们仔细地分别指导双方在两种文化中如何找到中间立场。他们都对两种文化中需要发生的转变有了很好的理解。各方也开始了讨论，为我们的倡议可持续地进行下去做准备。

为确保在冲突中不出现任何偏见，贝克拒绝了以色列的任何资助，同时也选择不寻求美国国务院的资助。他转而求助于商业同仁，这些同仁通过利用贝克的管理咨询才能并运用价值系统方法获得了竞争优势。他们是美国"清醒的"首席执行官，充分理解"第七层""黄色"系统的价值以及我们这项计划的最高目标。他们当中许多人也了解贝克对南非问题的深度参与，并随时愿意为他想要负责的任何类似计划提供资助。

"紫—红色"村庄和"蓝—橙色"城镇

2006年2月，我和唐·贝克在苏珊·万斯（Susan Vance）的陪同下首次访问中东。万斯曾是美国空军上校，代表赞助我们工作的慈善机构"炉石全球基金会"（Hearthstone Global Foundation）。炉石的创始人约翰·史密斯（John Smith）是一位清醒的商业领袖，他从未到访过以色列或巴勒斯坦，对冲突的任何一方都没有偏见，但了解贝克强大的方法论。

在2月的那天，接受阿拉伯裔美国人必做的惯常问询后，我最后一个通过以色列海关。当时贝克一直陪我到最后。其后，他抱怨我受到了记者的不公平对待，那名记者来自以色列日报《国土报》（Haaretz），当时在那里报道我们的倡议。当我们上了出租车后，我开始向贝克指出沿途不同的阿拉伯村庄，以及不同的建造风格是如何在简单的古老住宅上体现的。而他只反馈说是"紫色"。然后我们经过了现代化的以色列定居点。对此他只评价说这是"带有'橙色'风格的'红—蓝色'"。对于如何将关注点聚焦在框架上，我的见解是，透过螺旋的透镜去理解文化。

许多以色列人聚集在一起，期待着我们的到来，他们想了解南非变革的框架。在整整一周的时间里，我们在特拉维夫和荷兹利亚会见了有影响力的变革推动者、学者和政治家。在特拉维夫大学（Tel Aviv University），以法莲·亚阿尔（Ephraim Ya'ar）教授很开心地与我们会面，他创造了用以追踪以色列公众情绪高低的和平指数，想看看我们的框架可以怎样改善他研究范畴内的预测性措施。我在以色列学术机构中看到的"橙色"精妙程度可与美国最好大学的研究水平相媲美。

我们会见的政界人士中有吉莱阿德·谢尔（Gilead Sher），他曾是巴拉克总理的办公厅主任，也是巴以和平协议的主要设计者之一。在会议中，贝克提到了他在 1991 年撰写的白皮书《难以接受的事实与全新起点》（*Hard Truths and Fresh Start*），内容涉及和平协议为何无法实现，以及采用传统谈判方法为何无法探明导致双方两极分化和疏离的冲突全貌，使得不信任感持续存在。谢尔先生是一位经验丰富的谈判专家，他了解我们的思维方式，且至今仍与贝克保持着联系。

后半周我们向巴伊兰大学（Bar-Ilan University）的教授们展示了螺旋动力学的框架。其中有位教授对这个框架非常感兴趣，甚至决定下学期就来教授它。在讨论视角转变带来的影响以及达到"两国方案"所需的条件时，教授们有了新的见解，这提高了他们的学术热情。

在到访第一周的最后，我们面向 200 多人进行了一场公开演讲，这类演讲在以色列还是首次出现。我们谈论了价值系统的创新科学。贝克提出了他在南非等全球热点地区工作时用到的宏观模因视角，并小心翼翼地避免提及"种族隔离"这个词。我的演讲聚焦在阿拉伯世界不同地区的元模因结构上。我向与会者介绍了女性和年轻一代在改变商业和文化范式的过程中所扮演的角色。

接下来的一周我们有机会同巴勒斯坦伙伴们一起工作。我们的出租车带我们驶过特拉维夫带有"橙色"基调的宽阔道路，也带我们蜿蜒穿过"紫色"村庄那崎岖不平的小道和几个"蓝色"检查站，最后到达了约旦河西岸。里法伊已经安排好请当地的新闻网络媒体与我们见面，讨论我们这次倡议的目的。大约一个小时后，记者建议我们在分隔以色列与约旦河西岸的"隔离墙"旁进行更多的采访，以拍摄何为许多巴勒斯坦人所称的"不公正之墙"。

在参观了这个混凝土屏障之后，我们才了解这个年轻记者说的是什么。这堵墙将家人和左邻右舍分隔在两地。我们也看到有机会将他的热情（以及观众的热情）引导到积极努力的方向上，减少关于以色列为何要先建造这堵墙的争论。然而，尽管巴勒斯坦人认为"隔离墙"不公正，我们的任务却不是要判定或证明其建造目的是对是错。我们的目标是使双方都站到温和派、实用主义者和调解者的中间立场上，因为这些人将可能影响各自的文化，以致"隔离墙"会像柏林墙那样自行消亡。

这一策略不涉及任何军事行动，军事地位也无法定义这两种文化。对两国人民来说，这只是一种心灵和思想上的吸引，在这里，自力更生、尊重机构、渴望繁荣及后来的和平共处等准则将在双方之间定义模因栈。

为了通过媒体来传播这些准则，我和贝克谈到了世界各地巴勒斯坦人的适应能力。我们从塑造未来全球领导者思想的杰出教授和哲学家，如爱德华·赛义德（Edward Said），谈到了银行家、经理和工程师们，是他们使得现代中东对商人如此具有吸引力。我们还谈到约旦河西岸和加沙地带受过高等教育的公众群体，以及约旦河西岸大学中的科学发现。我们还发现，巴勒斯坦青年头脑灵活，这为塑造未来巴勒斯坦领导人思维埋下了先机。

除了媒体外，我们还会见了一些有影响力的政治人物，其中包括伯利恒（Bethlehem）的市长。会议开始后，他们像往常巴勒斯坦政界人士接待美国人那样进行事先准备好的演讲，谈论了地区占领和检查站，以及美国应如何改善巴勒斯坦人的生活。市长演讲过半，里法伊再次介绍了贝克，说他是一位战士，曾与祖鲁人在南非并肩作战，帮助他们争取自由。于是市长告知里法伊，他将提供自己办公室的资源为我们所用，以协助我们的工作。

我们还会见了一些巴勒斯坦议会成员，并倾听了其选民对巴勒斯坦政府机构的地区占领和斗争的关切。在未与政府官员和组织群体会面的时候，我们会对巴勒斯坦人的生存状况进行自己的研究。我们参观了难民营，在大街上、在咖啡店里与人们交谈。我们参观了清真寺的场院，以便更深入地了解造成一些致命模因的动因。我们利用了传统的信息渠道和现成的研究，并将它们与我们自己的研究发现相结合，以便能开始描绘出一种更准确的巴勒斯坦文化的价值系统观。我们的首次访问率先采取了新方法来揭示造成冲突的动

> 了解一种文化中的弊病并非易事。最好的办法是试图了解使它处于停滞状态的原因,并阻止它进入更高层次的存在水平。

因,这也揭示了中东的第一张宏观模因图景。

与巴勒斯坦人共处的一周将要结束时,我们在巴勒斯坦妇女中心举行了一场市政厅会议。我和贝克就我们的框架做了介绍,并邀请了许多参与者,包括伯利恒大学(Bethlehem University)的教授们,探讨如何利用螺旋模型去开启一轮转变,以向女性和巴勒斯坦青年赋予权能。在当晚会议结束时,妇女组织主席向我赠送了关于巴勒斯坦妇女的50周年纪念书籍。她指出,实际上该组织的初创人中有位女士也名为马洛夫。

共情与"五层深度"策略

了解一种文化中的弊病并非易事。最好的办法是试图了解使它处于停滞状态的原因,并阻止它进入更高层次的存在水平。我们首年的任务目标是去教导那些对框架持开放态度的人,且更多的是去倾听和学习。"本土设计过程"的这一基本要素影响着模型与文化的一致性。对于"第七层""黄色"系统的设计师来说,做好大范围设计中的第一步最为重要。在这个层次上进行倾听与在"第一层级"系统中进行倾听具有完全不同的维度。这是一种深度共情的空间,不仅能处理文化中的表面行为,还可以采用特定的"五层深度"策略,深入冲突的生理—心理—社会根源的核心。

和平协议是政治手段,不是文化范围内的解决方案,因此和平协议成为快速解决方案，仅适用于修复问题的表面症状。从本质上讲，这是文化复杂性的冰山一角，仅在可见的表层冰面上航行不会带来深远或持久的和平。与我们中心的方法相比，传统的冲突评估几乎无法渗透到模因民主（MEMEtocracy）的"五层深度"评估模型中的第二层（见图6.1）。

图6.1 迈向中东和平的"五层深度"战略
注：中东人类崛起中心版权所有。马洛夫（Maalouf，2014）。

在以色列和巴勒斯坦工作的第一年，我们有意地开始透过表面往下看，以了解真实世界中人们的生存状况、担忧和价值观。除了研究表现出来的行动和行为，我们还研究了促成行为的系统和结构。

然后，在双方本土智能专家（Indigenous Intelligence Experts，IIE）的帮助下，我们研究了个人、机构和社会的思维模式和思维方式。了解每种文化的世界观至关重要，包括它如何看待自身、邻国、本土地区和世界，以及每种世界观将如何影响其机构设置和机构文化。

再后面，我们研究了每种文化的模因密码，试图评估从属于每种价值系统的不同群体的偏好和优先考虑的事情，以及塑造其本土内涵的因素。我们探究了在每种价值系统中最受尊崇的是什么人或什么事物，以及某些问题在优先级列表中处于什么位置。最后，我们研究了每种文化中的生存状况。我们探讨了导致元模因激增、出现、消退，或更甚之，走向消亡或毒化的因素。每个进步的和平协议都只是过去未竟和平协定的翻版吗？还是说随着时代的不断演化，它有可能会具有变革性？以色列人或巴勒斯坦人都停留在他们的历史视角中，以至于在各方的价值观立场中都忽视了现实因素？相关人员会由于时代发展的不一致进而导致自然分化吗？

我们还调查了地点的重要性，它在这场冲突中处于中心地位，因为双方都声称某个地域是他们自己的祖地。我们审视了每种文化所面临的内部挑战，以及在协约基础上可能造成最终结果的外部挑战。而后，我们考察了定义双方社会经济阶层、政治阶层和教育水平的环境情况。研究生存状况时，在环境情况考察中必须既要考察影响各方的外部动力，也要考察内部动力。我们还必须研究军事、财政和国际援助在重新定义每种文化的内部环境方面发挥了多大作用，以及这些作用产生的影响与这些官方机构是否扭曲了人们对于价值同化对比效应频谱上各个立场的看法。

我们进一步评估了是什么人或什么力量机制控制着资源的流动。我们所拥有的诊断工具已提供给（各方）所有同时具有权威、权力和影响力（Authority, Power or Influence）[1]的人，使他们了解自己怎样能对中东和平未来的发展方向产生影响。在巴勒斯坦和以色列双方文化中的本土智能（利益相关者）的帮助下，我们得以塑造出它们各自社会的元模因概貌模型，后来我们将其用作我们任务设计方面的通用指南。

我们去中东时未曾持有预想的、施加给任一方的策略或观点。我们想审视已有设想的谬误和不足，是这些谬误和不足使现状得以持久存续。我们引入一系列知识和方法，让人们可使用它们来解决已有问题，而这些知识和方法建立在比最初创造问题的系统更复杂的系统基础之上。

我们非常谨慎，避免做出任何重大承诺。我们做了富有见解的演讲，阐述了在创造更多生活意义的无尽追求中我们作为人类所具有的基本共性。在以色列，我们倾听了政界人士、和谈代表、学者、商业领袖以及受过教育的女性和年轻人的声音，他们热切地谈到了对于和平与和谐的希冀与梦想。

在巴勒斯坦方面，我们听取了议员、官员、教授以及妇女和青年组织的不同领导者的讲话，他们介绍了自己的观点和新兴国家

---

[1] 运用了本书第四部分描述的爱迪思方法。这是螺旋动力辅助技术中的一个部分。

所面临的挑战。我们了解到双方日常生活中面对的复杂现实的挑战，并听取了他们对于一起共同生活的看法。我们聆听他们定义巴勒斯坦成功的准则，还从以色列方面捕捉到了不断受到攻击威胁的模式。

到第一年的研究结束时，我们对于问题的理解有了更好的元模因描述。和西方人一样，以色列人也希望他们的和平伙伴可以在"第四层""蓝色"系统中获得充分的发展。然而，以色列、西方世界、阿拉伯人和巴勒斯坦人自己都未采取任何行动来帮助确保巴勒斯坦机构有能力在这个发展阶段维持长期存在。我们的研究结果一直指向这个方面，而这也得到了我们实际经历的证实。

在我和贝克执行这项任务的首年，我们着手探索的一个最重要因素是对"两种文化是否均已准备好去改变"的评估。在各自价值系统的模因结构中，是否有哪一方发展受阻或闭关自守？鉴于我们到访期间引发了人们极大的兴趣，很明显，双方都积极希望可以突破过去的未竟协定，以另一种方式推进发展。双方的高度热情使我们感到意外。我不确定他们受到吸引究竟是因为希望了解新视角，想听听贝克对南非的见解，还是因为他们真的想要有所改变。在报道我们首年活动的所有媒体中，以色列日报《国土报》（2008）的阿基瓦·艾尔达（Akiva Eldar）最出色地捕捉到了我们的需求："希望双方可以共同繁荣、共同发展，而不仅仅是做到和平共存。"

创建以色列的元模因概貌

"繁荣与发展"战略是关键动力,也是发展大范围国家建设心理的最高目标。它定义了模因民主背后的功能性,并引领国家的健康表现,远离毁灭之路。我之前提到过贝克撰写的白皮书《难以接受的事实与全新起点》(2014),他在书中预测每项和平协议都将无法实现。正是这本白皮书使我相信,可能会存在赖以实现中东和平的替代解决方案。自1991年以来,贝克假设造成巴以谈判失败的根源在于以色列人和巴勒斯坦人在文化发展阶段上的差异。这是他认为阻碍持久的和平与繁荣在这个地区扎根的核心。

既然两个国家都各有一支称职的本土智能专家团队,那我们就有机会检验贝克的设想了。我们花费了大量时间试图核查双方的发展差距,确定是这些差距导致和平倡议无法实现。尽管我们使用的调查表叫作"全球价值监测表",但整体设计建构师(Integral Design Architects,IDA)会根据本土智能专家输入的内容对评估进行调整,以获取双方社会中更深层次的模因概貌。我们首年参与研究的数据证实,以色列的重心为"蓝—橙色"价值观,附带健康的"绿色"元模因。

以色列的建国原则源于出现在"橙色"价值观的欧洲工业时代的"蓝色"政治犹太复国主义价值观。自1948年创立以来,它一直是个由制度和法治信念所定义的国家。"蓝色"是抽象思维的开端,它用制度力量替代了个人力量。尊重这些制度是每个第一世界国家、组织和人类社会基础中的关键要义。

流散在世界各地的卓有成就的犹太人对以色列给予了大力支持，其中包括美国强大的政治游说团体。这些相信犹太人应有其家园的人具有非常大的韧性。在为研究奠定基础的同时，我们无法避开最密集的"蓝色"密码，它定义了一种复杂的文化。2006年，奥尔默特（Olmert）总理因接受非法竞选捐款和贿赂而受到调查，这最终导致他丧失了前进党的领导权，并致使他辞去总理职务。

这就表示"蓝色"密码响亮而清晰地展现了出来。它给出了一个细小的切面，使我们得以从法庭科学取证的视角管窥政府各个部门的运作情况，而且更重要的是我们还可以了解在它们的文化中如何使民选官员承担责任。这是一个法治国家。奥尔默特先生在辞职演说中似乎也尊重这一准则："在我们的国家，总理与其他普通公民并无二致，都一样要接受调查，我为身为这样一个国家的公民而感到自豪。"[1]这种独具一格的"蓝色"尚未在阿拉伯世界或其他许多地方出现。可悲的是，在美国，此类丑闻也从未达到绝对清晰透明的水平。政治家很少能受法律条文的影响而导致其政治生涯毁于一旦。

其他一些更敏感的模因分析，例如关于以色列国防部文化和以色列议会文化的研究，是贝克在以色列伙伴的帮助下完成的。他说，尽管国防部展示了一些最为智能、最为先进的"橙色"技术和训练，

---

[1]《我为犯错深感悔恨》(*I Regret My Mistakes*)，演讲全文见2008年7月31日的《国土报》，网址 http://www.haaretz.com/print-edition/news/full-text-of-speech-i-regret-my-mistakes-1.250899（2013年6月25日访问）。

但他们在读取经过检查站的巴勒斯坦人的元模因概貌方面仍显落后。贝克表示愿意对检查站的以色列警卫予以培训,以使他们对过境的巴勒斯坦人的价值观更加敏感。

尽管军事情报技能优越,但他们在理解邻国和该地区其他国家的文化密码方面的社会心理技能仍然落后。贝克请他们解释产生这一缺憾的原因,于是高级别的军官告诉他,许多军人都在寻求系统设计和领导力方面的培训。这些培训不仅帮助将军和指挥官们应对军事方面的"蓝色"价值观,还指导他们应对"橙色"和"绿色"价值观,可他们却未能将这些复杂的应对准则传达给面临来自邻国的"红色"生存威胁的前线士兵。在2006年的30天作战中,以色列国防军(IDF)对黎巴嫩南部的地面入侵给自己招致了严重损失,这显然证明了他们的军事指挥与控制结构缺乏明确的"蓝色"指导方针。黎巴嫩遭受的大部分损失由空袭造成,而富有战略战术的地面入侵行动却仅在短短几天内就导致其损失了160多名士兵。

当我们继续构建以色列元模因概貌时,我们的以色列伙伴安排贝克会见来自新成立的前进党的以色列议会成员。在以色列价值观中,当时的前进党代表着前总理阿里埃勒·沙龙(Ariel Sharon)所领导的实用主义立场,希望以色列单方面决定撤离加沙和约旦河西岸北部定居点。在我们看来,这代表以色列进入了"让我们达成协定"式的"橙色"政治价值观。

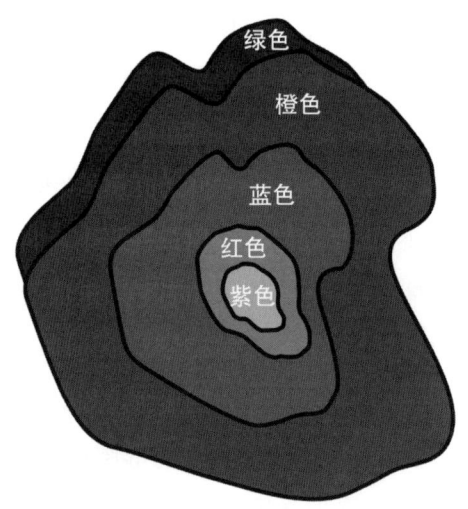

图 6.2　相对安全局势下以色列的价值系统概貌（Maalouf，2014）

通过单边撤离，哈马斯（Hamas）宣布在以色列行动中获得胜利，并控制了加沙，破坏了巴勒斯坦权力机构，并削弱了前进党的力量。对中东人类发展中心（CHE-Mideast）来说，这些动态又是另一个信号，表明巴勒斯坦方面需要做更多的工作。它还证实，当以色列受到生存威胁时，所有各方都转向爱国（硬核）的"蓝色"立场，使得任何和平努力或其他立场上的磋商都不复存在了。

图 6.2 和图 6.3 展示了以色列的两种价值系统概貌。通常，当个人或社会实体，如某个国家或某个部落，面临冲突时，它将"屈尊隐忍"，展现出先前价值系统中的特征。因此，以色列的"橙—绿色"价值观在边境地区所发挥的作用不及"蓝色"价值观。在以色列方面，我们将来自其他地区的许多准则也汇总在一起，以完善该

国的元模因概貌。它们来自商界中的许多部门，代表该地区最具创新性的"橙色"价值观。传统的"橙色"价值观具有最健康的表达方式。老一辈的企业家建立了现代以色列，并与巴勒斯坦企业家建立了工作关系。他们对解决冲突抱有爱国责任感。因为他们相信两国并存的解决方案，所以他们专心听取了贝克的意见，并邀请我们保持开放对话。

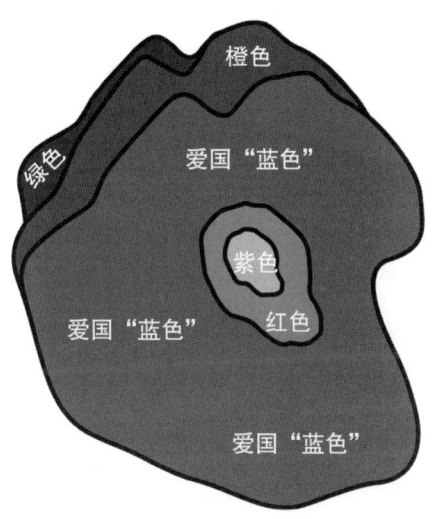

图6.3　文化受到生存威胁时以色列的价值系统概貌（Maalouf，2014）

然而，知识经济中的"橙色"是完全不同的元模因，对我们而言，它是以色列文化产生断裂分离的早期迹象。最具创新性的"橙色"转"黄色"形式完全与政治进程相分离。在纳斯达克（NASDAQ）云集了年轻的创业企业家，他们具有个人抱负，这使他们认为是自己在掌控自己的命运,不受制于文化传统及其特征。在他们这个群体的元模因概貌中是不存在巴勒斯坦人、阿拉伯人和以色列政治机构的。

就好像是以色列的长期繁荣与安全和他们所从事的活动完全无关,他们只想知道我们的方法如何使他们的业务实践更具竞争优势。他们不想被进展缓慢的和平进程拖累。他们的生活随互联网速度发生变化。尽管这一群体的价值观代表着以色列的未来,但不幸的是他们与现实完全脱节了。在某种程度上,他们否认现实,却又寄希望于生存和繁荣发展。

在构成以色列元模因概貌的众生百相中,我们看到在那些在检查站帮助巴勒斯坦人的母亲们和祖母们身上带有"绿色"密码,她们也记录了以色列国防军士兵的所有暴行。我们遇到的一些前以色列国防军士兵身上也带有"绿色"密码,他们在服兵役后去往印度,以加深他们对人性的理解。在实现"内在和平"之后,他们回到了发展受阻的"蓝色"国度,回到了持续充斥着冲突的现实世界。

在以色列整合沙龙所吸引的社群中,"绿色"密码最为健康。这些沙龙吸引了各种背景的人,他们代表以色列有潜力提升至"第七层"的"黄色"体系。由于政治影响力不大,他们的运动无法达到重新定义以色列价值观所需的临界规模。2013年,以色列的社会运动披上了"绿色"外衣,这是由揭露了贫富不均的全球占领运动现象引发的。

和所有其他文化一样,以色列也有自己的"红色"。这个价值系统以肆无忌惮的火焰喷射手为代表，这些定居者认为整个朱迪亚地区都属于犹太人。他们是虔诚的犹太复国主义者，有着自己的"蓝色"权利意识。他们与以色列国防军作战，作为单边脱离计划的一部分被驱逐出加沙和约旦河西岸北部。"红色"在耶路撒冷的一些东正教犹太人身上也有所体现，他们出于宗教理由拒绝在军队中服役，却享受国家的社会福利。他们具有僵化自守的"蓝色"，大多数以色列人认为他们不爱国。

巴勒斯坦领土的元模因概貌

在我们施行这项工作的第一年，我在中东人类发展中心的许多职责都聚焦在巴勒斯坦方面。我们要创建出本土化的元模因概貌，使我们的设计能够反映生存状况，这对我们成功完成工作任务至关重要。在我们着手创建巴勒斯坦概貌时，我们的伙伴里法伊和苏威提就理解了这一点。正如以色列方面向我们凸显了以色列式的浓重"蓝色"，巴勒斯坦方面的最强音来自正在进行的非政府组织活动。参与方为善意的慈善组织，人们挤满了巴勒斯坦从拉马拉和约旦河西岸的难民营到加沙同盟地带的街头巷尾。他们多达3 200人。对于如何最好地为巴勒斯坦人服务，他们各有各的看法。他们中有许多是欧洲人，他们对最初造成巴勒斯坦人流离失所而抱有"绿色"愧意。

另一些人则是善意的，他们认为可以通过提供周末敏感性训练来改善巴勒斯坦人的生活，希望这种随心所欲的"绿色"价值观能以某种方式扎根。其他人则为几乎无法维持生计的妇女提供赋能计划。这些妇女中的许多人无法负担让子女接受良好教育所需的费用，且多数妇女的丈夫都处于失业状态。后现代欧洲价值观致力培养软技能、倾听和赋能，这些都是抽象概念，在基于"橙色"和"绿色"价值观的服务型经济文化中非常有用。然而，这些方案与巴勒斯坦社会的需求极不匹配。

在我们继续寻找机构提供适当服务的过程中，我们的巴勒斯坦伙伴对政治进程有了新见解。就像阿拉伯世界其他地方一样，政治仍然具有部落制性质。传统上一直担任政治职务的"紫色"家庭享有普选权利，极少有例外情况。我们的本土智能专家不断指出，巴勒斯坦缺乏有能力在最高目标指导下将社会带入统一"蓝色"价值观的领导者。由于在哈马斯和法塔赫之间及各自内部都存在分化的动力，因此他们从未实现统一的国家愿景。再考虑到黎巴嫩真主党（Hezbollah）之类的组织以及伊朗对哈马斯提供的外部政治和军事支持，巴勒斯坦人又进一步走向分化，距离实现统一的国家愿景越来越远。

在巴勒斯坦伙伴完成他们的研究后，我们所有人都发现，除了宗教和一些消极机构的存在之外，西方和以色列需要与之合作的"蓝色"层非常之薄。他们都毫不掩饰自己的"红色"价值观，这在哈马斯和法塔赫运动双方内部都能明显观察到。

图 6.4 显示了巴勒斯坦的价值系统的概貌,其中有"红色"突起,有处于核心位置的"紫色",有哈马斯宗教"蓝色",法塔赫过渡"蓝色",以及在商业、学术界、女性和千禧一代身上出现的极小一块整体"蓝—橙色"。

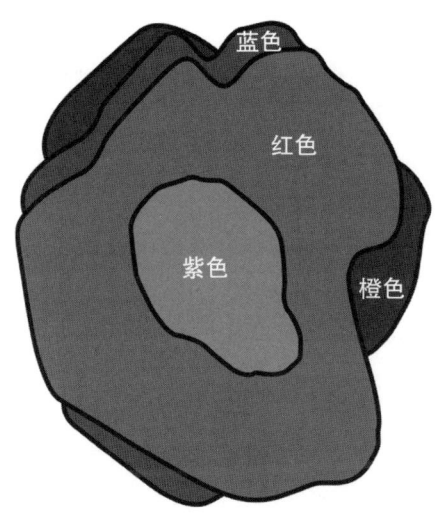

图 6.4 巴勒斯坦价值系统概貌(Maalouf,2014)

我和里法伊在拉马拉的法塔赫总部介绍我们的模型时,法塔赫已在 2006 年的大选中败给了哈马斯,并且当时其成员们正在拼命寻找解决方案。在穿过停满豪华轿车的停车场,从戴着劳力士手表的法塔赫成员身旁经过时,我们开始质疑他们是否恪守对于国家的"蓝色"承诺,切实服务于巴勒斯坦人民。当我们唤起他们往昔的自豪感,让他们想起当初帮助巴勒斯坦家庭建房和提供各种服务的日子时,他们低下了头,承认自己迷失了方向,忽视了人民的需要。

就在那时,我们意识到法塔赫是一个开放的系统,它愿意成长和学习。该组织邀请我和贝克、里法伊以及苏威提来培训第三代法塔赫的一批最高级别成员。与法塔赫及其成员接触得越多,我们就越能够理解巴勒斯坦社会的模因结构。

在这里值得一提的是,尽管贝克希望同仁们称他为"唐",但我坚持认为,在巴勒斯坦,包括我本人在内,所有人都应称他为"贝克博士"。通过这种方式,他作为学者而受到尊重,并被视为一名自由战士,在改变南非这件事上发挥着重要作用。这样一来,他的"蓝色"权威就不会被削弱。在训练当天,哈马斯学员与法塔赫学员展现自我的方式截然不同。贝克后来评论说,当他们走进哈马斯的训练场地时,他感觉就好像自己的祖父走进了这个房间一样。大家踩着步调一致的节奏行进,这时排在第三位的学员按照升序对学员们依次做了介绍。排位最低的学员最后落座。学员均未与我握手,这暗示着他们秉持保守的传统价值观。

哈马斯温和派有很多苦衷,其成员也确保让我们完全了解这些苦衷。学员对我们所授内容的感叹和反对声此起彼伏。我抓住这个契机,以此作为"施教时刻",向学员指出他们这种缺乏尊重的表现如何体现出了其"红色"价值观。如果想引起(其他国家)决策者的注意,他们必须遵循某些礼貌的相处规则。我先是限制他们每人每小时只能提出一个问题。每次有人违反这个规则时,我都会请他停下来,提醒他曾以人格做出承诺,每小时只问一个问题。

培训结束后，一位高级别学员走近贝克，向他展示自己祖宅的一把旧钥匙。他以"红色"的豪壮嗓音宣称，为了孩子们的未来，要是不能重获家族荣誉，他就不是一个真正的男子汉。贝克试图将所有人的关注点从旧范式上移开，于是他插话问道："为了孩子们的未来，在民间建立一所学校并以您的名字来命名，您觉得怎么样？"学员们坦陈他们一直了解的情况：这座老宅或许早已不复存在，也确实是时候要建造一座不一样的新房子了。

在尝试绘制以色列和巴勒斯坦文化的元模因概貌时，我们非常了解事实上它们只是提供了一般性的指导，或仅包含了我们研究的外部参数。元模因概貌是动态变化的，使用时应格外谨慎。"第七层"的"黄色"设计师通过使用元模因地形图来制定策略，可以使生存状况的变化具有灵活性和适应性。[1]

巴勒斯坦建设计划的诞生

2006年至2008年间，我们在以色列和巴勒斯坦的本土智能专家们继续主张需要透过螺旋透镜来看待冲突，因而我们为之提供了支持和指导。在随后的访问中，我们继续与变革推动者会面。巴勒斯坦的本土智能专家通过我们的中东人类发展中心网站、博客以及以

---

1 这些设计元素部分程度上是在贝克和林斯科特合著的《熔炉：打造南非的未来》中提出的。

色列和巴勒斯坦媒体,将巴勒斯坦人民的呼声和关切直接传达给国际社会。在以色列方面,巴龙帮助在学术场所和基层传播螺旋框架。贝克和我们的以色列伙伴继续与以色列商界会面,以进一步提高认知和做出承诺。

在继续对双方进行文化评估时,我们意识到,我们试图去影响的双方最高级别领导者们代表着旧范式中的停滞阶段。他们保留着旧有的权威、权力和影响力,除非人们全心全意推行变革,否则他们不会考虑改变。为了能使新故事为我们带来新的起点,我们必须聚焦于本国的基层运动。图 6.5 中,可以看到与巴勒斯坦建设计划(Build Palestime Initiatiwe,BPI)相关的一些照片。

图 6.5　巴勒斯坦建设计划

以色列"蓝色"价值观长期以来一直在定义着以色列的制度。巴方的情况却不一样,因为巴勒斯坦还处于制度初创阶段。我们寻求各种在巴勒斯坦方面建立相关能力的途径。我们开始用自己的方法来平衡巴勒斯坦方面的不对称情况，同时着眼于这可能对他们今后的谈判立场和能力方面产生的长期影响。

最高目标的建立

一方面，我们要坚持自己的方法；另一方面，我们不能使过去的观念永存，但我们不能无视过去的努力和过去的观点，而是尊重它们。在巴勒斯坦方面，我们使用了我们研究发现的元模因密码来解码那些旨在建立巴勒斯坦制度的信息。我们的伙伴不断告诉各行各业的人们，我们的做法尊重过去，着眼于现在，但更是为未来而设计的。第三代法塔赫成员将这一信息传播到约旦河西岸各个角落的热情是异乎寻常的。他们感到输给哈马斯，自己是有责任的。他们有责任保护他们辛苦建立的少数"蓝色"制度。

我和贝克与我们的巴勒斯坦本土智能专家们开始了一系列对话，探讨他们对繁荣的巴勒斯坦国的构想。我们一起评估了巴勒斯坦社会的内部能力以及每年涌入巴勒斯坦的国际援助物资的数量。我们不是简单地询问他们怎样以不同的方式来分配援助物资，而是询问他们如何使用这些物资来建立其社会所需的制度。这些问题使我们的本土智能专家及其周围支持巴勒斯坦的人们能够有机会对巴勒斯坦的未来进行不同的思考。

然后，为了防止陷入政治腐败和功能失调的旧模式，我们帮他们制定了一个最高目标：所有巴勒斯坦人都可给予支持，但仅凭单独的团体却无法实现的目标。这个最高目标必须足以鼓舞人心，使每个巴勒斯坦人都为追求这一目标而感到自豪。我们谨慎地避免过早做出声明，防止不小心把巴勒斯坦社会中有意义的部分排除在外。

　　自开始在巴勒斯坦工作以来，我们就见证了精通技术的巴勒斯坦千禧一代乐观的"橙色"价值观。我们研究了这种价值观成为最高目标主要来源的可能性。经过与里法伊及其小组成员的大量讨论，我们认可年轻的巴勒斯坦人身上很明显有着那股我们需要的、能够推动我们走向繁荣的未来力量。为了使其发挥作用，最高目标宣言不能仅仅停留在建立基础机制上。我们的目标在于必须解决领导力问题以及区域级的经济和政治问题。只有到那时，我们才会认为这个最高目标具有足够的适应力，能使巴勒斯坦人以及地区性和全球性的大国都支持它。

　　在对自己的想法进行了几个月的审查后，我们清楚地认识到，以巴勒斯坦人的能力绝对可以建设一个像印度孟买地区那样充满活力的繁荣发展的国家。在以色列以外的地区，工程师在巴勒斯坦人口中的占比最高。出于挫折和厌倦而加入暴动的年轻人中，有许多人在高科技制造业和呼叫中心工作，这些呼叫中心能够为3亿阿拉伯语客户提供服务。而一旦人们在一种文化中体味到了个体层面"橙色"成功的滋味，这个文化中的年轻人就很难拿起武器或捡起石头，亲手摧毁他们自己建造的东西。或者至少这也是基于理论框架的前提。即使从长远来看，这也有可能成为以色列和巴勒斯坦的最高目标。它可以很好地匹配以色列的模因，对于许多西部地区未来的潜在关系以及在螺旋上取得的发展而言，也会是很好的选择。

未来的愿景将包括功能性资本主义——企业和商务人士认真施行实践活动，既有益于人类，也有益于"第七层""黄色"设计模式下的环境（橙—绿色）。企业社会责任运动是在全球和本地经济背景下推动"橙色"创新的动力。有了潜在的和平条约，巴勒斯坦人就可以将以色列和他们巴勒斯坦人自己的技术创新成果带到该地区。

我们意识到，如果没有有效和平，也没有"蓝色"巴勒斯坦制度，我们的重心应该放在巴勒斯坦人身上，而不是放在区域性的最高目标上。巴勒斯坦人首先需要集中精力建立自己的制度，这对实现巴勒斯坦建设计划的目标来说是一个漫长的过程。经过深思熟虑，我们的巴勒斯坦伙伴宣称，巴勒斯坦的剩余任务中的最高目标是："建设一个阿拉伯世界的孟买（Mumbai）"。

有了这个宣言作为巴勒斯坦未来发展的动力，我们也明确了后面要继续参与的任务。我们的伙伴开始宣传建立弹性机构的必要性。他们开始宣扬透明性所具有的优点，并召开城镇会议，讨论如果让好学校与未来就业市场的需求相适应将意味着什么，也讨论了拥有良好的医院和良好的医疗将意味着什么。

同时，他们创建了对当地生存状况前期预测及事后反馈的循环模式，即生命体征监测器的雏形。他们倾听那些想要学习更先进的灌溉技术和轮作知识的农户的心声，也倾听母亲们探讨为了培养注定要领导"阿拉伯世界的孟买"的下一代，使其接受良好教育所需的费用。随着"橙色"人才逐渐出现，解决了多年来一直被忽视的发展差距问题，乐观气氛便蔓延开来，紧接着便引发了许多关于发展强大的旅游业的对话。

里法伊安排我们与法德瓦·巴尔古提（Fadwa Barghouti）会面，她是被囚禁的"巴勒斯坦曼德拉"的妻子，也是里法伊在以色列监狱时的狱友。这位女性见证了丈夫20年来的转变，他成为哈马斯和法塔赫双方可能都会一致拥护的领袖人物。巴勒斯坦人将他视为自由战士，而由于他违反了"蓝色"法规，以色列人仍在继续囚禁他。以色列人也曾囚禁过巴尔古提的儿子，但现在他已被释放出狱。我们的一位本土智能专家邀请他来参加我们为巴勒斯坦年轻的专业人士安排的培训。这些人都是千禧一代，他们即使现在尚未具有权威、权力和影响力，但是会对巴勒斯坦的未来产生影响。

在第一天的培训中，年轻的巴尔古提对巴勒斯坦和以色列的价值系统表现出了不可思议的理解力。他描述了某些狱警在履行"蓝色"义务的同时，是如何给他带香烟、杂志和报纸这类违禁品的。这些狱警代表着以色列文化中的"橙—绿色"形象，他们只想向前迈进，并与巴勒斯坦人和平相处。在学习了螺旋动力并在价值同化对比效应的价值频谱上模拟设定了冲突后，整个小组讨论了如何与持有以色列中心立场的人们，特别是那些想要达成协议的"橙色"实用主义立场者进行合作。

当我们谈到要从看地理地图转变为看模因地形图时，巴尔古提画了一幅图，描绘了以色列的模因概貌。巴尔古提带领他的团队进行了一次演习，展示以色列可以如何使"红色"定居者包围约旦河西岸和加沙地带,作为抵御巴勒斯坦任何"红色"活动的第一道防线。"蓝色"检查站和以色列国防军的存在代表着横跨耶路撒冷以及约旦河西岸每个出境口和入境口的另一个模因层。持"蓝色"价值观的人最为强大,他们为"红色"定居点周围的地区以及黎巴嫩和叙利亚边境地区提供了支持,在那里他们创建了一个缓冲区来保护"橙色"商业社区。"橙色"价值观本身位于该国的中心,而知识经济的"橙—绿色"价值观则占据了从加沙到黎巴嫩边界的沿海地区。图6.6中可以看到马洛夫(2014)指出的巴勒斯坦千禧一代看待以色列地图的视角。

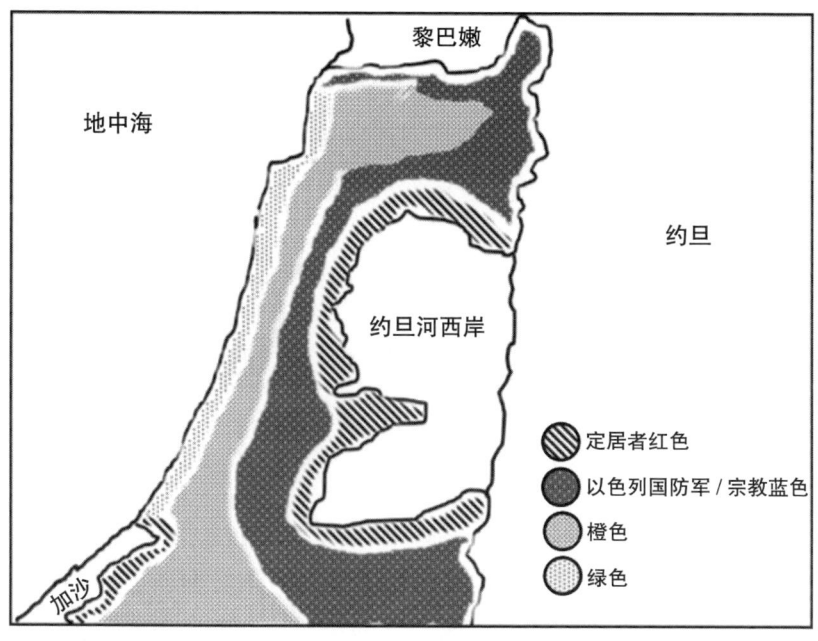

图 6.6 巴勒斯坦千禧一代看待以色列地图的视角(Maalouf,2014)

随着我们继续向越来越多的巴勒斯坦人展示这种看待冲突的新视角，一种新的模因（见图 6.4）也正在产生。里法伊在约旦河西岸的许多角落都听到我们被称为"螺旋人"。我们和里法伊带领的团队召集的社区会议越多，就会有越多的人被我们工作的潜在成果所激发。以 2005 年我们在基层付出的努力作为起点，发展到 2007 年夏天，它已经成为一场无法再受忽视的运动。

我们开始吸引双方高级别政界人士的关注。突然间，法塔赫的高级别成员想从我和里法伊、贝克这里了解这个框架的性质。法塔赫的内阁成员和执行委员会成员想知道如何将这一理论转化为更有效的实地治理。里法伊看到在法塔赫组织中，人们对这个框架的兴趣正在增加，就像当初我们在基层民众身上看到的那样，于是他建议召开一次全国峰会，来自约旦河西岸和加沙各地的社区领导人都可以分享他们对巴勒斯坦未来的看法。里法伊及其同仁们呼吁法塔赫执行委员会与社区领导人对话，并在整个约旦河西岸地区收集数据，以便在全国峰会上听到所有人的心声。我们的目标是介绍关于巴勒斯坦人生存状况的最新概况，并向与会者提供一份路线图，说明为实施巴勒斯坦建设计划都需要做哪些工作。

现在以色列领导人也关注到了我们的活动。应贝克的要求，我们在以色列人类发展中心的伙伴与以色列外交部办公室和以色列总统办公室有了通信往来，使他们了解我们在巴勒斯坦的最新活动。贝克和我们的同仁巴龙会见了佩雷斯和平中心（Peres Peace

Center）的执行董事蓬达克（Pundak）博士，向他解释了我们的模型。他们探讨了该中心在培养双方青年和平文化中可能发挥的作用。

正如贝克博士的团队与南非双方进行合作那样，我们在以色列与巴勒斯坦之间的沟通交流也需要取得类似的平衡。我们希望，如果在峰会上取得了切实的成果，可以为今后的谈判提供参考，并有助于制定新的和平路线图，那么以色列领导人将与我们的巴勒斯坦伙伴开展协作。毕竟，这是一项主动活动，它反映的是人民的意愿和愿望，而不是政客们的封闭看法。

我们不认为以色列和巴勒斯坦之间的分歧像南非人民之间的分歧那样疏离和制度化。在使我们的框架变为现实方面，以色列可以发挥领导作用。我们的巴勒斯坦伙伴只需要以色列人认可他们以建国为出发点所做出的努力。以色列没有自然资源，它的"橙色"主要表现在信息技术方面。

在我们执行这项任务的第四年，即 2008 年年初，我们乐观地看到，以色列商界能够理解"橙色"元模因在文化兴起中所起的关键作用。到了 2008 年，我们认为这可能会成为一种可持续的模式，由两种文化的远见卓识者提供资助，这些人看到了其中蕴含的变革性本质。

巴勒斯坦建设峰会

2008年1月2日，即在巴勒斯坦举行国家建设峰会的一个月之前，全球人类发展中心（Global Center for Human Emergence）接到以色列总统办公室打来的电话，对佩雷斯（Peres）总统因行程冲突而无法出席会议表示遗憾。几天后，以色列外交部办公室也写信给我们，同样对无法出席会议表示遗憾。尽管这证实了我们的工作已得到适当的关注，但以色列没有主动与我们的巴勒斯坦伙伴接触或试图与他们建立联系这一事实引起了初期的担忧。

巴勒斯坦的最高目标已经确定，而以色列和巴勒斯坦之间共同目标的确定需要在国家元首层面具有不同的动力和假设。巴勒斯坦建设计划的发展路线图一旦有了成功实现的机会，共同的最高目标将更有可能变为现实。

然而，我们担心两国方案中并没有可以用来创建新的参考框架的那种明确的最高目标。德克勒克领导下的阿非利卡人有一个明确的目标，他们都希望结束不公平的制度并处理自己的内部冲突，但以色列人在他们自己的文化中应对的却是更加极端的立场。这反映出他们承诺采取主动行动的能力——我们无法在以色列获得充分的政治支持。在哈马斯方面，巴勒斯坦文化中也有同样的动力在发挥着作用。他们不希望与一场基于价值观去寻求民族团结的运动有任何关联，因为这种价值观将他们的极端主义立场排除在外了。五年后，情况仍然如此。

2008年2月2日，第一届巴勒斯坦网状组织会议如期举行。这是中东地区的首场网状组织会议。而且，在南非之外的其他地区，也只举办过两场活动：

- 一场是几年前在荷兰与荷兰的整体设计建构师一起组织的活动，希望可以设计出一种新的"蓝色"以应对国内的穆斯林极端主义。
- 另一场是在冰岛召集的一个由1 000多人组成的国民大会，旨在为2008年金融危机后的冰岛设计一个崭新的未来。这促成他们修订了《冰岛宪法》(Iceland Constitution)。

所涉活动内容都是以研究为基础的会议，由整体设计建构师们设计，由贝克认证并亲自进行培训和监督。在欧洲，网状组织会议是多年实地工作的成果，我们首先是在基层取得了很好的成效，然后与政治领导层协调合作。贝克在1996年出版的《螺旋动力学》[1]一书中率先提出了所有相关方法论，阐述了价值系统方法。

会议当天，伯利恒牧羊人酒店（Shepherd Hotel）一派热闹景象，这是我们的巴勒斯坦伙伴在过去三年所付出的精力和热情得以释放的结果。里法伊和苏威提安排了许多社群代表来发表他们的意见。里法伊为这场会议专门制作了1 000块传统的阿拉伯头巾，这是一

1　此书由贝克和科万于1996年合作出版。

种真正的时尚，直击"紫色"价值系统的人们的心灵。

尽管有传言称这次将有 1 200 多人参会，但当会议在预定时间开始时出席的人却很少，我和贝克开始感到恐慌。里法伊却对这种迟到的情况不予理会，因为巴勒斯坦人乘坐的公共汽车总是会在以色列检查站接受额外的审查。距开始时间仅过了 15 分钟，许多公共汽车就开始从约旦河西岸的各地涌过来。在被以色列国防军在检查站扣押了两个多小时后，最后一辆公共汽车也在大家的热烈掌声中抵达。车上的许多乘客都接受了询问，但在以色列国防军核实了他们前往参会的通行证后，这些乘客全部被允许重新上车。在这派热闹景象中，有着一种秩序感。从第一天起，女性就在这项工作中发挥着至关重要的作用，她们负责组织演讲者，处理媒体事务，并把许多职责授权给千禧一代。超过 700 位社群领袖和其他代表完整地参与了这场活动，还有更多的人前来倾听演讲或参与活动中的某些特定环节。

在本土智能专家的帮助下，里法伊将具有相似能力的与会者组织成一个个小组，这样，他们的工作或知识领域就会最适合为未来巴勒斯坦国的设计提供特定功能。可以认为这是将最终用户的意见前向反馈到他们各自领域未来项目的开发中。当小组之间交换想法和研究结果时，许多人谈到了"新的开始"。60 个小组中只有少数几个小组将问题归咎于以色列的占领。所有人都把关注点聚焦在巴勒斯坦人自身的赋权能力以及如何着手培养自己的国家建设能力上。

里法伊本人在会上做了一个最感人的演讲，总结了我们工作带来的变革性影响。科学家、哲学家朱迪亚·珀尔（Judea Pearl）是遇害的《华尔街日报》（*Wall Street Journal*）记者丹尼尔·珀尔（Daniel Pearl）的父亲，也是贝克的朋友。在读到演讲的翻译稿时，他对贝克说这是多年来他在巴勒斯坦听到的最乐观的演讲。也许正是在这个时刻，我们的会议成为一个主张变革的全国性峰会。以下是部分演讲内容：

> 当自问"为什么我们没能击退以色列的占领"时，我们就产生了召集这场大会的想法。许多法塔赫成员试图回答这个问题，但均以失败告终。经过一场持续了43年的动乱后，我们仍看不到任何进展。为什么会这样？
>
> 走过探寻答案的漫漫长路之后，我们遇到了螺旋动力学理论著作的作者唐·贝克博士。我们发现失败是有原因的，而对于那些失去希望的人，我要告诉大家，希望就围绕在你们身边，但你们需要知道如何找到成功的方法。我们必须把巴勒斯坦放在第一位，我们所有法塔赫成员都要服务于巴勒斯坦，也要为解放和建设巴勒斯坦而效力。
>
> 今天，我们正处于21世纪初，我们必须用教育来武装自己。在南非，祖鲁人就通过教育武装起了自己。他们了解自己的敌人，但更重要的是他们也了解自己。现在轮到我们来运用贝克博士的理论了。
>
> 请不要谈论过去，因为我们所有人都必须把过去抛在

脑后。让它成为一声呐喊、一种预言，传达给我们的领导者，也传递到世界其他地方。我们想谈谈对未来的展望。我们将如何塑造这样的未来？[1]

当天还有许多其他演讲。我谈到了巴勒斯坦人的勇气和耐心，他们愿意给我们机会用我们的方法做一些不同的尝试。我还谈到了人类发展中心的作用。贝克的演讲中具有"蓝色"内容，这些是巴勒斯坦人需要了解的，包括他们对未来的爱国责任、第三代法塔赫以及他们领导真正的变革的能力。然后他转向听众，提出他想直接讲讲他们的未来。他邀请一名10岁的女孩登台，问她长大后想要做什么工作。她回答说想当医生。贝克于是恳请所有与会者从那天起努力建立各种制度，从而确保那个10岁女孩能够实现梦想。[2]

各个小组就他们希望看到的新巴勒斯坦国的设计发表了演讲。代表广大约旦河西岸地区的60个小组一起列出了一系列可行性目标，随后将这些目标提交给领导层。下面是一位女工程师和她的小组成员一起准备的清单，它抓住了巴勒斯坦的本质：

---

[1] 相关资料可参见网页：http://www.humanemergencemiddleeast.org/build-palestine-blog/2008/02/palestineemergence-in-the-words-of-one-of-its-enlightened-leaders（2013年7月8日访问）。

[2] 源自中东人类发展中心（CHE-Mideast），网址：http://www.humanemergencemiddleeast.org/build-palestine-blog/2008/02/palestinian-engineer-presents-ground-breaking-proposals（2013年7月9日访问）。

我们是第 40 组的"美好前景的未来"。我们小组的成员主要是来自萨尔费特（Salfit）和哈利勒老城（Al Khalil）的职业女性。我叫纳斯拉·斯爱勒（Nasra Zgheil），是一名工程师。以下是我们的建议：

1. 在经济方面，通过以下举措为经济稳定奠定基础：

- 通过相关项目、工业园区、强有力的制度等创造就业岗位，为女性、工人和大学毕业生提供就业机会。
- 开放国际市场。
- 支持农业和旅游业，发展巴勒斯坦农村地区。

2. 在文化方面：重点开展能帮助女性、儿童和青年在各个方面（包括医疗保健、心理和文化）得以发展的项目。

3. 在教育方面：

- 专注于技能培训，并为创新者提供支持。
- 建立免费的公立学校系统。
- 开展扫盲项目。
- 以社会公正为基础，在招募过程中实行择优录取制度。

4. 在政治方面：

- 把我们的国家放在第一位，把政治运动放在国家之后。
- 选出合适的领导者。
- 不受外界影响，有独立决策能力。
- 公共资金管理要保持透明，杜绝裙带关系。

在峰会结束后的短短几天内,其效应就开始在整个约旦河西岸产生。法塔赫的许多高级官员为了实现这些目标,呼吁里法伊在实施阶段提供帮助。我们的本土智能专家编写了一本小册子,其中包含了峰会上的所有建议,并将其提供给巴勒斯坦权力机构和代表中东和平四方(Middle East Peace Quartet)的托尼·布莱尔(Tony Blair)办公室。我们的研究结果还发表在当地许多报纸上。我也写了一篇文章总结我们这四年的努力,发表在拥有全球读者的《共同立场新闻报》(Common Ground News Service)上。[1]

峰会结束后,我和贝克认真开始了我们倡议的第二阶段,帮助我们的本土智能专家们设计建设巴勒斯坦的制度。我们与里法伊及其小组成员一起开始了一系列新的会议和设计对话,目的是巩固基层工作所取得的成果,并在领导层面开始设计过程。根据我们框架的原则,我们的巴勒斯坦伙伴首先希望为所有想为该运动的未来发展作出贡献的人营造一种透明的文化。在接下来的几个月里,我们帮助本土智能专家们创建了巴勒斯坦建设计划章程,其中包含设计参与者希望遵守的一般行为准则、公约和原则。这种"蓝色"基调有助于确保工作的可持续性和完整性。

里法伊建议成立一个由50名成员组成的智囊团,以体现巴勒斯

---

[1] 源自2009年8月20日发表在《共同立场新闻报》的文章《第六届法塔赫大会与国家建设》(Six Convention Fateh and the Building of a Nation)。网址:http://www.commongroundnews.org/article.php?id=26127&lan=en&sp=0(2013年7月9日访问)。

坦社会的多样性。我和贝克确保将那些为网状组织的设计做出贡献的机构和社会部门的代表都被纳入这个智囊团。这是使该计划取得成功的关键因素。为了确保从战略规划到实际落地实现无缝衔接，我们在任务的这一阶段需要配备人员。里法伊需要聘请助手和研究助理，以协助他们探索法塔赫政治机构、非政府组织社群和联合国机构的政治和外交渠道。

在美国，全球人类发展中心多年来一直保持有一支志愿者队伍。贝克致力从事重要工作的这一灵感鼓舞着全世界诸多有能力的志愿者。我们在华盛顿与美国国务院进行了会晤，并为相关人员提供了一份纲要，描述了我们在四年的时间里与志愿者们一道凭借微薄的预算所完成的工作。

到2008年夏天，我们以往的赞助方已开始感受到即将到来的金融危机的影响。在经济衰退时期，慈善事业首当其冲受到影响。我们的主要赞助方炉石全球基金会（the Hearthstone Foundation）经历了一次重大重组，因为房屋建造业正经历着数十年来最严重的萎缩。随着2008年秋季金融危机席卷全球，所有赞助来源都不复存在。与贝克在南非的经历不同的是，此时双方政治领导层中却没有人出面赞助我们的工作。工商业社群在南非起着催化作用，但在以色列或巴勒斯坦却不见踪影。联合国无力为我们提供资金，这使里法伊感到震惊。联合国项目主任一个月的薪酬可以资助12名全职研究人员帮助我们实现"巴勒斯坦建设计划"。然而，联合国选择了继续推进周末赋权项目。可是根据四年的研究结果，我们知道这些项目显然不是巴勒斯坦人最优先考虑的事情。

由于全球金融危机的产生,再加上联合国对我们缺乏兴趣,我们的巴勒斯坦伙伴无法聘用他们所需的额外帮手,将我们的计划推进到下一阶段。这令人非常失望,即便之前我们通过工作创建起来的元模因已经深入渗透到了巴勒斯坦文化的各个方面。到2009年年底,建设巴勒斯坦已成为拉马拉、伯利恒以及这两个城市之间所有地方的共同语言。它给众多老老少少的巴勒斯坦人带来了自我赋能和自力更生的自豪感。它把文化焦点从被动参与转移到具有自决能力的人民身上。这种变化在巴勒斯坦的大学中最为明显,在这里,第三代法塔赫大学生10年来第一次通过学生团体赢得选举。他们描绘了一幅美好未来的图景,俘获了青年们的勃勃雄心。正如里法伊曾描述的那样,"建立巴勒斯坦的元模因"已成为人们心中的滚滚惊雷。

在我们继续寻求机构赞助的同时,全球人类发展中心继续致力于为机构设计框架,以便向那些有能力建设巴勒斯坦的人提供信息。我和贝克帮助里法伊起草了实行生命体征监测器计划的提案,并准备将它提交给巴勒斯坦内政部。尽管最初同意生命体征监测器计划的内政部部长伊舍赫(Eisheh)后来被一名非独裁者取代,但里法伊认为新任总理萨拉姆·法耶兹致力建立巴勒斯坦机构,将会支持这个项目。

我们在加沙和约旦河西岸各地的工作经验使我们认为有必要对巴勒斯坦建设计划中的非政府组织活动进行中央监督。在2008年峰会的成果基础上，我们建议巴勒斯坦领导层建立一个内阁级别的一体化部门。这个新成立的部门对于网状组织模型至关重要，它将把所有非政府组织的活动整合到一个平台上，从"黄色"视角满足巴勒斯坦人的需求。一体化部门将能够识别和限制那些相互重叠的活动以及那些不具可持续性或长期重要影响的活动。我们需要开发经过模因考验的技术来解决过去的低效率问题，并利用新工具，使非政府组织的良好意愿与基于生存状况所确定的巴勒斯坦人民的需求很好地匹配在一起。

上述情况因效率低下及支出不合理产生了数十万美元的费用，于是凯文·凯尔斯博士设计了测试方法来解决这个问题。经过几个月的研究，他向我和贝克展示了一种类似条形码的技术。它可以在短时间内衡量一个实体的元模因概貌，并使其价值观可以匹配到与其服务相符的巴勒斯坦文化部分。这项技术自发明以来，已成为全球人类发展中心一系列整体大规模设计的重要组成部分。在本书第3章已探讨过凯尔斯的这种条形码技术。

到2009年，我们对机构赞助不再抱有希望。金融危机对我们的许多赞助方造成了沉重打击。面对美国严峻的经济现实，有些赞助方甚至在寻求破产保护。我的丈夫是一名房地产开发商，他也开始感受到我这四年的无偿工作给家庭带来的财务压力。可是与此同时，我们的巴勒斯坦伙伴在焦急地等待我们返回约旦河西岸。据里法伊说，已有20万巴勒斯坦人表示有兴趣学习解决冲突的价值系统方法。

法耶兹总理已开始建立巴勒斯坦制度，这对巴勒斯坦人民产生的影响最大，对以色列和西方的影响次之。他集中精力处理了我们在巴勒斯坦期间确认的许多问题。在2013年6月卸任之前，法耶兹总理已经在巴勒斯坦文化中创造了新的"蓝色"层面，而这在之前的历任领导带领下是不可能实现的。这是一张发展路线图，其影响范围与我们之前确定的范围非常相近。唯一的不同是法耶兹的计划中未包括加沙地带。他承认以色列的生存权并将此作为预设，而哈马斯拒绝接受这一预设。

在2010年4月的一篇文章中，《金融时报》(*The Financial Times*) 将法耶兹总理的政策确定为"法耶兹主义"。法耶兹主义依托于强化巴勒斯坦"蓝色"价值观的三项主要原则，即加强巩固巴勒斯坦权力机构的安全部队、奠定有效治理的基础以及为人们提供经济机会。

法耶兹着手为巴勒斯坦权力机构制订了详尽的两年工作计划，为未来的巴勒斯坦国建立起基本的基础设施并加强制度建设。他称其为"巴勒斯坦——结束占领，建立国家"。其中除了其他因素，还包括拓展现有基础设施和开发新的基础设施，例如建设政府办公室、股票市场、机场、自由市场以及三权分立。[1] 图6.7（Maalouf, 2014）展示了2013年6月法耶兹卸任时约旦河西岸的元模因概貌。

---

1 源自2010年4月12日托拜厄斯·巴克（Tobias Buck）发表在《金融时报》上的文章《法耶兹推动巴勒斯坦事业进程》(*Fayyad Boosts Palestinian Cause*)。

在见证了法耶兹建立的"蓝色"制度的影响后,当时的美国国务卿希拉里·克林顿(Hillary Clinton)再次呼吁美国采取永久性解决方案,以满足双方的需求。在致当时的美国总统奥巴马(Obama)的公开信中,中东人类发展中心再次呼吁在所有和平谈判之前召开一次设计会议。关于如何达成最终解决方案,这仍旧是我们的官方立场,因为我们在研究中发现的事实至今仍是真实的。在和平能够扎根之前,我们必须还要做很多工作来化解两种文化之间的能力不对称问题。

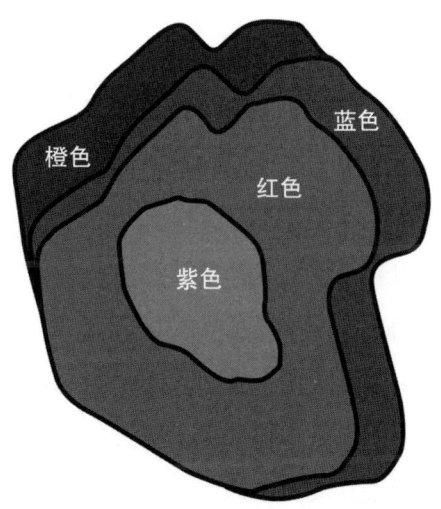

图6.7 约旦河西岸的元模因概貌(绘于2013年6月法耶兹离任时;Maalouf, 2014)

> 无论在世界上哪个地方建立单一民族的独立国家，领导层都必须了解人们在其地理边界和价值系统能力范围内所面临的挑战。

结语

我们从2006年开始对该地区进行探索性访问，而后这发展成为一种大规模的设计，至今仍有可能改变以色列和巴勒斯坦之间的冲突局面。我们的工作为该地区创建了模板和发展蓝图，将使它走上可持续发展和自力更生的道路。我们的人类发展中心在已有的弹性工具包基础上又添加了许多工具，并提升了价值系统在本土智能层面上的应用。

归根结底，中东民主将是功能性民主，或者是基于该地区需求的模因民主。这就是模因民主理论框架所提供的。无论在世界上哪个地方建立单一民族的独立国家，领导层都必须了解人们在其地理边界和价值系统能力范围内所面临的挑战。

在宣布巴勒斯坦和以色列的最高目标时，贝克将它与助力整合南非实现统一的最高目标进行了比较。这是"共同繁荣"的信条，其中包含建立持久和平的机制。尽管大部分地区开始了建立"蓝色"制度和提高经济活力的漫漫旅途，但商界必须成为这些机构的合作伙伴和催化剂，并助力其成为该地区未来的支柱。正如南非富有远见的商界领袖将本国的自然资源变成变革的动力，中东的商界领袖也可以带头行动起来，确保商界能为决定该地区的未来发挥更重要的作用。

关于本章作者

本章作者埃尔扎·马洛夫是一位黎巴嫩裔美国未来学家，专门从事大规模系统和社会变革研究。她是中东人类发展中心的创建者。

在《浮现》(Emerge！)杂志上，埃尔扎开创了设计功能性民主的新概念。她的工作聚焦于企业的意识发展以及对中东社会和政治复杂性的解码。

埃尔扎为行政人员、有远见的企业领导者和全球智囊团提供全系统应用最新进展方面的咨询。

她曾在多个国际平台上发表演讲，包括联合国、奥斯陆人类变革中心（Oslo Center for Human Transformation）、世界未来学会（World Future Society）和巴黎—索邦大学（Paris-Sorbonne University）。巴勒斯坦的第三代法塔赫领袖们曾聆听过她的演讲。

第7章 北欧国家和"第二层级"意识：大动荡时期对"第二层级"领导者的需求

引言

在最近丹麦出版的一本关于欧洲和欧盟（European Union, EU）的电子书中，盖德（Gade）等人（2017）提出一个有趣的问题："如果欧盟是问题的答案，那么这个问题会是什么？"该书由"新欧洲"组织的丹麦分支机构出版，共包含21章，其作者都是精挑细选出来的，他们对日益分裂的欧洲的未来进行了哲学探讨。该书的作者们是丹麦诸如政治、艺术、慈善、非政府组织、文学、工会、可持续发展领域、新闻业和高校等许多不同领域的代表。

该书扉页上有丹麦著名艺术教授比约恩·内高（Bjørn Nørgaard）所作的发人深省的插图，插图旁有这样一句话："我们共同的联盟可朝三个方向发展：外爆、内爆或进化。"

这本书在丹麦各大公共报纸上都有宣传，书的前言中称，2017年是欧洲的命运之年，或更准确地说，是生活在地球上的我们所有人的命运之年。我们面临着众所周知的巨大挑战，其中包括日益加剧的民族主义，英国脱欧的未知影响，难民和移民压力的影响，特朗普，普京领导下的俄罗斯，不平等和气候变化等。也许最重要的是，欧洲人似乎已开始怀疑他们是谁，是什么将他们联系在一起，以及自第二次世界大战以来他们共同建立的哪些价值观和制度对他们最重要。好像他们的自信心已经不存在了，是时候要做反思了，是时候要回顾过去了。欧洲的命运不由别人决定，而是每一个人的选择。正如该丹麦电子书在第2页所述：

> 过去与未来相遇
> 现在变成了过去
> 未来将成为现在
> 现今时代预示着未来的命运

如果仔细阅读该书各章的标题和每个章节的内容，你就会发现这些标题，诸如"欧洲的命运是您的选择""我们可以创造一个更加社会化和更加公平的欧洲吗""如何避免战争""我们如何创建一个人人都能追求梦想的社会""我们如何获得社会平等和'绿色'转型""人类的全球化是什么样的"。其目的是"避免欧洲崩溃"（引自该书的编辑人员）。作者们呈现了对"新欧洲"交织着希望、梦想、渴望和绝望、沮丧、恐惧的各种元素与迹象。

运用螺旋动力的观点来看，很明显，该书的多数（不是全部）作者（其中包括前欧盟委员）偏重"绿色"元模因价值观取向，并

（或）深受这种思维体系的影响。

尽管事实上该书的内容讲述的是明显分裂的欧洲，但很显然，书中的观点和看法远远超出了欧洲的范畴，这些观点和看法含蓄地（甚至可能作者都没有觉察到）呼吁人们应具有更为复杂的以地区和全球为中心的思维。人们热切渴求下一层面的意识和领导才能，以此作为人类应对当前全球动荡的前提条件，以便实现格雷夫斯1974年发表的文章中宣称的下一阶段的"重大飞跃"。

人们需要这本丹麦书

在讨论"第二层级"意识和领导能力的潜在发展时，为什么要探讨这本丹麦电子书呢？毕竟，丹麦人口仅占世界总人口中的一小部分；更确切地说，他们大约只有560万人口。然而，这本丹麦电子书只是最近在众多丹麦书籍，甚至全世界书籍中（这些书籍都引起了人们对人类未来的广泛质疑和关注）选出来的一个典范。这些作者大多都提出并概述了不同的解决方案，用以处理、促进和/或最终稀释或扩散那些衍生出来的危险的全球构造张力和冲力。他们所做的一些尝试尤为有趣。《纽约时报》（New York Times）外交事务专栏作家弗里德曼（Friedman）2016年出版了一本此类国际书籍，他在封面文字中指出："我们都能感觉到有件大事正在发生，在工作场所能感受到它，与孩子交谈时也能感受到它，阅读报纸或观看新闻时也不会错过这种感受。我们的生活节奏在加快,令人目不暇接。"此外,弗里德曼还对人类能够及时适应现状、避免文化瓦解的能力予以了关注。

通过与此相关的一个重要观察发现,似乎很多书都是由"第一层级"的思想和意识的"大脑"书写而成的,这听起来并不带消极或批评意味。受制约的大脑意即大脑从某种程度而言是过去的受害者,无论这是昨天还是一千天之前,且它是从过去的有利角度出发进行运转的,可以从象征意义层面称其为狭窄的认知监狱,而这些书籍的作者所阐述的周围发生的复杂全球问题皆来源于此。它经常还会为我们提供善意却无效的建议和短期解决方案。然而,如此强有力的假设自然会引出一个重要问题:为什么要介绍"第一层级"的大脑这个方面?笔者试图在此回答这个问题。经典著作《螺旋动力学》(Beck and Cowan,1996)一书中提到"促成变革的元模因策略(ᵛMEMEtic Strategies for Change)",并指出"思维处在'红色'、'蓝色'、'橙色'或'绿色'元模因的专有控制之下,或每个'第一层级'元模因都确信他们已知晓答案"。考虑到当今复杂问题的性质,采用现成的固定答案很少能解决问题,且往往还会激化问题。

贝克和科万结合另一个关键问题,即"从哪些元模因变到哪些元模因"提出了变革的基本假设。贝克和科万进一步指出,如果尝试改变人们的思维方式和(或)行为方式,却忽视元模因所起的作用,那么这种尝试会显得既幼稚又无效。他们提出了与元模因转换相关的五个关键且带有批判性的问题（Beck and Cowan，1996）：

- 如何以及在什么条件下可以唤醒新的元模因并使其在线？
- 如何加大或减小特定情况下特定元模因影响信念和行为的力度？
- 为什么有些元模因能够受到影响，而另一些元模因似乎拒绝尝试任何变化？
- 您如何识别、理解并在某些情况下影响元模因自然变化和转变的过程？
- 各种元模因在螺旋上如何相互影响，尤其是当许多元模因同时发生深刻变化时？

具体到为什么要介绍有关欧洲和人类未来的丹麦电子书内容的话题，正是因为事实上丹麦与其他4个北欧国家（瑞典、挪威、芬兰和冰岛）共同属于一个不断发展却仍具有排他性的国家集团。从元模因视角出发，在这些国家我们能够看到和体验到世界上最先进的思维方式。这些国家在其模因DNA方面多数都表现出"绿色"和"黄色"密码。在荷兰和瑞士等国，"绿色"意识形态也占主导地位。在美国的西海岸和东海岸以及德国和英国等地区，也可以看到一块块"绿色"意识形态占主导的区域。

走进丹麦的任何一所公立学校或大学、任何一间政府办公室或任何一家典型的丹麦公司，你都会立即意识到自己处在一个有着非常多"绿色"元模因的国家。这样一个"绿色"元模因社会具有一些特征，如所有丹麦公民都可以享受托儿服务和国家保障的医疗和育儿假，可以免费上大学（学生在入学时可收到政府支付学费的支票），可以免费获得优质医院资源和一般医疗保健服务，并可享受丰厚的退休金。此外，丹麦的每个工人都有权享受5周的带薪休假和11天的带薪假期。如果一个工人在丹麦失去工作，失业保险可支付其原有收入的90%长达两年时间。但是，丹麦人的税收也是世界上最高的，包括对所有商品和服务征收25%的税，最高边际税率徘徊在60%左右。

这5个北欧国家在大多数方面都与其他国家不同。我认为丹麦和其他这4个北欧国家正处于两种截然不同的元模因形态（"第一层级"的"绿色"和"第二层级"的"黄色"）之间的关键转变阶段。这里提供了一些佐证对这种转变做了说明。若需要更全面的资料，可登录 www.spiraldynamicsglobal.com 网站查询。

"绿色"丹麦

像丹麦这样由"绿色"元模因占主导地位的国家，其主要特征是什么？在以下各节中，我们将分析和探讨一些重要的文化特性和相关的丹麦元模因特质，其中包括公众信任水平、幸福感、人力资本、价值观、清廉度、妇女运动、同性恋、性别平等、绿色转型、循环经济和经商便利度，还从历史角度简要讨论了可能有助于解释这些特征在丹麦和其他北欧国家出现和发展的背景。当然，了解一些知名人士对丹麦的看法可能也会有意义。

弗朗西斯·福山（Francis Fukuyama）教授

1995年，美国约翰斯·霍普金斯大学的弗朗西斯·福山教授提出一个问题：在创造财富方面，为什么有些社会比其他社会做得更好？福山（1995）当时认为，最繁荣的国家往往是那些人与人之间可以在信任的基础上建立非正式的、灵活的业务关系的国家。他进一步指出，自亚当·斯密（Adam Smith，1776）以来，大多数经济学家都忽略了一个至关重要的增长变量，即文化的增长变量。在他看来，新古典主义经济学可被视为80%是正确的，并且它已用理性、自利的人类行为基本模型揭示了关于货币和市场本质的重要真理。而剩下的20%很难被新古典主义的思想理解，必须在更具社会文化背景的环境中才能被看到，其中包括诸如信任感之类的社会因素，他将其定义为"对基于共同准则的有规律的诚实合作行为的期望"。人们在当代的经济辩论中往往完全没有考虑到这种文化因素。

福山（1995）也强调了另一个文化因素——社会资本，即人们为了共同的目的而共同努力的能力以及在特定社会中普遍存在的信任，这是无法通过理性的投资决策获得的；相反，要想获得社会资本，就需要熟悉社会的道德规范，还需要获得忠诚、诚实和可靠等美德。

但是，福山警告说，信任等文化美德都是易毁却不易建的。庞大的中央集权政府破坏了家庭与国家之间的中间机构，从而破坏了人们对它的信任。此外，极端强调个人而置群体于不顾的信仰和行为也会对中间机构造成破坏，还会破坏人们的信任感（Fukuyama，1995）。

福山将丹麦社会作为一个治理良好、和平、繁荣、社会自由和廉洁的典范，把它当成一个模板，供世界上那些同样由三大政治机构（精干的国家、强有力的法制和民主问责制）所构成的国家作为参考。在他的著作《政治秩序与政治衰亡》（*Political Order and Political Decay*，2014）中，他写道："部分问题在于，我们不了解现今的丹麦是如何发展起来的，因此我们也不理解政治发展的复杂性和困难性。"19世纪下半叶，北欧国家兴起了四场民众运动，对北欧国家在螺旋上占据如此靠前的地位，似乎起到了至关重要的作用。这四场运动分别为民办高中运动、合作运动、工会运动和妇女运动。

其中每一场运动带来的影响和贡献都同时助推了北欧社会的螺旋上升，以与当前日益复杂的生存状况保持同步。民族与社会人口的同质化与建立福利国家的最高目标有机结合起来，进一步促进了螺旋上升运动的加速。欲获取丹麦这四场民众运动的详细资料，可访问网站 www.spiraldynamicsglobal.com。欲查看北欧国家的有趣资料，可访问网站 www.nordicsecret.org。

于是，"丹麦如何发展起来"这个问题就浮现出来，而且，为了"理解政治发展的复杂性和困难性"，我们尝试从历史角度出发，认真总结出以下四点：

- 丹麦和其他北欧国家在建立国家和地区级社区并在社区开展合作方面有着悠久的历史。
- 这四场重要运动的精神和愿景为丹麦或北欧发展成为如今的样子奠定了基础，即民办高中运动、合作运动、工会运动和妇女运动。
- 在螺旋语言中，北欧福利国家首先发展起典型"绿色"元模因的关键元模因品质，后来超越了其中的一些品质，使人们得以期望看到"第二层级"意识的明显迹象，例如"黄色"元模因的出现。
- 当前的现代生存状况要求人们有更高的认知秩序，以应对人类面临的问题、挑战和机遇。

认识到这些之后，让我们继续深入了解，仔细研究具有典型"绿色"元模因概貌的国家（如丹麦和其他北欧国家）的一些文化特征和品质特性。

典型"绿色"元模因国家的品质特性

信任

在丹麦和其他北欧国家中，社会信任程度都很高。在过去的十年左右的时间里，国际上，人们越来越有兴趣了解这种北欧信任例外论的背景及其对这几个发达的北欧福利国家的意义。许多人都在猜测，这种例外论究竟是北欧社会的永久性特征和持久的文化特质，还是主要由更多同时代的经验力量所塑造的。最近发表的一篇论文《丹麦例外论：解释过去 30 年中社会信任度的独特增长》（*Danish Exceptionalism: Explaining the Unique Increase in Social Trust over the Past 30 Years*）中指出，在 1979 年至 2009 年间，丹麦的国民信任度有着显著的提高。

研究结果与文化观点相矛盾，但却证明了有关信任由实际经验得出的观点。这项研究中的数据表明，丹麦国民信任度的提高可归因于代际更替、教育水平的提高、国家机构质量的提高以及公民对这些机构的信任度的提高。换言之，在许多不同层面上开展教育，不限于获得知识，还进行一般品质的养成训练，这对一个社会的发展和信任水平的提升都是至关重要的。现在可能是时候采取新的干预措施了。

《经济学人》（*The Economist*）在 2013 年 2 月发布的特别报道《成功的秘诀》（*The Secret of Their Success*）中称，北欧国家可能是世界上治理得最好的国家。该报道解释说，北欧国家不仅在很大程度上避免了困扰地中海世界的经济问题，而且"在很大程度上还避免了困扰美国的社会弊病"。从生产率和创新等经济指标到不平等和犯罪等社会指标，在任何衡量社会健康状况的指标上，北欧国家都名列前茅（参见表 7.1 的总体排名）。

表 7.1　2012 年度各项指标排行榜前十名

整体排名	国家	全球竞争力	经商便利度	全球创新	清廉度	人类发展	属性
1	瑞典	4	13	2	4	10	3
2	丹麦	12	5	7	1	16	2
3	芬兰	3	11	4	1	22	7
4	挪威	15	6	14	7	1	1
5	瑞士	1	28	1	6	11	9
6	新西兰	23	3	13	1	5	5
7	新加坡	2	1	3	5	26	19
8	美国	7	4	10	19	4	12
9	荷兰	5	31	6	9	3	8
10	加拿大	14	17	12	9	6	6

该报道继续提出一个问题：为什么这个偏远、人烟稀少、冬天寒冷又有着广阔旷野的地区能够做到如此成功？该报道称，部分原因在于，在北欧，不仅社会环境全然透明，人们还具有务实思想，而且意志坚韧。将北欧人的善良误以为软弱是一个严重的错误认知。务实思想作为一种哲学，解释了为什么新的共识可以迅速取代旧的共识。务实思想也解释了北欧人为何会不断升级他们的思维模式。

他们仍然面临很多问题。这些国家的政府部门仍然过于庞大，私营部门仍然过于弱小。

因此，这篇报道最后得出的结论是，在很多方面，是信任将北欧社会凝聚在一起。问题是，与其他国家相比，北欧国家是否会因社会信任度降低而遭受更多损失？不仅仅是因为北欧国家拥有最高水平的信任度，还因为其社会模式，或者更确切地说是社会契约，很大程度上是建立在高度的社会信任基础上的。

在报道的最后，给出了一份有趣的"手册"，指出国家如何采取行动来建立信任。从"实践螺旋动力理论"的视角来看，可以把该"手册"当作其他国家或社会建立和培养信任的检视表，简单易用；当然，前提是需要相信，人们之间的信任水平可能是影响螺旋"跃升"的关键决定因素之一：

- 采取公开透明的行动，以尊重的态度管理税收，并处理所有贪腐现象，不论这些现象多么微不足道。
- 建立一个普遍的福利国家，防止下层阶级在社会上出现。
- 支持社团发展，尤其要在财政上予以支持。若国家对社团发展持有开放态度，通常对国家发展是有利的。
- 提高人口的受教育水平。由于在人口中保持相对的经济同质性非常重要，因此重点关注那些受教育程度低和接受了不完整教育的人或面临此类风险的人，就显得尤为重要。

- 消除失业现象，特别是长期失业现象。这尤其意味着要将难民和移民有效地融入劳动力市场中。

我打算在未来三到五年内，以这个检视表作为平台，继续观察、研究、分析和描述北欧国家以及信任的重要性，并将信任作为将来可能产生"第二层级"意识的先决条件。欲获取关于信任的更详细描述，可访问网站 www.spiraldynamicsglobal.com。

幸福度

为了理解丹麦在"螺旋"上的先进地位，另一个值得一提的重要方面是幸福度。在最近发布的《2017年世界幸福度报告》（World Happiness Report 2017）中，挪威人被认为是世界上最幸福的人。从幸福度排名来看，挪威从2016年的第四名跃升至2017的第一名，紧随其后的是丹麦、冰岛和瑞士。排名前四位的这些国家，在支撑幸福感的所有主要因素的排名上也都很靠前，这些因素包括：关爱度、自由程度、慷慨度、诚实度、健康程度、收入水平和良好治理水平。这四个国家的上述各因素的平均值非常接近，以至于即便这些因素发生细微的变化都可能导致幸福度的排名年年变化。

欲了解更多有关丹麦、北欧及幸福度的信息，可访问网站 www.spiraldynamicsglobal.com。

人力资本

在人力资本方面，2015 年的世界经济论坛将芬兰排在第 1 位，挪威排在第 2 位，瑞典排第 5 位，丹麦排第 7 位。所有北欧国家都位列前十。在同一榜单上，德国仅排第 11 位，法国排第 17 位，英国排第 19 位，美国排第 24 位，俄罗斯排第 28 位，意大利排第 34 位。人力资本指数对各国如何发展和部署其人力资本进行了量化处理，并随着时间的推移跟踪其进展情况。该指数可作为一种机制和工具来捕捉和反映教育、就业和劳动力动态的复杂性，以便影响各个利益相关者做出更明智的决策。换句话说，人力资本指数是一个有用的指标，可用来衡量一个国家的繁荣和富裕程度，例如健康的"蓝色"和"橙色"元模因和谐发展的程度。

价值观

世界价值观调查（Word Values Survey，WVS）是一个由社会科学家组成的全球网络，致力研究不断变化的价值观及其对社会和政治生活的影响。开展这项研究的组织使用了政治学家罗纳德·英格哈特（Ronald Inglehart）和克里斯蒂安·维尔泽尔（Christian Welzel）对世界价值观调查数据进行的英格哈特—维尔泽尔文化地图分析法。他们认为，世界上的跨文化变异有两个主要维度：传统价值观与世俗理性价值观的维度以及生存价值观与自我表达价值观的维度。在"螺旋"上，上升运动反映了从传统价值观向世俗理性价值观的转变，右移运动则反映了从生存价值观向自我表达价值观的转变。传统价值观强调宗教、亲子关系、遵从权威和传统家庭价值观的重要性。信奉这些价值观的人也反对离婚、堕胎、安乐死和自杀。这样的社会具有很高的民族自豪感和很强的民族主义观念。而世俗理性价值观与传统价值观的偏好相反。这样的社会不太重视宗教、传统家庭价值观和权威，离婚、堕胎、安乐死和自杀被认为是相对可以接受的。生存价值观强调经济和人身安全。这与相对民族主义的观念以及较低的信任度和宽容度有关。自我表达价值观高度重视环境保护和两性平等，持该种价值观的人对参与经济和政治生活决策的需求也在不断增加。

对于训练有素的螺旋动力学实践者来说，很容易就能将这个文化地图与螺旋上"第一层级"的六个特征匹配起来。

有关价值观的更详细的评论，可参见 www.spiraldynamics global.com 网站主页。

清廉度

清廉指数（Crruption Perceptions Index，CPI）力求消除贪腐，并试图让贪腐行为的受害者和证人发声。该指数由"透明国际"（Transparency International）组织制定和公布，其总部位于柏林。清廉指数是政府、警察、法院系统、政党和官僚机构使用最广泛的反映清廉状况的指标，用于衡量175个国家的清廉度印象。该组织与政府、企业和公民合作，遏制滥用权力、贿赂和秘密交易行为。2016年"透明国际"公布的清廉指数排名前十的国家见表7.2。

表 7.2 2016 年"透明国际"公布的清廉指数排名前十的国家

排名	国家	指数
1	丹麦	90
2	新西兰	90
3	芬兰	89
4	瑞典	88
5	瑞士	86
6	挪威	85
7	新加坡	84
8	荷兰	83
9	加拿大	82
10	德国	81
10	英国	81
10	卢森堡	81

唐纳德·特朗普就职美国总统五天后,"透明国际"公布了2016年的清廉指数,认为有必要研究民粹主义、社会经济萎靡不振与反腐败议程之间的关联。特朗普和许多其他所谓的民粹主义领导人常常将"劳动人民"边缘化,同时与"腐败精英"建立联系,而这些人只对使自己有钱和支持自己的有钱人中饱私囊感兴趣。有证据支持吗?有。贪腐现象确实与社会不平等密切相关,并成为造成民众不满的一个根源。然而,历史上民粹主义领导人解决这一问题的做

法令人感到沮丧。他们使用贪腐—不平等这一讯息来争取支持，却很少有人真的有意要认真解决这个问题。

该指数得分高的国家所共有的特征是："新闻自由度高；公众可获知预算信息，以便知晓钱从哪里来、如何使用；掌权者高度诚信正直；司法机构不对穷人、富人进行区分。"

艾伦·麦克阿瑟基金会（Ellen MacArthur Foundation）认为："循环经济是一种通过设计可以使生产资料得以恢复和再生的经济，旨在使产品、部件和材料始终保持最高的效用和价值，将技术循环和生物循环区分开来。"

丹麦企业已经开始采用更多的循环商业模式，因为事实证明，这是一种健全的商业策略，有助于企业进入新的市场、推动创新解决方案实施并节省生产成本，这凸显了循环经济是高度商业驱动的经济这一事实。

2017年6月7日，一个顾问委员会分别向丹麦环境部部长和丹麦工商业与金融事务部部长提交了共27项关于"循环经济"和"绿色转型"的建议，标题为《重复使用、减少浪费、循环利用和重新思考》（*Reuse, Reduce, Recycle and Rethink*）。顾问委员会主席弗莱明·贝森巴赫（Flemming Besenbacher）同时也是丹麦嘉士伯（Carlsberg）啤酒厂的董事会主席，他在发言中表示："现在是时候采取行动并重新审视我们的商业模式和福利国家了。我们应遵循以下原则：重复使用、减少浪费、循环利用和重新思考。"

第一项建议是"使循环经济成为丹麦企业的增长引擎"。在这

27项建议中，还有其他几项精选的建议，包括："在循环经济基础上建立丹麦的直辖城市"；"将循环经济的原则纳入各种公共教育领域中"；"通过私营企业和政府机构的采购流程促进循环经济发展"。

经商便利度

最后，在《福布斯》2017年"最佳商业国家"榜单上，瑞典在139个国家中排第1位，丹麦排第6位，芬兰排第7位，挪威排第8位。这是《福布斯》连续11年评选出最吸引资本投资的世界经济体。每个国家都根据11个因素进行评分，即产权、创新、税收、技术、清廉度、自由（人身自由、贸易自由和货币自由）、官僚习气、投资者保护和股市表现。这些数据是基于"自由之家"（Freedom House）、传统基金会（Heritage Foundation）、产权联盟（Property Rights Alliance）、"透明国际"、世界银行集团（World Bank Group）和世界经济论坛（World Economil Forum）已发表的报告得来的。虽不那么重要却也值得一提的是，在2017年的榜单中，美国的排名在原来的基础上又下滑了一名，跌到了第23位，而自2006年美国位列榜单首位起，其排名已连续10年下滑。全球最大经济体在贸易和货币自由方面的得分下降，同时官僚习气和官僚主义作风日益严重，是造成其排名下滑的原因。

瑞典的排名上升了4位，其排名首次跃升至榜首（瑞典2006年的排名在第17位）。在过去的20年中，瑞典经历了一场转型，转型的基础是放松管制和缩减预算以进行自我约束。

某些"不健康"的"绿色"元模因的表达方式可能已凸显出来了,其中带有功能失调的特征,例如由于过度坚持寻求共识而导致决策缓慢,支持集体决策和行动的压力,容易感受到集体罪恶感,对其他螺旋现象视而不见,明显的自恋,以及生活质量受影响,包括由于纪律、权威和规范被忽视而承受压力和产生无力感。这些表达方式在丹麦当然也能看到。

作为"第二层级"意识(第七层密码)出现的例证,首先提出的一些问题是关于所有照料的成本,包括经济层面和人的精力层面的成本。在组织中,盈利能力和生产力可能会下降,而成本却会出人意料地增加。正在褪掉"绿色"的社会开始意识到,为每个人提供服务,而人们只需接受服务而无须做出任何其他贡献,这是一件成本多么昂贵的事。当庞大而又易于实现的移民潮挑战现有的"秩序"时(例如在过去的三四年间丹麦和欧盟经历的移民/难民危机期间),这一点就变得显而易见。

可以恰当地说,丹麦和其他北欧国家正在努力寻找从"绿色"过渡到新出现的"黄色"阶段的道路。然而,这五个国家是将去应对"第二层级"的复杂性和问题,还是会试图将其倒退处理成贪婪的"橙色"、顽强的"蓝色"和动荡的"红色",尚且有待观察。在这个时候,"绿色"的集体过程不符合当代第七层密码的生存状况和问题,因为它耗费了太多的时间和精力。让所有人都开心的代价很高;和谐的代价有时也会变得过高。如果从"第一层级"走出来的人或"社会"从太多新的角度看到了太多东西而无法接受简单朴素

> 社会不是一成不变的。今天的问题是昨天的解决方案。评估和变革是我们未来的一部分。我们的思想处于永恒的旅程中。

的风格,爱因斯坦的名言应会提醒我们:"凡事应尽可能简单,却不可过于简化。"(Make things as simple as possible but not simpler.)

贝克和科万(1996)指出:

> 我们跟周围的一切一样,都处于不断运动的状态。我们受螺旋密码的塑造。简言之,我们可以改变自己的心理。大脑可以自我改造。社会不是一成不变的。今天的问题是昨天的解决方案。评估和变革是我们未来的一部分。我们的思想处于永恒的旅程中。许多人认为,我们现在正在经历如此重大的转变,这是一个处于重大的转折点上的历史性巨变。一种全新的、完全不同的思维模式正出现在全球范围内人类活动的各个领域中。

格雷夫斯在接受鲁米舍尔(Roemischer,2002)采访时继续讲道:"此时此刻,我们的社会正试图成功完成迄今为止人类必须面对的最艰难也最激动人心的转型。这不仅是面向新的生存水平的转型,也是人类身份交响曲新篇章的开始。"

当我们研究从"绿色"飞跃到"黄色"的可能性时,我们应考虑元模因变化的六种条件和五种变化状态。在这一点上,让我们提醒自己,格雷夫斯(1974)说过:"我不确定人们如何在 GT 水平上进行学习。"通过暗示,他表示触发人类适应性变化的生存状况还没出现,我们无从找到。因此,从螺旋的"第一层级"跃升到"第二层级",要求个人或社会放弃过去的一切,从而达到德尔塔和新阿尔法状态。

格雷夫斯声称需要不同的教育体系,教育工作者、教练和培训师们必须为不同水平的人单独开发不同的学习系统。例如对于FS级别的人员,知识存在于特定的环境中;环境有所不同,人们所了解的内容也不一样;对任何现象的多种解释都是合理的,具体取决于做出解释的人或他们的观点和目的。对于GT级别的人或学生来说,老师的工作是提出问题并帮助学生提出解决问题的方法,但让学生自己决定接受哪个答案。格雷夫斯对教育的未来的设想方式在很大程度上使我们想起了当今的"教练"学科。这是一种新的发展形式,教练通过提供培训、建议和指导来帮助个人或群体实现特定的个人目标或职业目标。

总而言之,丹麦和其他北欧国家似乎已足够满足发生元模因变化的六项条件的要求,因而这些国家得以开始在螺旋中崛起,看到真正的第七层意识密码出现,并随之看到组织中的新结构、新的协作方式和新思维方式的产生。

在格雷夫斯发表1974年的文章时,他没有机会预测当今复杂生存状况的复杂性和本质,这些生活条件需要"第二层级"意识才能处理这些问题。那么我们要面临的是什么呢?我们问题的本质是什么?

让我们再次回顾格雷夫斯1974年发表的文章《人类的本性已为重大飞跃做好准备》。这篇文章的标题表明,如果要应对当代复杂的生存状况或"邪恶"问题,人们必须为进行重大的进化和认知上的飞跃或跳跃做好准备。[1]格雷夫斯(1974)指出:"必须打破'绿色'系统才能释放能量,跃入 GT('黄色')状态,这是第一个存在状态。"这正是我们今天在全球许多后现代社会中所看到的——到达至高点并开始倒退的第六层密码("绿色"元模因)。我们必须为下一次飞跃做好准备,否则将会面临潜在的残酷而痛苦的倒退。伴随特朗普当选美国总统,英国脱欧,许多国家的民族主义迅速扩张和日趋两极分化,贸易保护主义、民粹主义、种族主义等抬头而产生的挫折、困惑和普遍不满是政治或情感上能量积聚的症状,最终会导致能量的爆发。当前世界上许多地方的局势当然蕴含着真正的革命潜力;也许不是用枪支和子弹进行的革命,而是会涉及其他一些工具和潜在的恶劣后果。然而,与此同时,在由倒退的"绿色"元模因飞跃至新的"第二层级"的"黄色"元模因时,会出现汹涌的浪潮,而此前会出现不和谐现象,这些症状也可以被视为这些不和谐现象的微小迹象与指标。这是在邀请人类进步提升,做好引领,并为"腾飞"做好准备。

格雷夫斯预言的这一重大飞跃可以与黑格尔的量变和质变理论完美地关联起来。黑格尔的量变和质变理论认为,当我们谈到成长或毁灭时,总是会想象事物是逐渐成长起来或逐渐走向消亡的。然而,在许多情况下,事物的改变也可能是一种突然的飞跃,突变成

---

[1] 欲查看更多关于"邪恶"问题的信息,可参见www.spiraldynamics global.com 网站。

为本质上不一样的事物；打断了渐变的过程，本质上不再与之前的状态相同。

暂时让我们先不要忘记前面提到的丹麦电子书（盖德等人合著，2017年发表于《纽约时报》欧洲版）的作者所说的内容，即当前政局动荡和欧盟未解决的政治进程可能会造成三个结果：内爆、外爆或进化。此外，我们最近经历了危险的两极分化，例如在美国有民主党和共和党之间的分化；在英国有"脱欧"和"留欧"阵营的分化；下届大选前普京领导下的俄罗斯局势紧张；南欧国家的年轻人对于青年群体高达50%的失业率愈发不满；在欧洲有恐怖袭击等。将无产阶级整体逐渐团结起来会怎么样？波兰和匈牙利的政治局势如何？土耳其、朝鲜和伊朗最近的事态发展如何？叙利亚或南苏丹的饥荒发展到了什么程度？委内瑞拉的动荡事态如何？巨大的能量积聚在螺旋的不同元模因中。

这是全球性的动荡，它由各种人员、资源、计划或政治立场混合在一起共同引发，产生于不同的（"第一层级"）元模因重心（"紫色""红色""蓝色""橙色""绿色"），并会根据时间、地点和环境的不同而产生非常不同的后果和影响。在后现代西方世界的某些地区，"绿色"元模因已经发展到至高点并开始倒退，留给人们一个动荡、不确定、复杂和模棱两可的（VUCA）世界。这种真实的和/或被感知的混沌蕴含着潜在的社会崩溃风险，很多经历过和/或被迫经历过的人都感受到了不愉快甚至痛苦。但是，世界上大多数人在同时经历较低级别的"第一层级"时遇到了不同的问题，但表现出很多相同的症状。这就是贝克所说的"美妙的噪声"。让我们将目光转到从"绿色"元模因到"黄色"元模因的潜在飞跃上。

格雷夫斯认为，好消息是，GT（"黄色"元模因）密码的目的是将地球带回平衡状态，从而使地球上的生命得以生存，这涉及要学会在生命平衡固有的限度内行动。此外，格雷夫斯还预测，几乎可以肯定，与1974年相比，在未来的社会（世界）中可再生资源将发挥更大的作用：或许可以用木材、风力和潮汐做能源；用棉花和羊毛做衣服，甚至短途旅行可以骑自行车和骑马进行。然而，尽管GT世界会比我们今天所知道的世界更加崇尚自然，但同时，它在技术上也将先进得令人难以想象。因为与FS（"绿色"）状态下的人们不同，GT状态下的人们将不惧技术并能够了解技术给人们带来的影响。他们真正知道什么时候能用它、什么时候不能用它，而不是像ER（"橙色"）状态下的人们那样只会尽可能地使用技术。

鉴于当今人们对可再生能源的关注和为此做出的巨额投资，以及我们在过去三四十年间（在计算机、互联网、人工智能、机器人、社交媒体和遗传学领域）所经历的令人难以置信的技术创新和进步，当我们读到格雷夫斯这个惊人的预测，又考虑到这是早在1974年就提出的时，我们对他的钦佩之情会油然而生。

格雷夫斯（1974）还强调："人这个物种，要想升至更高的存在层次就必须充分了解每个层次，因为只有将自己的价值观追求到极致，他才能认识到更高层次的存在问题，而这令他无法再用自己原有的特定价值观去应对。"他知道，要想在螺旋上实现大幅度跃升或上移，就需要使人们既有的实际元模因的特质累积到超出特定的量。

量变与质变的主题说明了我们人类所面临问题的复杂性，并突出了"邪恶"问题的特征，特别涉及社会和文化进化发展方面。卡尔·马克思（Karl Marx）关注了黑格尔的量变到质变的转化定律，他在《资本论》（Das Kapital）中提及黑格尔发现的这一定律的正确性，即量的差异只要超出某个点就会转化为质变。

如果认同黑格尔定律的动力机制，我们就可以开始发问：何种规模或数量上的增长最容易在社会和文化环境中带来质变？答案很可能是人口或信息、见解、教育，或这几项的组合。当特定国家、村庄、社会、组织或企业中的绝对人数增至并超出某个阈值时，通常会需要并引起新的组织形式产生。人口数量（及其思维方式）的增长具有内在潜力，可以改变组织、系统、流程、国家、企业和交通的"质量"。新的信息、见解和教育在量上所起的作用也是如此。在任何一个特定的群体、社会或国家中，当信息和洞察力增加时，思维质量往往会发生潜在的变化。而这正是19世纪的四场民众运动（民办高中运动、合作运动、工会运动和妇女运动）发展期间，在丹麦和其他北欧国家所发生的事情。

不对"人民"施行教育或不倾听他们的声音会带来风险，容易造成非常活跃、非常危险的差距。因此，就像英国的地铁警示语会提醒我们注意别踩入列车与站台间的空隙一样，好的建议是："注意差距"（mind the gap）。这就是受过教育的人和没受过教育的人之间的差距，富人与穷人之间的差距，有能力的人和没有能力的人之间的差距，成功者与失败者之间的差距，以及跑在前面的人和落在后面的人之间的差距。其中所有差距的活跃和危险程度都能够大到令人难以置信。

因此，特定群体的绝对人口规模对该群体所属社会的模因发展所产生的影响是巨大的。不过，如前所述，需要警觉的是要"注意差距"。但是，仍有一个关键问题有待回答和解决，即丹麦和其他北欧国家是否具备足够的认知能力（具有足够的自适应智能），使它们不至于停滞在"绿色"元模因上，或避免不愉快地倒退到螺旋的较低水平？

认知能力和自适应智能是实现飞跃的前提

格雷夫斯（1974）的研究还证明，随着人类经由存在层次的每个阶梯向上跃升，在每个新层次上停留的时间会越来越短。此外，在 GT 水平上，人类将以更新、更高阶的（人类生存）形式再次开始承担生存任务，当然，假定的前提是没有任何不利的外部环境，例如大战或其他灾难，干预阻碍我们的成长。

格雷夫斯先从他的研究中了解并认识到我们需要获得足够的人类认知能力，以对生存状况的复杂性和本质具有一定的洞察力、了解和理解，因为他预计当这些状况出现在世界中时，会需要我们利用 GT 自适应智能来加以应对。他说，当人们最终能够依靠清晰的认知看到自己和周围的世界时，人们会发现一幅无法令人愉悦的图画。他指出，显然人并未成为人可能成为的样子，也未恰当地利用世界，这是准确无误的且带有毁灭性的细节。这一启示将促使我们奋起，去寻找一种生活方式和价值系统，使我们不再寄生于世界和万物之上。我们已经学习和发展出了许多价值观，确保自己获得了生理上的满足，使我们的生活方式得以延续，保证无论他人存活与否我们都能生存下来，保证未来会发生救赎，满足当下所需，并使我们能够得到他人的接纳和喜欢。而如今由于发生了一些事情，显著改变了人类的行为，突然之间人类可以自由地专注于自己和世界，也可以真切地看到自己和自己的处境。

如果将 20 世纪 70 年代所做的这个分析与当前的全球政治和情感现实进行比较，就不能不对格雷夫斯从他收集的所有数据中获得的非凡的生理—心理—社会见解留下深刻的印象。

结语

我们在前面已分析了丹麦和其他北欧国家如何发展成为现在的样子，并给出了一些可能与之相关的历史和文化原因，还讨论了以"绿色"元模因为重心的国家的一些文化特征，反思了其他人对丹麦的看法。现在我们来总结一下丹麦等北欧国家的当代情势。

丹麦等北欧国家准备好"飞跃"了吗

在过去的 200 到 250 年中，北欧国家经历了几次转型浪潮，在此期间，发明和发展了现有的政治制度和社会结构。第一波浪潮源自农业，随后的浪潮则基于工业、服务和信息技术。这是一条进化的道路，其特征是从贫穷到富裕，从相对封闭到开放，从国家层面到全球层面，从自由保守到更加进步的社会和思维模式。

第一个关键问题可能是：丹麦（和其他北欧国家）准备好"飞跃"了吗？它们是否具备必要的认知能力、政治视野和决心，以及精力和潜力来开始这场跃升？在某些方面它可与前面提到的四场民众运动的开端做对比。然而，以"黄色"思维为主的社会，需要有更高水平的跃升。有人还会问：这场跃升已经开始了吗？已经发生了吗？也许接下来在螺旋上发生的这场跃升运动不应被定义为一种过渡或转变，而应被视为一个完全不同的进程，最好将其描述为一种质变？毕竟，格雷夫斯（1974）曾谈到从"第一层级"意识到"第二层级"意识会有一个重大飞跃——质的飞跃，不是吗？此外，需要审视的另一个重要方面是现有的焦虑或恐惧的程度，或者是否不存在焦虑或恐惧，因为这是区分"绿色"元模因与"黄色"元模因思维模式的一个决定性因素。

质变（U. Beck，2016）意味着世界观的划时代变革，是国家世界观的重构，可视为成功现代化引发的连带效应（满足了"橙色"和"绿色"元模因的最典型特质，如高度富足、数字化或能够预知人类气候灾难）。制度化的国家观与世界观，即世界图景，已经在凋零,当今人类如何理解这个世界也变得不那么重要。在这里,凋零意味着两个方面:首先,世界图景失去了其确定性、可信性和主导地位;其次,没有谁能够避开全球性影响,这是因为全球性或世界性的现实不仅只是"在那里",而且构成了每个人生活的战略性现实。我们正在经历着世界上的各种争斗,其中包括激烈而残酷的冲突、血腥的军事征服、肮脏的战争、恐怖行动和反恐行动。

欢迎来了解这一系列生存状况,它要求"第二层级"意识和思维模式快速发展。

这个质变过程将会成为未来三到五年内即将开展的一项学术研究项目的主题,该研究项目旨在从"螺旋动力实践"的视角观察、登记、分析、记录和描述丹麦及其他北欧国家的认知能力和文化发展水平。我们将尝试"解码"人类本性"主密码"中潜藏的秘密。

丹麦与螺旋:为下一次纵向"跃升"做准备

基于丹麦和其他北欧国家在公众信任、幸福、人力资本、价值观、清廉度、妇女运动、同性恋、循环经济、绿色转型和经商便利度方面的所有数据和特质,再结合日益复杂的当代生存状况,可以预期丹麦(和其他北欧国家)会成为能够在许多不同的社会层面(如政治、经济、环境、社会、文化等)出现"第二层级"意识迹象的国家或地区。此外,许多熟悉螺旋动力理论的丹麦人普遍认为,丹麦在许多社会和文化维度上大部分甚至全部"绿色"元模因特质都已"累积到超量程度",因此,根据螺旋动力学理论,在具备认知能力的情况下，丹麦人应开始表现出"第二层级"自适应智能。

如果人们接受了这一假设，那么将丹麦视为未来的实验室是合乎逻辑的，因为人们渴望下一层级的意识出现，所以作为合理反应，他们将期望看到具体的社会实验和有关第七层密码的或大或小的迹象。前述电子书的作者们在书中也暗示期望这个情形发生。

不过有一点需要注意：我们无法保证只要丢掉那些不需要的东西，就一定会得到想要的东西。因此，重要的是提醒自己：希望从什么样变成什么样？

在发展、建立、促进和培育"第二层级"意识方面，丹麦能成为先行者和榜样吗？寻求人类本性主密码的螺旋动力实践已经开始了吗？只有时间能告诉我们答案。

第三部分

社会环境中的跃升

- 定义可持续发展的公司：从股东到利益相关者
- 跨越边界的螺旋动力·行动篇
- 多种工作场所中的组织参与：螺旋动力的国际应用

第 8 章 定义可持续发展的公司：从股东到利益相关者

> 我相信，任何企业的宗旨都会随着时间的推移而发生演变。这种企业宗旨的演变是相互依赖的利益相关者之间以及他们与业务本身动态交互的结果。随着时间的推移，客户、员工、投资者、供应商和社区都会对企业宗旨产生影响。
>
> ——约翰·麦基（John Mackey）
> 美国全食食品超市联合创始人兼联合首席执行官

企业元模因之争[1]

正如我们现在所知，企业已成为资本主义所有问题的象征。尤其是在 2008 年金融危机过后，贪婪、权力和政治影响力似乎已成为定义美国企业价值观的代名词。似乎所有大型企业都在帮助和鼓动人们将更多的金融资源转移到富人手中，并将工作机会从最需要工

---

[1] 本节内容源自笔者所著的《模因经济学：下一代经济体系》(*MEM Enomics: The Next-Generation Economic System*) 中的一章，该书于 2013 年由精选图书 (Select Books) 出版社出版。

作的工人阶级和中产阶级手中夺走。尽管普通美国民众继续忍受着自大萧条以来最严重的经济衰退之苦，但各企业仍在对外公布其创纪录的利润和创纪录的首席执行官薪酬。[1]这些差距使人们产生了极大的不满情绪，使"占领华尔街"运动以及全球各地数以百计的类似衍生运动日益激烈。有一个简单的认识一直存在，即百分之一的人口控制着美国近一半的财政资源。

企业对资源的操纵会致使"美国梦"变成一场噩梦吗？对多数人的繁荣的承诺已成为由少数人专享的领域。资本主义会在那些拥有无限权力却丧失了社会责任感和远大目标的企业中胡作非为吗？这种普遍存在的"唯金钱至上"的文化，是否已使企业高管、首席执行官和董事会成员陷入麻木的舒适区，以至于他们的同理心已不复存在了？

正如我们所看到的，美国的主流生存状况表明，我们正在痛苦地脱离"橙色"元模因重心，去寻求更高层级的意义了。我们还看到在知识经济的"绿色"元模因生存状况下诞生的企业如何做出了很好的调整，来帮助社会各个部门融入"绿色"—"黄色"价值系统。似乎知识经济在完善其分布式创新模式时，创新程度越高，传统"橙色"企业的保护性就越强。这样的做法在能源行业最为明显。欧洲各国和中国专注于提炼可再生能源的技术，而我们的煤炭、石油和天然气行业则专注于寻求有争议的新技术，力争延长这些不可

---

1 源自美国商务部经济分析局网站：http://www.bea.gov/newsreleases/ national/gdp/2011/gdp4q10_3rd.htm（2012年4月3日访问）。

再生化石燃料行业的寿命，从而限制消费者的选择。

最能引发众怒的似乎是能源行业等行业及在业内已演变构成自然垄断的企业。这些企业被授予了特权，且对州和联邦法律享有豁免权。多年来，这些公司的文化已经演变成注重加强与立法者的关系，以保持其在市场上的垄断地位，而不再注重拥抱技术创新方面的进步。在非垄断、纯粹由市场驱动的行业里，人们的座右铭是"不创新就会灭亡"；而在自然垄断行业，人们的座右铭似乎是"如果无法获得政治影响就会灭亡"。这似乎是一种常见的模式，它阻止传统的"橙色"行业在螺旋上跃升，从而使它们的做事方法在知识经济面前变得有害且日益陈旧，而知识经济却在以惊人的速度拥抱着创新。

既然大部分人都对这些企业实体所宣扬的价值观印象不佳，那么传统企业能否在这些生存状况的变化中生存下来？尽管施加政治影响似乎是能源、金融和医疗保健等行业或企业的标准操作程序，但并非所有传统的"橙色"企业都与那些构成自然垄断的公司一样，具有相同的模因概貌。许多企业，不论大小，都会在"橙色"价值观的经营下表现最佳，但如果它们在较低或较高的"第一层级"系统中运营，会对社会有害。只要是由健康的元模因引导着企业使命，并使企业在开放的系统中运转，企业很可能就会落入彰显其商业模式的自然设计方案中。以"黄色"系统价值观为基础的企业，方方面面都在寻求采用最专业、最精到的元模因，不论在员工、供应商、合作伙伴还是在独立承包商的选择上，都是如此，而这些人都是基于企业所服务的利益相关者的价值系统来完成工作的。

> 引发金融危机的完美元模因风暴是一个异常现象，它暴露了投机性和短期思维，试图将许多公司的自然功能与概念化财富的谬论重新结合起来。

当前的功能失调

追求生产性产出是资本主义的原动力，但是在此过程中，大企业放弃了将功能性利益作为首要目标，而将自己的目标与实现股东价值最大化的新目标结合起来。引发金融危机的完美元模因风暴是一个异常现象，它暴露了投机性和短期思维，试图将许多公司的自然功能与概念化财富的谬论重新结合起来。在这个"唯金钱至上"的时代，对长期投资研发的追求让位于市场营销策略，即以满足华尔街分析师的预期为主要目标，将同样的产品重新包装。产品创新让位于市场资本化。对工作的满意度让位于对薪酬的满意度。拥有技术和行业知识的首席执行官让位于那些拥有超凡魅力和金融知识的首席执行官，后者确切地知道资本市场需要什么，并据此来推高企业的股票价格。

随着价值观的不断调整，季度财务业绩成为企业目标的主要驱动力。股票期权和薪酬待遇吸引着精明的首席执行官从一家公司跳槽到另一家公司。创造性的会计方案，例如基于预测和其他一些金融创新方式预估出当前会计周期对应的未来收入，能够使企业的关注点从长期可持续的实践转向至关重要的季度财务业绩。在使股价如天文数字般暴涨并兑现了价值数百万美元的股票期权后，仅仅掌舵几年的首席执行官们开始退休。似乎在不到10年的时间里，美国人的聪明才智（一种开放系统中健康的"橙色"元模因的表达）就让位于一种不健康且有害的表达，使得人们只是战略性地追求金钱，而几乎不再追求其他东西。

如今，许多传统的持"橙色"经营理念的企业发现它们不得不让渡金融工程的短期价值，并重组它们的组织，以重新与它们的功能性目标相协调。金融危机发生近十年后，全球经济仍在经历着萎缩，所以必须遏制这个"唯金钱至上"时代的奢侈浪费行为。在这令人清醒的时期，许多老牌的"橙色"企业将经历一段漫长的调整期，以针对其自然功能做出重整。这是一个痛苦的系统性过程，需要我们付出时间和耐心，也需要我们对行为背后的元模因模式进行大量反思——这些行为促使企业领导层放弃长期利益，转而去实施不可持续的"快速致富"计划。

在美国经济中，有两个主要因素会必然地加速旧有"橙色"行为的功能性调整过程。其中一个因素是愤怒的美国选民，他们反对任何额外的纳税人救助，并且对华尔街几乎没有信心，这将迫使资不抵债的实体破产，并导致随后的资产清算。另一个令人乐观的因素是，我们有望将文化提升到人类文化兴起的阶梯上，知识经济具有创新性特质，它不断创造新技术，使旧有的"橙色"行为不再合乎时宜。

功能性第七层首席执行官

知识经济不仅给企业经营方式带来了创造性的破坏，还迫使社会重新思考资本主义模式下商业领导力的本质。在研究企业的历史及其预期功能时,人们很快认识到,企业作为公共利益投资工具的角色并不一定总能服务于其预期目的。在法律、社会和管理结构层面上对企业的批判可以追溯到数百年前的英国东印度公司(the British East India Company)。这家公司成为受批判的历史性案例,人们批判它的剥削和资源操纵行为,也批判它使巨额财富掌握在商人阶级手中。

资本主义之父亚当·斯密(Adam Smith)在《国富论》(*The Wealth of Nations*, 1776)中警示,当获取资本所需的实际生产过程从所有者手中转移到管理层手中时,管理层必然会开始忽视所有者的利益,造成公司内部的功能紊乱。托马斯·爱迪生(Thomas Edison)会如何看待今天通用电气(General Electric)的运作方式?如果当前的生存状况影响着他的才能,他会赞成通用电气向非科学和非制造领域,如金融业和保险业,进行多元化发展,还是会提倡这家企业在其主要技能领域的功能性追求?

所有权的演变

自从亚当·斯密(1776)建立道德哲学的乌托邦以来,企业管理已发展成为一门科学,反映了更高水平的复杂性以及各种流派,这些流派纷纷在探讨究竟是什么人或什么事物体现着企业最有价值的资产。他们讨论最为激烈的是对于"所有权"一词的定义,以及企业底线和企业业务模型的长期可持续性所具有的意义。通过研究元模因经济(^{V}MEM Enomic)循环的历史,人们可以看到,当生存状况受第三层的"红色"系统控制时,所有权意味着所有者的完全控制。这就是"镀金时代"(Gilded Age),即强盗大亨的时代,发生在大萧条时期金融体系由于自身价值观的毒性而崩溃之前。在此期间,特定企业的所有者完全控制着劳动力和资本的使用方式。工人只是被视为不具占有感或无法获得所有权的生产单位。

富兰克林·德兰诺·罗斯福(Frankin Delano Roosevelt,FDR)的新政政策和爱国元模因的价值观试图重新定义所有权,通过引入一系列劳动保护法,并将管理和劳动共同置于爱国主义的母板上,试图赢得战争并建立今天的中产阶级。在这个时代,工会的突出地位重新定义了管理科学史上人们所知的"占有心理学"——不一定是实际占有财产和股票,而是由获得薪酬和工作条件的谈判权来获得心理上的所有权。随着这个元模因经济周期在其价值观的重压下结束,在后工业时代早期,所有权再次被重新定义。

杰出的技术阶层和白领阶层开创了一个同时在心理和事实上占有企业所有权的新时代。员工股票期权、401(k)计划[1]和固定收益计

---

[1] 在美国,401(k)计划针对的是《国内税收法规》第401(k)小节中定义的具有税收优惠的固定供款的退休金账户。根据该计划,退休储蓄的供款由雇主提供(有时为按比例匹配),从员工的税前工资中扣除(因此,纳税延迟到退休后提款时,或适用法律允许的其他情况),最高税前供款为每年1.8万美元(截至2017年)。

划成为吸引和留住企业人才的首选方法。以经济报酬的形式分配所有权,成为"唯金钱至上"时代的标志。随着这种元模因扩展到系统水平,所有权与财务收益的联系越来越密切,而与企业生产的产品和服务的功能一致性的联系越来越少。随着 2008 年金融创新模式进入衰退阶段,知识经济的价值开始得到充分体现。突然之间,那些为传播信息时代的价值观奠定了基础的工程师,因做了自己最擅长的事而获得了经济上的回报。

随着这种功能性领导力持续涌现,知识经济持续将计算机存储的知识内容分化成新的有见地的商业模式,反映出不断发展进化的文化的全部需求,将继续彻底改变人们看待所有权的天然视角。这是一种自我更新和可持续化商业模式的所有权类型的整合。管理科学时代即将到来,对生理、心理和功能性所有权的整合成为推进新型高效执行方式的催化剂,推动全球经济向"黄色"的系统性和功能性价值观转变。

这就是自然设计[1],它首先试图通过使用价值系统这个棱镜去穿透最深的认知层次,来确认生存状况中的需求,以便了解利益相关者的动机,并将他们置于同一个母板上,共同为实现新的最高目标服务,即通过可持续的实践行为来提供全球领导力。这种功能性领导力模式是第七层企业的核心,它的持续出现有可能使企业领导层从单纯追求利润转向看重分散式的"创始人—首席执行官"的行为准则。这自然会激励每个利益相关者,使他们在追求新的可持续性

---

1 本书第 4 章介绍了自然设计原理。

最高目标的过程中能够给予自己一种完整的所有权感。

如果企业继续受到创始人天赋的引领，它们会如何以不同方式存在？考虑这个问题是徒劳无功的。一方面，许多成熟的公司，即便由富有远见的创始人掌舵，也都在经历挣扎后销声匿迹了，它们成为许多领导力案例研究的主题，消逝在历史中。另一方面，其他许多公司则取得了令人瞩目的成功，并在这个过程中从根本上改变了企业领导力。

从螺旋动力的视角来看，一个显而易见的问题是，像苹果（Apple）、星巴克（Starbucks）和全食食品超市这样的企业是否受第七层的"黄色"远见卓识者所引导，在第五层的"橙色"系统价值主导的市场中，把企业运作当成是在第七层自然生态系统中进行的？下面从螺旋动力的视角对这三家公司做简要分析。

星巴克

2005年至2008年，星巴克处于时任首席执行官吉姆·唐纳德（Jim Donald）的领导下，而他并非星巴克的创始人。考察这个阶段星巴克的价值系统为我们提供了一个很好的案例，说明了最鲜明的第五层"橙色"思维模式在追求更高回报的过程中能够变得更加精简化。在那几年，星巴克开始了最大规模的扩张，其"橙色"模因最为鲜明，目标是提高效率和削减成本，这本应令华尔街满意。可是恰恰相反，该策略削弱了星巴克作为一家咖啡馆的吸引力，数百家门店因表现不佳而不得不关门歇业。据新闻报道，作为董事长，舒尔茨（Schulz）为公司暂时的价值观错位承担了全部责任，并重新出任首席执行官，同时也恢复了公司原有的核心价值观（2007）。案例中的价值观错位指的是领导者优先考虑了第五层系统的目标，却未能考虑造就星巴克独特体验的内涵价值。

在2010年7月艾迪（Adi）发表于《哈佛商业评论》(*Harvard Business Review*) 上的一篇采访稿中，舒尔茨暗示是价值观的重整使他的公司走上了开放的"黄色"功能性道路（2010）。艾迪（2010）说明了星巴克领导层如何在整个公司层面站出来，向18万名员工承认领导层策略上的失败。而后，舒尔茨认为公司迎来了转折时刻：当时他带领1万名门店经理前往卡特里娜飓风过境后的新奥尔良参加人格与价值观训练营，在那里，他们花了5.4万小时以上的时间提供志愿者服务，还投资了100多万美元用于修复这座满目疮痍的城市。"如果没有新奥尔良，我们就不会扭转局面。坦率地讲，事实上确实如此，而且这也事关领导力……我们对员工进行了再投资，对创新进行了再投资，也对公司的价值观进行了再投资。"（Adi, 2010）自从舒尔茨重新担任首席执行官以来，星巴克的经营模式比以往任何时候都更符合"黄色"可持续发展的做法。

在星巴克对其价值观的重整和深化价值观的承诺方面，值得注意的是，客户和股东们都很推崇这个新定位。在舒尔茨重新担任首席执行官后的短短的4年时间里，公司的股价上涨了5倍，这使那些相信星巴克会信守创始人原则承诺的清醒投资者获得了丰厚的回报。通过使星巴克成为支持所有利益相关者、为他们提供环境庇护的开放系统，舒尔茨提高了利益相关者们的意识水平，使他们全都更为富有并参与到全球可持续发展的实践中，将人文、经济利益和全球大环境关联在一起。这个案例描述了当首席执行官是企业创始人时他们的行为方式。而如果一位首席执行官不是企业创始人，未必会将自己的工作视为终身为之奋斗的目标，这时他们是否也会表现出相同的行为方式，我们不得而知。

苹果

其他许多既是企业创始人又是首席执行官的人，他们表现出的领导才能不一定是人们通过随便观察就能预测或轻易理解的。已故的史蒂夫·乔布斯（Steve Jobs）为我们提供了一个极具远见的领导力典范，超越了最成功的非创始人首席执行官的"橙色"模因。拉辛斯基（Lashinsky，2009）在《财富》（*Fortune*）杂志上将他称为"过往十年内的最佳首席执行官"，因为他彻底地改变了4个行业——音乐、电影、移动电话以及他最初开创的计算机行业，且获利丰厚。自2009年以来，苹果公司在改变数字出版和平板电脑方面发挥了重要作用。在乔布斯的案例中，进行功能性调整是为了使他创造出来的每件产品都既美观又易用；而苹果公司内部以及众多合作伙伴和供应商所持的其他所有价值观都必须与他的这个愿景保持一致。

经过多年的反复试验，包括早期从他创立的公司出走，乔布斯的长远眼光变得更加精到，苹果公司的设计工艺也得到了打磨。结果使这家公司从个人电脑制造商彻底转型为世界创新领导者，并在此过程中深刻地改变了其他几个行业。这个案例中，苹果公司由于遵循创始人愿景而获得的经济回报甚至比星巴克更引人注目，这一点从每次发布新产品后苹果专营店门口排起的长队和苹果股价的飙升都能看出来。股票市值的暴涨也使苹果成为世界上最具价值的公司之一。

要想了解企业创始人兼首席执行官的愿景，以及与非创始人身份的首席执行官相比他们所具有的不同功能性定位，就需要开始理解"黄色"系统性思维在组织中的运作方式。不同的行业在功能上有很大差异，但是，使其成为第七层价值观方法的原因在于内驱力，是它推动苹果公司超越了华尔街和期望短期结果的投资界在"橙色"生存状况的主导下施加的人为限制和压力。俄亥俄州立大学（Ohio State University）的鲁迪格·法伦布拉赫（Rüdiger Fahlenbrach）在2007年进行的一项研究断定，由创始人兼任首席执行官的企业与非创始人担任首席执行官的企业相比，在投资行为和股市表现方面存在系统性的差异。研究还发现，由于这些由创始人兼任的首席执行官将公司视为自己的人生成就，因此他们既有内在动力也有长远的方法，会鼓励自己追求股东价值最大化的最佳战略，而不是专注于短期行为。他们对风险也持有特有的态度，其合并和收购活动也更具针对性。

在"唯金钱至上"的时代，这是一种被抛弃的功能性行为准则，因为在当时，并购主要是基于财务原因，而不是通过功能上的调整对公司进行整合协同，使它们具有互补性技能、共同的价值观和共同的目标。法伦布拉赫（2007）还发现，这些首席执行官从一开始就在塑造他们的组织，因此，管理特征上的差异对企业行为和绩效的影响尤其强烈。研究结果表明，无论在哪个行业，与那些由非创始人任首席执行官执掌运营的企业相比，由创始人担任首席执行官的企业回报率一直更高。健康的"橙色"行为是与长期的企业功能保持一致的，其标志之一是对研发和未来生产能力的投资。法伦布拉赫（2007）的研究证实，由创始人兼任首席执行官的企业与由非创始人任首席执行官的企业相比，研发支出可高出22%，资本支出可高出38%。这一行为理念与最近的首席执行官行为趋势相背离，而后者在行为上似乎更关注即时流动性和每日股价波动，而不去关注投资于员工和创新产品的长期战略规划。

在为企业领导者设计"黄色"功能时，我们可以探寻到丰富的信息来了解这些成功的企业创始人兼首席执行官的个性准则，并探索他们为实现那些影响他们长期决策的价值观而采取的不同方法。众所周知，创始人兼首席执行官的行事风格往往古怪而另类，这更能吸引人们去了解这个以第五层"橙色"系统的精简化价值观为中心的世界。许多人可能会争辩说，所谓的可持续性行为只不过是"橙色"系统的健康表现，目的是确保长期盈利。对于"黄色"（一个对其他所有价值系统的功能流程都感兴趣的价值系统）而言，健康的"橙色"是设计方案中的一部分。这些做法能否被其他系统接受并不重要，而一旦一家企业使长期可持续性成为导向力，它自然就会设法使自己的行事方式长期保持在"黄色"功能轨道上。

螺旋动力学理论将第七层首席执行官描述为功能主义者，他们相信长期主义而不盲从于自己的生活经验，并从该角度建立他们的核心激励和评估系统，从而相对不受外部压力或判断的影响（Beck and Cowan, 1996）。第五层系统的领导者往往没有看到，企业在地球上的可持续性发展与我们在这个资源有限的星球上维持子孙后代生生不息的能力直接相关，同时这两者之间又有着非常错综复杂的联系。贝克经常将第七层领导者描述为拥有环境权威的人，他们既可以表现得温和也可以表现得无情；基于情势需要，他们既可以循规蹈矩也可以打破常规，而且他们会用自然、简单、讲道德、有意义的东西替换掉任何人为制造出来的东西。

谷歌

像谷歌这样处于创新前沿的公司，让我们得以一窥当知识经济发展成熟，达到第七层系统那种全面而有意义的表现形态时，企业功能的未来可能会是什么样子。这家公司不仅在自己的行业引领着持续不断的创新,还秉承使自己获得成功的价值观来资助有创新精神的初创企业,而这些企业会有潜力淘汰掉封闭的"橙色"系统中的许多行业。巴特尔(Battelle)指出,谷歌的诞生源于其联合创始人拉里·佩奇(Larry Page)在其博士学位论文中提出的创新构想,他想对万维网(World Wide Web)的底层数学特征进行量化(2005)。谷歌的联合创始人佩奇和谢尔盖·布林(Sergey Brin)做了业界许多人所称的互联网逆向工程,从而使知识经济走上了功能性"第二层级"实践的正确轨道。在公司成立后的短短几年内,算法隐含在诸如网页排名(PageRank)和关键字广告(AdWords)这种复杂难懂的创新背后,开始悄然改变广告行业。

谷歌经济学(Googlenomics)是作家史蒂芬·列维(Steven Levy,2009)在其著作《走进谷歌:谷歌如何思考、工作以及改变我们的生活》(*In the Plex: How Google Thinks, Works and Shapes Our Lives*)中创造出来的一个词,它正在成为一种模式,在整个在线广告界掀起颠覆性创新的浪潮。谷歌的商业模式已成为麦迪逊大道(Madison Avenue)高管们的一大担忧,用不了多久,类似的模式就会迫使传统"橙色"企业的董事会重新审视业务开展的基础。列维(2009)这样总结谷歌商业模式的颠覆性悖论:"还有什么会比资本主义企业提供最好的服务,不为支持它的广告设定价格,却又因客户的广告未符合其复杂公式而将其拒之门外的行为更令人困惑呢?"

那么,在谷歌成功的软件开发、管理和业务模型中,哪些方面可以表明其第七层系统的智能？凯文·凯尔斯（2013）在与笔者的对话中说："谷歌做到了以往其他搜索引擎无法做到的事情。它将万维网的自我量化进行了众包化。本质上，它向每个实体都提出一个简单的问题：'嘿，你是谁？'而答案是：'你是什么样的人，建立在所有其他实体所公认的你的强项基础上。'"

凯尔斯（2013）认为，谷歌的文化、执行方式和管理风格可以证明第七层"黄色"系统的方方面面。据他介绍，谷歌创新平台的管理风格，采用了"蓝色""橙色"和"绿色"三个阶段的最佳实践方法。正是由于将不同管理价值系统的最佳实践方法交织在一起，谷歌经济模式才取得了成功：在巧妙处理这些稳定而有时又会自相矛盾、不断变化的"蓝色"（会计、工程和设计规则、保密协议、管理层次）、"橙色"（营销、创意化的个性冲动、项目管理、战略决策）和"绿色"（尊重言论自由，并尊重设计师、工程师、管理人员和创新冲动的需求）时，它表现的都是"黄色"系统的思维迹象。"第二层级"自然设计的精髓体现在谷歌受互联网推动时所展示的大规模边际优势上，可以同时管理"蓝色""橙色"和"绿色"三个价值系统，并经由功能性流程朝着最高目标迈进。

谷歌的工作场所是被凯尔斯称为创新渠道的一个快速通道，在这里，无数的创意都有机会在压力较小的氛围中相互竞争、自我迭代，有时甚至也会被其他渐进式的创新成果击败。这是一种激进方式的研发，充满了丰富的创新思想。它们先在谷歌内部市场以低调的方式相互竞争，以便发展到下一个阶段，即"公开发布 beta 测试版"。[1]在开发阶段的早期通过发布产品并重复这个过程，谷歌利用"人群"公测获得反馈并解决特定产品中的漏洞。在知识经济领域，这就等同于工业时代的新产品开发过程。"蓝色"和"橙色"支持结构在传统流程中不可或缺，它们大部分是通过软件支持的团队流程来实现的，从而释放了人类创造力，使之走向创新。通过承认和鼓励这种渠道并优化其软件支持的实现方式，谷歌就像是一个由强大的服务器、程序员、工程师和设计师组成的工厂，在这里，人们几乎不用花费成本，就能不断对任意产品进行试验，并根据需要调整虚拟生产流程。

不仅谷歌的"橙色"在研发方面优于传统的"橙色"，而且作为知识经济企业，谷歌的"绿色"价值观也比以往的任何表达形式都更为有力。谷歌校园复制了大学校园的绿色生存状况，使工作环境成为一个非常有利于学习、创造和分享新想法的场所。通过了解工程师和设计师的大脑运作模式，谷歌的管理层能够创造出一个卓越的工作环境。这样自然而然地发展形成了具有相似兴趣、动机和互补才能的小团队，小团队成员们一起从事某些项目或参与项目的某些部分，直至将它成功完成。

这自然反映着一种管理哲学，这种管理哲学认为应允许工程师和设计师在一周的工作中有一天可以做自己想做的任何项目。这种

---

[1] beta测试版通常用于向组织内部和潜在客户进行演示和预览。一些开发人员将这个阶段称为预览、预览发布、原型、工艺预览、技术预览或早期访问。某些软件处于永久beta测试版状态，不断将新的特性和功能添加到软件中，而未建立确定的"最终"版本。

管理方法是在协同工作环境中自然产生的结果。它成为激发创造力的催化剂,不断为新的知识经济模式的发展提供支持。也正是这种管理方法,将知识经济从早期的"橙—绿色"价值观表达转变为更具弹性的模式,因为在"橙—绿色"价值观影响下偶尔会产生创新,但当更好的创新出现,公司又会消失不见。

根据凯尔斯(2013)的说法,谷歌通过在其收购模式中添加一种自然而系统的方法,使所有利益相关者都成为长期赢家,从而将"橙色"模式推向了下一阶段。在某种程度上,这是退回到了健康的"橙色"做法,促进了企业所在特定产业的互补性收购,以增加市场份额。然而,当被收购方主要为初创公司时,人们就会像谷歌当时那样,将关注的焦点从直接的市场份额转移到生产产品的长期能力上。

构成谷歌运营智库的文化为这些独立发展的初创企业提供了它们自己无法再建的工作环境。人才、知识、关系、经验和独特的管理结构组成的智库对这些初创企业非常具有吸引力,它们自然希望融入这个不断发展壮大的系统。谷歌通过采取自然的后续步骤来保持竞争优势,为所有利益相关者创造价值。这种商业收购模式纯粹是功能性的,因为它将最聪明的工程师和设计师的才华与经过验证的商业模式相结合,同时不断挑战他们的创造力和专有技能。与以往的"橙色"模型不同,当并购的主要目的是增加股东的短期价值时,这就是一种功能上的长期可持续模型,通过扩大智库的规模来增加利益相关者的价值。这也是一种催化剂,将知识经济的工作场所和人才货币化永久转变为一个开放系统。只有时间才能证明这种模式能否被复制或替代，这也要靠那些能够在资本主义文化中更好地优化天才阶层才华的智者才可以做到。

那么，在谷歌这样的工作场所中，"第二层级"价值观会如何在系统层面上影响文化？互联网的用户不断向谷歌报告他们的身份，这代表着一种应用最广泛的生存状况模型，它可向搜索引擎提供自己的信息，并且以最有效的方式进行传递，而搜索结果也不会被人为输入所操纵。在设计搜索引擎时，谷歌认为，网页的好坏最好是由人来判断，而不是由随机点击的次数决定。在提出"你是谁"这样的问题时，他们清楚地了解应当如何提问，而且同样重要的是，他们也知道应如何接收答案。在搜索时，他们会将更多的权重放在链接到特定网页的其他网站的数量上，而不是基于主观地链接到特定网页而随机获得的点击量。

换言之，如果我想知道你是谁，我会问你，同时也会问那些能够完全客观看待你的人。然后，在生成答案时，我会更加看重别人的客观反馈。这就好比在招聘时，雇主是相信应聘者自己所述的有关他们工作经历的信息，还是实际去验证应聘者的工作经历之间的区别。招聘结果的可信性，不仅与应聘者告诉雇主的信息有关，更是与公共领域的公正透明程度直接相关，这使得决策过程更加科学和客观，不带偏见地、完全透明地、准确地反映整体的生存状况，并为系统决策者提供尽可能最完备的数据。

为了进一步明确这一点，作为"第二层级"的功能性概念，还有一个区别是我在贝克的演讲中经常听他提到的。当与全球变革实施者们谈到要给世界带来真正的变革时,贝克重申了甘地的名言,并详细阐述了甘地的宣言:"要想在世界上看到改变,就先从自己做起(be the change you want to see in the world)。"他又问道:"那如果这不是世界所需要的改变呢?"然后,他用简单实用的"第二层级""黄色"措辞将这句话重新做了表述:"做世界所需要的改变。"

自首次公开募股(Initial Public Offering,IPO)以来,谷歌的股价上涨了900%以上,追随它的不仅有投资者,还有那些相信谷歌未来的利益相关者;而脸书(Facebook)的股价自2012年5月首次公开募股以来已经下跌了45%以上,令许多投资者大失所望(Kopp,2012)。如果我们看看这两种模式下的财富分配就会发现,在谷歌的首次公开募股中,股票投资者只是象征性地将初始费用支付给投资银行家,就变成了百万富翁和亿万富翁。另外,脸书的首次公开募股估值过高,从投资者的口袋里拿走了数千万美元,而投资银行家仍赚取了经纪费,且仍按高估值的初始发行股票价格的一定比例收取。

谷歌正在用它所触及的一切来制造颠覆性的东西,其旗下的风险投资部门谷歌风投(Google Ventures)在重新定义许多根深蒂固的老旧"橙色"产业方面有着巨大潜力,这些产业在本章的前面部分已经讨论过。谷歌的风险投资部门代表着风险资本向"第二层级"资本市场发展的早期阶段。在这种模式启动之前,如果创业者想为业务扩展筹集资金,则根据业务性质,一般有两个去处。如果这家企业的业务涉及计算机存储的知识内容，那么硅谷就是一个去处。如果涉及的是其他方面的业务，华尔街和私募股权融资就是另一个去处。似乎这两个领域的世界相去千里。后者代表传统的"橙色"业务扩展方式，而前者则代表着知识经济，它以光速运转，并由天才阶层的财富和专有技能驱动。

通过其风险投资部门，谷歌将其独特的商业模式（大学与企业相结合）扩展到了每一个相信颠覆性是谷歌使命核心的创业者身上。在访问谷歌风投（2012）的首页时，访客会首先看到这样一句话："这是完全与众不同的风险投资基金，它每年向创业者们投资1亿美元，同时乐观地相信没有做不成的事。"设计技能与人员配置和营销知识，已成为谷歌未来商业模式的一部分，使谷歌具有极强的韧性。这种对风险投资进行全面整合的方法促成了一百多家公司的创立和扩张，这些公司跟谷歌很像，它们在能源、生命科学、移动应用和游戏等行业处于创新的前沿。

全食食品超市

如今，第七层企业似乎可分为两种不同的类型，即数字型和非数字型。与诞生于知识经济"绿色"生存状况中的少数企业不同，全食食品超市的成功证明了第七层系统的功能性价值是如何使一种商业模式在以老旧的"橙色"行为为主的行业中蓬勃发展起来的。

这个行业短期内不会被数字化也不会被淘汰。因此，它认为几乎没必要为了竞争而改变其管理实践。知识经济的颠覆性本质迫使嵌入式行业对自己重新进行定义以求生存，而全食食品超市却为其他行业设置了新的实践标准。全食食品超市的发展代表了一个与现代人类一样古老的行业的有意识发展。这家企业代表着一种行为准则，它反映了在未来，"第二层级"价值观将主导经济格局。在知识经济时代，工作场所的模式要求员工高度精通技术技能，且在数学和工程学方面也达到高级水准；而全食食品超市的模式则不同，它吸引了分布最为广泛的群体网络，将认同其核心价值观或愿意接受其价值观的所有人都囊括了进来——从当地种植者、生产者、供应商、顾客和员工，一直到股东。这种分布式模式比迄今为止出现的其他任何"黄色"模式都更能满足当地生存状况的需求。

全食食品超市的管理风格使它可以在必要情况下将组织结构图颠倒过来使用。它采用了传统的"蓝—橙色"杂货商的最佳做法，将其与当地农民合作社的"绿色"价值观相结合，并为它们注入了一系列原则，这些原则重新定义了繁荣的未来，也更大限度地重新定义了资本主义本身的优点。它的管理结构与行业内其他企业不同，因为它相信彻底的权力下放，由小型团队负责大多数关键的运营决策。从表面看，就像是基于一个个对等团队的"绿色"模式，从一线招聘一直贯穿到全国总部，而在各个级别的每个运营单元中，这个模式都表现得特别出色。

以分派新员工到某个团队工作四周为例。在试用期结束后，团队成员将投票决定新员工的去留，而新员工必须获得三分之二以上的多数票通过才能留下来正式工作。这种做法不仅在杂货行业很罕见，在最先进的"橙色"管理实践中也很罕见。纵观这种"绿色"招聘流程，小型团队已成为一个关键模式，代表了分布式创新，这正是全食食品超市成功的核心。一旦负责每个商店采购流程的团队有了主人翁意识和创意自由，团队便会成为分布式"黄色"系统的代表，能最准确地反映当地顾客的需求。举例来说，同是在考虑要选择将哪些商品摆放在货架上，对传统杂货商而言，团队会在企业内部的某个层级做出商品选择的决策，很少或根本不会让一线员工参与；而在全食食品超市，选哪些商品是由团队成员自行决定的，因为他们与当地顾客保持着联系，最了解什么能吸引顾客，决定进货决策时只需要与当地商店经理协商。

商店和区域经理通过自主权和管理结构的自然结合获得权力。全食食品超市在美国分出了十几个与众不同的分散管理区域，在满足地区品味独特性的愿望下，平衡了"蓝色"责任感和"橙色"效能。宝姆加尔坦（Paumgarten）曾提到，有些地区性的奇异现象很有意思：加利福尼亚的威尼斯有一个康普茶吧；缅因州的波特兰市有唯一一家有活龙虾的商店；在达拉斯，团队成员帮您购物时您可以选择"全食食品超市水疗"（Paumgarten，2010）。如果杂货商店的任务是提供非凡的客户体验，那么满足这些需求的最好方式难道不是让员工直接与做决策的顾客们接触，以满足当地顾客独特的购物需求，并让区域供应商和本地供应商也联合起来一起满足这些需求，满足那些欲望吗？一旦这些当地种植者认同全食食品超市这种在生产过程中使用天然和有机方法的价值观，他们便会成为全食食品超市成千上万个供应商中的一部分并持续与全食食品超市保持合作。这些供应商组成了独特而多样化的网络，定义了全食食品超市经营哲学的系统性功能中的一个重要方面。

仅在工作场所使用"绿色"价值观并不能成为一种商业模式，可是当"绿色"价值观被赋予了主人翁意识和恪守底线的责任感后，它们便成为进阶至"第二层级"价值观的跳板。全食食品超市成功的团队模式也并不是无须承担责任。尽管店内团队在人员配备、定价和产品选择方面拥有很大的自由裁量权，但他们也要为各自部门的盈利能力负责。公司根据每月的盈利目标对团队进行评估，他们的绩效表现在整个公司内都是公开可见的。据哈梅尔（Hamel）说，当他们实现既定目标后，团队成员就会在次月工资中获得奖金奖励（Hamel，2007）。这种模式将健康强劲的"绿色"形态与"蓝—橙色"模因结合在一个充满活力的团队中，团队成员有决策权，并有能力与系统中数百个对等团队进行竞争，而该系统的最高目标是提供卓越的客户体验。

在许多管理实践中领导者们都主张将客户和员工的幸福放在首位。然而，很少有企业会付出额外的努力，赋予一线员工关键决策权来强化这一主张，使其成为管理模式中的功能性部分。这一过程反过来在选择与哪些种植者、生产者和供应商合作方面起着至关重要的作用，从而反映了当地社区的价值观。全食食品超市的管理风格一旦与"橙色"效能模因、"蓝色"责任感和盈利需求相结合，便会转变为一个永久开放的系统，在功能上分散管理且最能满足利益相关者的需求。

全食食品超市的很多价值观都反映了其联合创始人兼现任联合首席执行官约翰·麦基（John Mackey）的经营哲学。在麦基身上，整合了决定创始人兼首席执行官的品格行为准则的全部三种所有制形式。在2010年接受《纽约客》（The New Yorker）杂志采访时，他表示将企业视为自己的孩子，将自己视为5.4万名员工的父亲，从而建立起了所有权的拥有感。企业和员工的福祉与麦基自己的人生使命密不可分。他认为企业可以同时追求利润和更高的目标。他所称的全食食品超市的"核心价值观"旨在公平对待所有利益相关者，他开始通过这种价值观来定义使利润和更高目标共存的方法。在一篇长达16页、名为《自觉资本主义：为商业创造新范式》（Conscious Capitalism: Creating a New Paradigm for Business）的宣言中，麦基定义了资本主义的新境界，在这里，商业意识取得了巨大的飞跃，超越了当前价值观的界限。

麦基对大多数有兴趣关注生活延续性的"第二层级"领导者进行了观察，据此他确定了更大的利益相关者群组，据称，这些利益相关者彻底地相互依存且有助于使资本主义跃升至"第二层级"的表达阶段。第一个群组由四个利益相关者群体组成，即顾客、员工、投资者和供应商群体。现在，大多数声誉良好的"橙色"企业都将这四个群体囊括在内，作为界定其企业社会责任的范围的一个方面。

其他三个利益相关者构成了第二个群组,它们分别是人、食物系统和地球(Mackey,2012)。在谈到强化这些利益相关者之间的相互依存关系时,麦基引入了一种革命性的发展模式,它不仅具有深远的文化意义,同时还试图驯服这两个相互对抗了50年的价值系统野兽。

说服美国企业对不会直接影响自己产品的事情负责,让它接受这个非常简单的前提,不论在过去还是在现在都是一项艰巨的任务。在当今的企业现实中,这是两个独立的利益相关者群组,在上市公司的使命声明中它们并不共存。第一个群组定义了"橙色"价值系统,第二个群组定义了"绿色"价值系统。批评人士认为第一个群组使地球资源不堪重负,而事实证明第二个群组也无法阻止人们攫取地球资源。顾客一直是第一个群组中最重要的利益相关者,群组中的其他方相对次要,但也有必要关注。第二个群组的利益相关者提醒我们想到约翰·列侬(John Lennon)的歌曲《想象》(Imagine)。那里面提到一个令人心生向往的伟大的乌托邦式目标,但无论以往还是现在,它都不是企业社会责任的重要组成部分。第二个群组的利益相关者认为第一个群组在加重地球的健康负担,而第一个群组则拒不承认其责任中包含了这些非盈利努力的前提。使这两种实际存在的价值系统达成共识是当今有意识的商业发展面临的最大困难。

"绿色"价值观认为自己就是人类可以达到的最高意识水平。它拒绝低价值追求利润并看不起企业所代表的一切。出于不健康的

"绿色"表达，全食食品超市和麦基为健康地球寻求解决方案的做法遭到了排斥，因为"绿色"价值观本身就强烈反对"橙色"价值观。由于"绿色"没有系统地看待事物的视角，因此它将全食食品超市希望营利的愿望视为企业贪婪的另一种表现。对于"橙色"价值系统而言，全食食品超市的核心价值也好，两个利益相关者群组的融合也好，一直都是无法解释的悖论。

尽管这两种相互冲突的价值系统一直是阻止资本主义崛起的斗争的核心，但麦基关于系统繁荣的观点或许能为企业如何进入"第二层级"提供答案。麦基（2012）的自觉资本主义所做的就是创建一个平台，将数十年来一直在对抗的两个系统插入同一个母板，同时促进"绿色"和"橙色"价值观健康发展，追求"第一层级"企业的非典型新底线，涉及人、激情、目标、利润和地球。在将资本主义的目标从追求自身利益重新聚焦到追求公共利益时，麦基的模式开始向"第二层级"意识转变。通过将业务范围扩大到可以涵盖人、食物系统和地球三方面的健康福祉，并拥有了一个恰当且行之有效的系统来应对这些挑战，麦基的自觉资本主义为商业世界制定了新的路线图。

这一最高目标是麦基经营哲学的核心，他的哲学挑战了当前管理实践的智慧。这种以商业为核心的相互依存的模式已转变成为追求公共利益方面必不可少的组成部分。它还将这一理念从灵感转变为一种以可持续性和增长为导向的商业模式。正如麦基（2012）本人所阐述的那样，在这种情况下，核心价值观是在客户的幸福感与团队成员、股东、供应商、社区和环境中的幸福感（财务和其他方面）之间保持平衡的措施。相互依存被认为是一种最高价值，在以公共利益为背景来看待增长的高度分散的模型中，这一事实得到了实践的证明，也使全食食品超市成为第七层系统中分布式繁荣的领先模型。

虽然个人财富的积累仍然是"第一层级"资本主义的核心，但自觉资本主义却将公共利益作为其主要受益者。麦基（2012）举例说明了这个问题。任何一家企业，市值达到全食食品超市这样的规模，其创始人和首席执行官都有望获得数十亿美元的身家，并获得每年数百万美元的薪酬待遇。但对约翰·麦基来说却不是这样。根据该公司的最新财务信息，他持有的股票不足总股本的1%，年薪仅为1美元。[1] 薪酬专家和管理专家绞尽脑汁试图解释全食食品超市薪酬理念中的这些事实以及其他随机的属性，而麦基和他的董事会却在持续不断地改善这个"橙色"格局的关键领域。高管薪酬的上限是全体员工平均薪酬的19倍，但事实并非如此。根据麦基引用的2005年的一项研究，他的公司将93%的股票期权提供给了非执行员工，这是前所未有的，而在美国其他所有上市公司，出让给员工的股票期权平均仅为25%。[2] 全食食品超市的所有团队成员都知道每个人的收入是多少。表面上看，这像是一种平等主义的"绿色"价值

---

[1] 信息来源：http://www.reuters.com/finance/stocks/overview?symbol=WFM.O（2012年10月12日访问）。

[2] 信息来源：http://www.wholefoodsmarket.com/blog/john-mackeys-blog/cious-capitalism-creatingnew-paradigm-for%C2%A0business（2017年8月16日访问）。

观,但麦基认为,它减少了怨恨,并为工作环境中的健康竞争和进步奠定了基础。团队成员是实现相互依存的模型网络的关键人物,因此他们享有极大的灵活性,可以选择许多其他利益——使之成为具有高度适应性、自组织性的模型,在功能上属于"第二层级"。

自从麦基在2006年首次阐明自觉资本主义核心价值观以来,它已成为一座灯塔,吸引了一批新型商业领袖。如今的自觉资本主义股份有限公司(Conscious Capitalism, Inc.)是一个非营利组织,其主要目标是促进觉知观念与资本主义融合。从西南航空(Southwest Airlines)到诺德斯特龙(Nordstrom),一些最成功的公司的高管都相信它所具有的种种优点,因为它们与地球上的生命网络连接在一起。为了在基层发扬这些优点,我们创建了自觉资本主义研究所(Conscious Capitalism Institute)。正是这种系统性的变革方法将影响生存状况,使人们以不同的方式思考和做事,并将决定资本主义理想的成败。

未来企业

那么,"第二层级"的企业治理是否仍会被人们冠以相同的名称?如果对高管薪酬设置上限,并为员工提供最大份额的股票期权,当前对企业行为的批评会消失吗?在主流公司看来,全食食品超市这样的企业通常是矛盾的存在,特别是它们用于解释其经营哲学的语言未达到"第二层级"思维水平。对于大多数企业而言,它们向"第二层级"跃升时将会采用与全食食品超市相似的路径,而不会采用谷歌或知识经济那种颠覆性方式。这就需要在整个文化环境中发展这种思维方式。这是一条漫长而艰巨的道路,我们必须通过提高整个社会的觉知水平并为全世界树立榜样,才能承担人类文化和经济发展的重任。

我们在看待自己与环境及人类同胞的关系方面,需要做出根本性的改变。当企业开始将自己视为生命有机体的一部分时,企业将更容易接受诸如"自觉资本主义"这样的概念。通过使无防御能力的地球成为我们经济活动的最终受益者,我们使自己的价值观与一系列不同的动机保持一致。当我们开始将生命视为相互依存的网格时,我们就会将人类的生存与经济利益和我们自己置于同等重要的地位。

从价值系统的角度来看,与先前讨论的任何其他"第二层级"模型相比,自觉资本模型中的功能是由一组不同的度量标准决定的。当其中确定的所有利益相关者都被视为在整体上相互依存时,一套完全不同的、更加有觉知的价值观念就会开始出现。突然之间,每个利益相关者都被编织进了一个紧密交织的网格,将地球视为共同的生态系统。它是所有利益相关者为确保长期健康而允许接入的唯一有机体。从这个视角出发,一套完全不同的分布式创新模式被催生出来,在螺旋动力学理论中称之为"子整体(Holons)",它代表第八层"青色"价值系统(Orr,2003)。

结语

指挥控制型企业结构已经过时了,而团队协作、权力下放和对小型团队的赋权,以及人类精神这些因素都正流行且正发挥着作用。像谷歌的"不作恶"和全市食品超市的"整体相互依存"理念,都是"第二层级"价值观,正是以这种价值观为指导的功能性,将改变当今企业治理的指导原则,并超越其生存价值系统。这将是一个新的前沿领域,在这里,地球生态系统之间的微妙平衡影响着企业觉知,而所有利益相关者都了解在这个资源有限的星球上维持生命延续的紧迫性。

关于本章作者

本章作者赛义德·道拉巴尼是研究宏观经济价值系统方法的前沿专家。他是元模因经济集团（ᵛMEMEnomics Group）的创建者。这家咨询机构基于价值系统视角重新解读经济问题,并基于这门新兴科学提供可持续的解决方案。在过去的10年里,赛义德与著名的全球地缘政治顾问唐·贝克博士紧密合作。

作为中东人类发展中心的首席运营官,赛义德帮助其创建者贝克博士和埃尔扎·马洛夫设计了巴勒斯坦建设计划的经济发展要素。

他在加州圣巴巴拉的爱迪思研究所（Adizes Graduate School）和弗吉尼亚大学等的多个学术研究项目中，以变革型领导力为主题做客座演讲。

在成为经济学家之前，赛义德曾在房地产行业有过一段杰出的职业经历，曾做过开发商和投资顾问。20多年间，他的房地产投资通讯刊物为客户提供了指导。他发表了几篇文章，提倡使用价值系统的方法来解决问题。他还写了一个博客，名为《模因经济学：经济学与模因学的结合》(*Memenomics: Where Economics Meet Memetics*)。

他居住在加利福尼亚的拉荷亚（La Jolla）市。

> 螺旋动力是一种世俗的、神圣的、科学的理论。

第 9 章　跨越边界的螺旋动力·行动篇

引言

本章将展示在多个领域不同的螺旋应用。贝克（2017）解释说，螺旋动力是一种世俗的、神圣的、科学的理论。这三者的定位以非常基础的方式发生。该理论具有广泛的应用和深远的意义。图9.1以可见的方式显示了我们前面讨论的"蛋头先生"效应。

国王所有的马儿和士兵作风老派，他们使用"第一层级"密码的习惯会造成混乱的烂摊子（见图9.1）。他们付出的所有努力都带有很好的想法，但反映了迥异而又往往相互矛盾的世界观。他们甚至可能抵消或否定相关股东的努力，造成更大的混乱。人们付出的努力是孤立的、临时的、零散的。下面的应用说明了另一种不同的"第二层级"方法。这种方法可以将各种工作整合到一个功能完整的流程中。

图9.1清楚地展示了螺旋动力密码在社会不同层面发挥着作用。本章介绍以下各个方面：

- 宗教；

- 千禧一代；
- 政治和经济；
- 通信；
- 奠基石；
- 动机；
- 基础；
- 艺术；
- 体育运动；
- 俄罗斯的领导力发展。

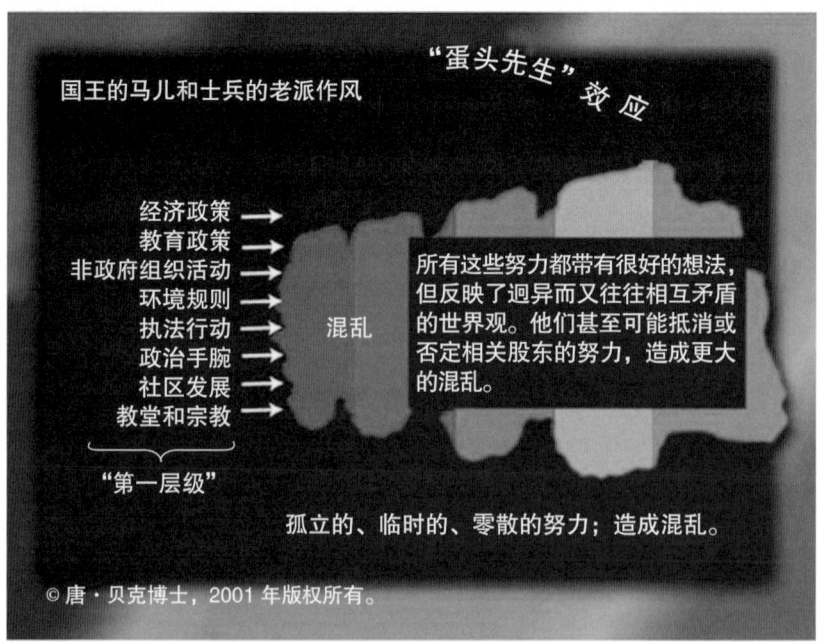

图 9.1　国王的马儿和士兵的老派作风

宗教中的螺旋动力

挑战

在 21 世纪头 10 年初期，联合卫理公会意识到，一个教会要想实现可持续发展，就必须采取真正的策略和行动。宗教机构面临的一个普遍问题是，与现有的教会相比，新教会常常能更快地吸引新人加入。可持续的部门模式也至关重要，它能够在开展重要的活力工作的同时筹集资金。只有这种活力，也就是教会的灵魂，才能在商业上传播和复制。

有组织的宗教所面临的挑战并不仅限于经济和活力方面。国际上觉知水平的提高和整个社会世界观的改变永远地改变了基督教的面貌。贝丝·安·埃斯托克（Beth Ann Estock）和保罗·尼克松（Paul Nixon）帮助教会适应新的生存状况（2016）。他们采用了一个特定的框架，最好地解释了上面描述的螺旋动力学（Beck and Cowan，1996）。螺旋动力学说源于格雷夫斯的研究。

适用的框架

贝丝·安·埃斯托克和保罗·尼克松在未曾找人做咨询的情况下，独立地将螺旋动力用作应对挑战的基本方法。他们将螺旋动力学描述为"基于 40 年研究的人类与文化发展的综合模型。它承认人类本性会随着生存条件的变化而变化，从而催生出新的系统"。他们进一步解释说："我们改变了自己的心理和生活规则来适应这些新的条件。当我们的世界观开始与更复杂的生存状况发生碰撞时，我们就能够超越旧事物，包容新事物。"[1]

他们认为，螺旋动力学方法有潜力预测未来价值观元模因的无数种组合方式。他们认同教堂的各种组织形式或结构，认为宗教思想的多样性正如螺旋所示。这些形式包括社区中心、教会大本营、体现反抗精神的壮丽堡垒、会幕、大教堂和精神主题公园。同一宗教统治可以在不同环境下以不同形式组织起来。这确实是促进教会转型的一个先进方法，具有重要且可持续的影响能力。

螺旋动力与千禧一代

这一小节由托马斯·约翰斯撰写，用以区分千禧一代呈现出来的思维结构和哲学理念。尼尔·豪（Neil Howe）和威廉·斯特劳斯（William Strauss）[2] 提出了代际理论的概念。他们创造了"千禧一代"一词，用来描述1982年至2004年之间出生的人。

引用一个黑客的宣言来做阐述。这是在黑客杂志《弗里克》（*Phrack*，1986）上发表的一首诗：[3]

---

[1] 源自埃斯托克（Estock）和尼克松（Nixon）合著的《怪异教堂》（*Weird Church*，2016）。

[2] 源自1992年出版的《世代：1584年到2069年的美国未来历史》（*Generations: The History of America's Future, 1584 to 2069*）。

[3] 源自《导师》（*The Mentor*，1986）与《黑客宣言》（*The Conscience of a Hacker*），出自黑客杂志《弗里克》，1986，1（7）：3。

现在这是我们的世界……电子和转换器的世界，有着波特之美的世界。

我们应用已存在的服务却不付费，因为那些服务若不是由暴利投机者经营，本就非常便宜，而你们称我们为罪犯。

我们探索……而你们称我们为罪犯。

我们追求知识……而你们称我们为罪犯。

我们不分肤色、不论国籍、没有宗教偏见……而你们称我们为罪犯。

你们制造原子弹、发动战争、谋杀、欺骗、向我们撒谎，还试图使我们相信这是为我们好，而我们是罪犯。

是的，我是个罪犯。我的罪过是有好奇心。我的罪过在于根据人们的言论和思想来判断他们，而不是根据他们的长相做判断。我的罪过是用才智打败你们，而这让你们永远无法原谅。

我是一名黑客，这是我的宣言。你们可以阻拦我一人，但无法阻拦我们所有人……毕竟，我们都是同一类人。

我将尝试基于螺旋动力学的视角来解读千禧一代。他们在寻找荣耀。他们是被误解的孩子，是迷失的、被遗弃的、被遗忘的孩子，是分离的产物，离我们更近却又更远。他们都在心底歌唱着"无人知道我们所遇到的困境，无人知道我们心中的悲伤"这首古老的歌，传递着不一样的声音、不一样的痛苦、不一样的美好。他们关心一切，却又什么都不关心。

为什么千禧一代这么难对付

在我提到千禧一代时，指的是美国的千禧一代，这个群体经常在"绿色"和"橙色"空间里徘徊。然而，千禧一代也与其他几代人一样，其价值系统不唯一。我们可能觉得一切都理所当然，不愿意以惯常方式从事一成不变的业务。我们可能不忠于公司，拒绝在工作方面继续向前发展。社会也不期望我们一辈子都在同一家公司工作。系统是相互依存的，且通常运行在反馈循环中。削减退休金、解雇员工、对员工不忠的"橙色"企业兴起，也影响到了企业员工的子女。由于看到了父母的奋力挣扎，他们对全能的企业几乎不信任。"只是谈生意而已"这句话是一把双刃剑。千禧一代的员工在寻找更好的社区、更高的薪酬、更好的目标。像所有时代的人们一样，他们也在寻找生存的理由。

美国的"绿色"化或美国在各个方面如何变得更加平等

尽管现在离婚率实际上在下降，但上一代人的离婚率却很高。两代人都创造了"爱的联盟"这个概念，并且由这个概念塑造。最初，这些联盟具有经济性质，有明确的角色和层级。随着"无过错离婚"理念的引入，人们可以仅因一方的心已不再而离婚，且离婚时不再要求某一方承担过错。一方面，这引发了更多的自我表达；

另一方面，导致人们产生了更多的平均主义理想。这种矛盾性和反射性值得反思。如果无法得到满足或不再感到快乐，人就可以离开。这种寻求幸福的自我表达常常会使得许多人一起去寻找幸福。个人可以自由地寻找更好的集体或寻求更高的薪酬。女性没有那么大的社会压力，不一定要屈从于婚姻，她们可以自由地寻找自己的幸福。"无过错离婚"理念也适用于职场、教会和政治层面。职场、教会和学校必须使我们感到快乐，它们的相关人员需要了解我们千禧一代关心的是什么。如果我们不再感到快乐，无论是否有过错，我们都可以离开。对别人的幸福快乐负责是一件很难的事。

千禧一代与宗教

人们从制度化的宗教中脱离出来是一个耐人寻味的进步。许多宗教对永恒和平的承诺听起来很空洞，因为它们将等级制度和战争产生的原因归咎于宗教。现在，许多人认为自己是有精神信仰的，但并不信仰宗教。有些人从各种宗教观念中进行拣选，来创造和（或）找到他们的理想宗教。这就像一个刚离婚的人脚踏多只船，与多人约会，因为每个人各有不同的优缺点，但他们组合在一起就创造出了完美的人。就像李小龙（Bruce Lee）创造"截拳道（Jeet Kun Do）"一样，在厌倦了武术的制度化风格之后，他决定从不同的风格中进行拣选，以创造出自己的风格。可是在这样做的时候，他意识到他正做着自己不想做的事情，因为他创造了一种新的制度化风格。

在指数时代成年

千禧一代之所以会有这样的看法,部分原因在于,到目前为止,他们已经经历了将近三个技术时代。工业时代让位于信息时代,而信息时代又让位于自动化时代。我们不期望我们学到的东西将来还会存在。变化是我们心灵的一部分。我们中的许多人在工业时代的末期还是小孩,到信息时代已成长为青年,现在正在看着新的自动化时代兴起。在这个时代,数以百万计的工作将被机器人或软件取代。时代的进步使得千禧一代开始提出一些问题,而之前的几代人不会这么早就提出这些问题,诸如"我的目标是什么""我为什么而存在"。我们关心一切,因为我们需要找到继续坚持下去的理由,找到生活的缘由。

经济问题

在经济上,千禧一代迫于压力去寻找幸福、目标和报酬。这些想法并不总是一致的。那些渴望上大学的千禧一代发现,可用资本和大学学费都有所增加。毕业时,他们发现很多人都拥有大学学历,拥有大学学历已不再是优势。在因通货膨胀增加而薪资却没上涨的经济环境中,千禧一代背负着债务,还要被迫分担责任。他们发现房价上涨但房屋数量却没有增加。他们认为所有东西都应该对每个人免费。信息是免费的,因此其他一切都应尽可能地免费。这既是因为千禧一代有着平等主义的天性,又是因为相对于他们的生存状况而言,他们没有钱。他们被迫分享并拥有高效的分享技术。他们不懂科技，但他们依赖科技。

这些生存状况为新社会的萌发提供了种子和雨水。像所有生态系统一样，它在本质上是有循环周期性的。存在的反射性、生活的反馈循环和选择的相互关联，将我们引向一个方向。这个方向是什么？当科技使"绿色"社会的目标变得司空见惯时，将会发生什么？你现在会如何对待千禧一代？

对付千禧一代真的很简单

在平等的社区中创立最高目标，向我们提出了一个比千禧一代更重要的问题：如何处理代际冲突？代际冲突可以归结为价值系统冲突问题。千禧一代或"问题一代"可能未处于"绿色"或"橙色"水平上。他们可能处于"红色"水平。我们需要了解他们的价值观并采取适当的行动。

非洲千禧一代

在鲁安·维尔乔恩（Ruan Viljoen，2017）进行的一项研究中，很明显非洲千禧一代的特征密切代表了洛兰·劳布舍尔（2013）描述的螺旋动力学分布，并且只有具有 ER、FS 和 GT 密码的千禧一代才能与千禧一代的偏好和行为的国际表现相关联。探索人们做事的原因这种表现似乎是为了适应生存状况而来的，与他们的实际年龄无关。

政治和经济中的螺旋动力

表 9.1 中，将不同的螺旋动力密码应用于政治形式和经济协议，并以矩阵形式呈现出来。表 9.2 至表 9.4 中的信息均来自贝克的《螺旋动力学 I 级认证手册》(*Spiral Dynamics Level I Accreditation Manual*，2013b)：表 9.2 给出了每个螺旋动力密码的最佳沟通策略；表 9.3 显示了螺旋动力的奠基石；表 9.4 描述了与每个元模因相对应的激励因素和抑制因素。

表 9.1　螺旋动力元模因政治和经济矩阵

颜色	"民主是……"	政治形式	经济安排
米色	对民主没有概念。	群体（非政治）。	很少交流。饿了就吃食物充饥。几乎没有财产。
紫色	由酋长、长老和神灵宣布"我们人民"决定做什么。	部落（氏族议会和宗族关系）。	互惠互利、物物交换。由酋长通过亲属关系按需分配。
红色	酋长（大老板）说什么就是什么。"赋予人民权力"指"我说了算"。	帝国（独裁，也许是"腐败的"、专制的）。	践行封建分配制度，富人越富，穷人越穷。

续表

颜色	"民主是……"	政治形式	经济安排
蓝色	为所有遵循规则和传统的人伸张正义,且公平对待这些人。	权力主义(一党专政,政府控制)。	通过努力工作、自律和储蓄来提高基本生活水平。
橙色	给予或接受。制衡博弈者的多元政治。	企业(多党制国家,权利法案)。	自由市场驱动的过程,经济的"无形之手"决定着薪酬、价格和待遇水平。
绿色	每个人在做出照顾"人民"的一致决定时均享有平等的权利。	社群社会(社会民主,平等的权利/结果)。	以社群为基础的分配机制,先满足人类的需求,再从超额收益或利润中获得收益。
黄色	整合多数利益以加速螺旋向上发展的过程。	整合结构(螺旋智能中的分层系统)。	整个螺旋中的同步增值运动,追求下一步更高品质的存在。
青色	宏观上管理所有生命形式,使之朝共同利益方向发展,应对宏观问题。	整体(整个地球网络和互联)。	地球资源和人们的学识按需求而非按欲望进行分配,因此所有人都有足够资本生存。

螺旋动力的沟通策略

表 9.2　螺旋动力与沟通策略

元模因	最佳来源	最佳方法
米色	看护提供者。	生物感官——触觉、味觉、味觉、视觉、听觉。身体接触而非符号。
紫色	关心他人的首领或萨满。由部落/氏族集团内受尊敬的长者提供意见。精神领域的信号与预兆。祖先的话语和方式。持支持态度的同伴的集体意识。	传统的礼节、习俗和仪式,包括神秘元素和迷信。对大家庭、和谐与安全的诉求,血统认同,民间团体,熟悉的隐喻、图表、符号,尽量减少对书面语言的依赖。
红色	具有公信力量的人。直言不讳的大老板。一个可以向外提供东西的人。受人尊重、尊崇和惧怕的人。其他享有盛誉的"偶像"。值得信赖的人。	展示"现在对我有什么好处?"。立即满足。对男子气概或力量的挑战和吸引。英雄地位和传奇视角。浮华、明确、现实、坚强。简单的语言和火热的图像/图形。
蓝色	公正而恰当的权威。在行政管理系统的"唯一正确的方式"上处于更高地位。遵循书中的规章制度。有地位、权力和职级的人。遵从传统和先例。遵守神的命定力量的指示。	职责、荣誉、国家:纪律形象。为了崇高的事业和目标而自我牺牲。呼吁传统、法律和既定规范。利用阶级意识,了解自己所处的位置。讲求礼节、公义和责任。确保未来的回报和延迟满足。靠正确的结果来减轻内疚感。

续表

元模因	最佳来源	最佳方法
橙色	一个人思想健全的头脑。成功的导师和榜样，可信赖的专业人士和"专家"。通过自己的观察、真实可靠的经验和实验获得自我形象的成功。	推崇竞争优势，并利用成功动机，获得丰盛的成果。更大、更好、更新、更快、更受欢迎。引进专家和优秀权威机构。实验数据和真实可靠的经验。已证明利润、生产力、质量、结果和获胜是几种选择中的最佳选择。
绿色	共识性沟通规范。开明的朋友或同事。参与的成果和分享的启发性结果，成为对当下事件的观察结果。对与环境和身边的人相关的情感、感觉、情绪做出反应。	增强归属感、分享能力和群体和谐感。对人类问题敏感并关心他人。深化对内在自我的认识和理解。平等、人性黏合性的象征。依靠温和的语言和自然意象共同建立信任、开放、探索的通道。真实的人和真实的情感表现。
黄色	任何有用的信息来源。可灵活取用从"米色"到"绿色"之间的任意颜色。有能力，更了解个人或实体。数据具有相关性，更具功能性。 正式来源和预感的结合。个性化的探索和发现。	互动性、相关性的媒体，易于自我访问。有价值而有效的"精益"信息。事实、感受和直觉。全局图景、整体系统、整合。跨领域连接数据以获得整体观。与他人和系统成功建立连接。

螺旋动力的奠基石

表 9.3 螺旋动力的奠基石：塑造个性、社群及国家的基础信仰体系

奠基石	个性思维	决策依据	教育方式	家庭结构	社群形式	生活空间规范
紫色 安全/神秘	神秘精神与符号 可靠的部族与安乐窝 有权势的尊长 本族人与异族人 万物有灵与"部族化"	风俗与传统 长者的建议 符号或萨满 部族得利祖先的方式	家长式师者 礼节和惯例 被动学习者 家庭式学习 小组/集群	拓展式亲属关系 人生大事的仪式 严格的角色关系 有血缘关系的多代人	尊重民间方式 敬重种族 让群体成为它自己 守护神秘场所 护卫领土，保持警觉	老国方式 关注存续 恐惧与神秘 精神无处不在 纪念物与图腾
红色 权力/统治	原始力量展示 及时享乐 不受罪恶感约束 生动有趣且富有创意 以自我为中心且顽强不屈	受强硬者支配 获得尊重 现时感受良好 强者夺得战利品 获得主导地位	重述学习 "强硬"策略 尊重他人受到约束的自由 挑战与勇气	帮派争斗 构建"我们—他们"之墙 价值考验与系统对抗 奖励攻击	掠夺者掌控局面 危及外来者 形成领地 地盘之争与仇杀 高活动水平	不受规则约束 有强权即正确 成王败寇（败者死） 引人注意 高能量和高风险

续表

奠基石	个性思维	决策依据	教育方式	家庭结构	社群形式	生活空间规范
蓝色 意义/目的	仅有一种正确方法 原因中带有目的性 对后果负疚 为获得荣誉而做出牺牲 绝对化与极化	权威之命 做正确的事——守规则 坚持传统 义者获利 值得信赖的典籍	传统梯级式 道德教训 惩错 真理出自权威 纪律与责任	真理与价值所在 所有人都在一起 行为准则 教授道德方法 设定标准	价值观社区规整 有序且平安宁静 小心谨慎 地方性风俗 与生俱来的社会规则 重视邻里社群	守法公民 角色和规则适合所有人 寻求和平与秩序 奖励会延迟兑现 威权控制
橙色 机会/成功	竞争取胜 面向目标的驱动 为进步而做出改变 物质利益特权 务实的选择	底线结果 测试选优 咨询专家 成功者获利 看上去最好即最佳	实验与试验 高科技，高地位 如何控制利基市场 导师与指导 竞争优势	走向上层社会 需要关注 寄予厚望 形象意识 与他人比较	迎合繁荣 倡导"发展" 飞地和壁垒 精英阶层的安全 寻求自治	渴望现时繁荣 竞争一直存在 利用影响力 追求物质 个人主义盛行
绿色 归属感/和谐	寻求内心的平静 人人平等 与局势相关 团体和谐 社会与人性化	依赖共识 所有人都必须合作 各方呼声均平等 公共利益 团队与委员会	探索感受 分享经验 社会发展 学习合作 自我意识	平等分组 参与活动 高接受度 处理各种情感 温和宽容	社会安全体系 "政治正确" 只向内部人士开放 高参与度 社区空间	喜欢归属感 需得到接受 牺牲的感觉很好 灵性得到恢复 集体制定规则

续表

奠基石	个性思维	决策依据	教育方式	家庭结构	社群形式	生活空间规范
黄色 知晓/关联	全局观点 整合性结构 混沌自然天成 变革的必然性 系统性联系	高原则性 以知识为中心 解决矛盾 以能力为基础 专注于结果	变得以自我为中心 全天候套装 协调利益 非刚性结构 多种理想资源	角色转变 能力期待 各司其职 资讯库 所有人尽其所能做出贡献	以少求多合适的技术 权力分散 重建有效的方法 可持续变化	生活即学习 由过程吸引 直率自主 很少害怕或受驱使 欣赏变化性
青色 整体/协同	审视宏观面 万物协同作用 可持续世界 恢复和谐 实验性了解	融合自然流 向上游或下游查询 长远计划 生命系统受益 重建秩序	进入整个世界 融合情感与科技 将过去带到未来 将思想无限扩大 既了解理想又能感受到理想	放眼全球，立足当地 增长觉知 兴趣范围广泛 寻求拓展"地球"公民	互联互通 高度多元化 共享丰盛 支持"明智"者 流体边界和空间	全息模式连接到外部 混乱与秩序融合成为具有生命力的人 对整体全貌具有求知欲

螺旋动力与动机

表9.4　元模因的激励因素和抑制因素

元模因	激励因素	抑制因素
米色	提供食物、水和性。通过基本感官进行输入：触摸（前提是安全）；爱抚给予安慰；认识到已存在的智能。	取回食物或采取威胁性行动；因温度不对引起身体疼痛或不适；口渴；被当作动物对待。
紫色	仪式；尊重有权势的人物；呼叫安全；魔法；神秘主义；传统方式和习俗；温暖家园；灵性存在的欲望、迹象和征兆；提供代币和有形物品；尊敬长辈；对祖先表示敬意。	诋毁首领或部落；践踏或亵渎神圣的立场；违反禁忌或礼仪方式；含糊不清；隔离并强迫加速变化和增强不确定性；威胁家庭；不尊重长辈或祖先；不试图理解。
红色	即享收益；男子气概的吸引力；挑战与勇气；英雄形象；更大的影响力和个人能力；看起来不错并得到应有的尊重；控制自然和他人；勉强生活，即刻得到奖励。	挑战力量或勇气；羞辱或贬低个人或团体；不请自来就趴在草地上；展示更强大的武器；做手势和点名；嘲笑和大笑；使人丢脸；作为局外人嘲笑；外表或说话时表现软弱；找借口。
蓝色	职责、荣誉、国家；永远忠诚公正；服从更高的权威；做好准备；牺牲和纪律；来世得到今世所做奉献的奖励，稳定性或秩序，目的；标准和规范；寻找更大的意义；做一个好公民；守时。	攻击宗教、国家或民族遗产；亵渎符号或圣书；放下"唯一正确的方式"或取笑它；妨碍指挥系统；无视规则或指令；显得不公平或不正派；优柔寡断；说脏话；降低标准；迟到。

续表

元模因	激励因素	抑制因素
橙色	成功的机会；进步；增长；获胜成就；使事情变得更好；竞争优势和优点；更大更好，更新更优；最先进；时尚；因声誉而流行；经验；计算出的风险和良好的科学知识；尖端前沿；达成交易和讨价还价；被当作贵宾对待。	利润下滑或企业文化倒退；集体化讨论；指责游戏；挑战强迫性驱动；拒绝对良好表现的奖励；力量相同；有规则或程序的成本陷阱；讨价还价或谈判失败；看起来顽固僵化；视自己为群体成员之一；看起来普通。
绿色	参与和投入；就决定达成共识；团队合作；解放被压迫者；分享；接受人类的弱点和怪癖；开放；环境敏感性；宽容；政治正确性；包容性；社会责任和社会意识；参与；企业公民；社区参与。	团体目标和理想；尝试获得集中控制；分组；拒绝集体追究个人责任；支持激进竞争；否认情感和感情；降低生活质量或环境质量；显得唯利是图；依靠"确凿的事实"排除人为因素；表现杰出或具有排他性。
黄色	释放自己，自由抉择；学习有趣的东西，以提高生存质量；接触到各种人、多种选择和个人宏观观点的多样化；提高能力和功能；践行原则和"正确的事"；尝试以适当和可持续的方式进行生产；展示连接和相互联系。	力量；无理由的规则；强加功能失调的结构；关注次要细节；惩罚；拒绝控制时间，使工作重复进行；密切接触各种信息或学习资源；尝试均质化；故意伤害人或破坏环境；把责任推卸给未来；强迫集体性；忽略思维的多样性。
青色	超越自身利益，甚至隐藏群体压力的经验；寻求对整个地球产生影响的思想和目标的统一；对整体利益负责；复杂的多维思考；地球上生命的生存；互动性整体主义；相互依存；形成个人团体；欣赏事物的精神层面。	现实；以牺牲长期的生命系统为代价来设定短期目标；对种族、意识形态和政治冲突持狭隘看法；否认精神灵性；为自私自利找借口；剩下残留物；通过欺骗谋取利益；显得平凡；狭隘地看问题；忍受破坏力；走捷径；过于世俗。

螺旋动力与基金会

不同的基金会设立的原因也各不相同,它们会为设立者、管理者以及它们服务的人群和事业提供多种用途的功能。从历史上看,基金会可以分为六个相互重叠的类别。每个类别都有不同的核心动机和存在的优先级,而它们对于"什么是最重要的事"也有不同的看法。

本小节介绍不同类型的基金会,其中特别关注网状组织基金会。具有各自关于"最重要的事"底线的基金会有以下几类:

F1 人道主义基金会对人类的状况具有高度的敏感性,并将消除人类苦难视为其主要职责。

F2 家庭基金会本质上是一个经济或社会实体,可以作为一个工具帮助关系紧密的家庭实现财务杠杆,或为其从根本上"感兴趣的项目"提供资金。

F3 帝国基金会仅仅是强势、刚愎自用的领导者、创立原则或知名度高的名人的人格延伸。

F4 倡议基金会的存在是为了推进特定的信仰体系、传教式的事业运动或一系列方案和意识形态。

F5 企业基金会通常由大型企业或其他以成长为动力的专业团体组成,旨在提升所有者和(或)利益相关者的专有利益。

F6 生态基金会注重元素的保护,在自然界或历史传统中是首要的，有助于提升我们的生活质量和维持文化生活形式的稳定。

F7　网状组织基金会：开展慈善事业的新途径。

在网状组织基金会中，一个新兴的价值和优先级系统利用"网格"的力量来识别、整合、调整和调动所有的可用资源。而这些资源反过来又像激光束一样聚焦于具体的挑战、目标、目的或结果。

这样的基金会对自己的形象、数据库、财务资源或在特定专业或公共领域的专有地位不太感兴趣。确切地讲，这是一个开放的系统，旨在支援和协助他人努力实现更大的目标，即获得"三赢神力"，使他们具有竞争力。F7基金会实体将扮演其独特而卓越的角色，为所有有助于实现积极成果的要素授权和赋权。这个新的基金会有着一股包容性（而非排他性）的力量，旨在提高国家或全球短期和长期解决复杂问题的总体能力。它将利用网络世界和个人联络峰会，将所有其他基金会（和其他利益集团）聚集在一起，围绕共同目标而努力；承担信息共享和技术转让的主要角色；还将帮助其他实体变得健康和充满活力。我们不需要白费力气做重复工作，因为重复使用资源，以及在不必要的开支、昂贵的办公室或昂贵的公共关系上吸收资本是一种浪费行为。

这样的F7基金会在架构上相对精简，能够将大局思维与快速反应智能相结合。它将为学院、市场、环境或网格提供"斡旋"，将某一特定领域或事业中的所有努力和资源联系在一起。其结果是少数人做了更多的事，解决方案只是短期适用的，整个"大脑集团"将会继续学习、改进甚至开发新的、富有想象力的解决方案，而这些解决方案是无法靠任何具体的活动、基金会或实体独立发明出来的。

"三赢神力"的目标

基于网状组织基金会的本质，F7基金会寻求的中心目标在于将人员、组织和其他资源"网格化"。这种至高的目标给予了基金会高度的信任、诚信、合法性和尊重，使它可以吸引大量资金，可以将各种不同要素一起融合在共同的事业中。

在这种类型的基金会中，一个新兴的价值和优先级系统利用"网格"的力量来识别、整合、调整和调动所有的可用资源。而这些资源反过来又像激光束一样聚焦于具体的挑战、目标、目的或结果……这是一个开放的系统，旨在支援和协助他人努力实现更大的目标，即获得"三赢神力"，使他们具有竞争力。F7基金会的实体将扮演独特而卓越的角色，为所有有助于实现积极成果的要素授权和赋权。

螺旋动力与艺术

螺旋动力在本质上有能力碰触到人的灵魂层面，在这个层面创造我们对自我和他人的理解。艺术家娜塔莉·塞尔索尔（Natalie Selsor）的作品，唤醒了艺术创作的需求。图9.2即她的一幅作品。

图 9.2 娜塔莉·塞尔索尔的螺旋动力绘画作品

解读

显然,娜塔莉的艺术作品深刻理解了螺旋动力中的曲折振荡特性。她还成功地描述了螺旋中每个不同思维结构的深层本质,也描述了她遵循的流程:

我原本计划将作品创作成六个部分，每个部分代表一个层级，用一种颜色表示。我对每个元模因分别进行了详细研究，后来我明白了每个元模因的构成都依赖于更大的背景环境。割裂化的表现形式会在很大程度上否定螺旋的动态互联性质。当前作品的构成受元模因之间的对照与相互关系的影响。以下语言表述（Beck and Cowan，1996）向我们说明了作品的整体外形和构图：

- 米色的"松散带"变成了紫色的部落（以圆圈表示不同的部落，表现"循环过程"）。
- 红色既将"自我"抬高，又压制和控制了紫色。
- "金字塔形"的蓝色束缚和包含了红色（束缚：在红色的手臂上缚有一条蓝色带子；包含：蓝色正义的天平位于红色的肩膀上，且红色位于蓝色的墙壁内）。
- 橙色浮现在蓝色墙外。
- 技术和进步的橙色（以航天飞机为代表）在两个颜色之间的地平线处穿透绿色。

我将月亮（紫色）、太阳（橙色）和地球（绿色）都包含了进来，因为每种符号都有相关的象征含义，也是为了表达螺旋的普遍性特质。我之前考虑按从米色到绿色的顺序从左到右铺开展现，但后来确定，将这些色彩从下往上组织起来能更好地表现螺旋向上和向外运动，也能更好地表现每个元模因跃升而产生的基础关系和因果关系。此外，我还试图通过强调地平线来唤起人们对深度的认知，展现一种演化、一段旅程、一个探索未知的过程。以下是我尝试以形象化方式为每个元模因（基于螺旋动力学文本）描绘出来的关键词和具体构想：

- 米色：本能、自然、沙子（渴望）、树叶、喝溪流中水的原始人、死亡、性、繁殖、胎儿、蜜蜂/蜂巢、灵长类动物、无花果和（或）其他通常由狩猎采集者食用的水果或食物。
- 紫色：月亮、部落包围的火焰、舞蹈、洞穴壁画（文化发展的开端）、水晶球、追梦者、蜘蛛/蜘蛛网、头骨、生育力、母体/家族纽带、古药轮（代表精神仪式/礼节）、圣杯、动物（祭祀）、贝壳、山脉—火山、血、火（融合成红色）。
- 红色：个体、恶霸/独裁者、英雄/自我、龙（具有正面和负面含义）、盔甲、力量、敏锐、棱角、阳刚气、无差别的面部特征代表原型的本质。
- 蓝色：秩序、层级、楼梯、石墙、司法尺度、卷轴（在墙上张贴文字/规则）、彩色玻璃；国际象棋象征：车（防御/防护位置，堡垒）、骑士（装甲骑兵）、几行士兵（有组织的团体、群众、学校、"被管理者"）；中心的小小烛火象征着墙壁和机构所保护的和神圣的东西（也许是秩序、美德、意识形态）、上帝之眼（上帝的通灵之眼）。

- 橙色：太阳、思想、创新、个人工作（职业、成就）、圆柱体、立方体、建筑物、技术（齿轮、0 和 1、计算机按键、计算机芯片、像素、空间探索）、数学（图表、公式/方程式）、科学（DNA 序列、周期表）、烟囱（污染）。
- 绿色：地球、鸽子/橄榄枝（和平）、手（合作、援助、社区）、长在石墙上的常春藤："围墙花园"，代表天堂、完美（常春藤可以象征忠诚和情感，它伸向天空，天性非寄生，但可以破坏建筑物和其他健康成熟的树木）。

注意：我经常想，除了视觉艺术之外，如何为每个元模因创造身临其境的感官体验。例如除了声音（音乐/音频效果）、气味、灯光效果甚至温度变化，还可将三维成分（纹理、天然材料、水景、烟雾、火）与表演艺术这些因素融合在一起，用于在艺术展览或博物馆般的环境中为每个元模因创造身临其境的体验。

螺旋动力与体育运动

图 9.3 展示了贝克出版的《体育运动价值观》（*Sports Values*）的封面。该出版物探讨了如何将体育运动作为整合社会冲突和优化当前整体系统动态的有力方法。

图 9.3 《体育运动价值观》封面（Don Beck，2015）

如果你曾质疑过体育运动在重整一个充满冲突的社会、建立民族认同感方面所起的作用，那么你应该去南非看看。1995 年世界杯比赛中，南非的跳羚（Springbok）橄榄球队夺冠，举国上下欢欣鼓舞。纳尔逊·曼德拉在赛前与球队成员私下进行了会晤，之后在开普敦举行的首届世界杯比赛中，他们击败了上一届世界冠军澳大利亚队。曼德拉在纽兰兹体育场（Newlands Stadium）主持了一场丰富多彩的开幕式，庆祝这个年轻的民主国家丰富的文化多样性。祖鲁鼓、甘布舞者、欧非混血的南非人乐队和其他民族表演比比皆是。南非橄榄球联盟以"一队一国"（one team, one country）作为跳羚队的口号，这种精神也风靡一时。想想看，南非第一位黑人总统，曾被囚禁在罗本岛（Robben Island）长达27年，在纽兰兹就可以眺望到那里。而他现在公开称赞这支完全由白人组成的国家队是"他的"跳羚队。[该队反应迅捷、广受欢迎的黑人边锋切斯特·威廉姆斯（Chester Williams）因腿伤而无缘比赛。]南非的每位政客都想方设法努力与穿绿金色队服的跳羚队球员走在一起。

对于许多人来说，带有跳羚标志的橄榄球本身已经成为种族隔离的标志。几乎所有的球员都是阿非利卡白人。跳羚队的队长在赛场上只会用南非荷兰语喊出命令。即使是会说英语的白人球员也很少入选国家队，他们觉得自己是文化歧视的受害者。

此前一直有日益增长的压力企图迫使橄榄球队将其标志改为国花帝王花。然而现在的圣公会大主教德斯蒙德·图图改变了立场，坚持要保留跳羚标志。毕竟，这个标志在1908年首次启用，那时南非还不具有一个国家的形象。可以看到来自乡镇的年轻黑人青年撤掉了反对橄榄球运动的标语，换上了橄榄球英雄的新照片。他们都想成为"跳羚"队员。

尽管平权行动已成为以前白人占主导的社会的一种生活方式，但在体育运动方面大可不必在乎平权与否。南非人坚持认为，他们的运动员和运动队都应在公开竞争中根据成绩来做选拔。但是他们所做的事情不限于选拔。他们将时间和资源投入发展项目中，特别是投入乡镇和公立学校的项目中。

足球运动员在数量上以黑人为主，职业球员更是以黑人居多。板球（尽管人们在富有想象力的"乡镇板球"项目中做出了巨大努力）和橄榄球运动员基本上都是白人。长跑运动员都是非洲人，而短跑运动员和田径运动员则主要是英裔和阿非利卡人。随着时间推移，这些模式将发生改变，因为运动员发掘工作开始有了成果，运动员的自然天赋显现了出来。

跳羚队在之前的预赛中赢得了全部的三场比赛，并将在周六对阵西萨摩亚队进行四分之一决赛。而后，世界杯决赛将于6月24日在约翰内斯堡的埃利斯公园举行，人们期待这支球队在决赛中夺冠。毫无疑问，南非举国上下都将观看比赛，看着"他们的"跳羚队身着代表"他们"国家的绿金色队服挺进比赛。

《六战制胜》（*Six Games to Glory*）中列出了跳羚队进入预赛阶段，随后进入四分之一决赛、半决赛和决赛这每场比赛所需的心理建设训练，以及每场比赛中必要的场上应对方法。其中对阵澳大利亚的首场比赛是至关重要的。若想查看《六战制胜》这篇文章，可参见网站 www.spiraldynamicsglobal.com。在那里可以看到为教练基奇·克里斯蒂（Kitch Christie）制订的跳羚队激励计划。

唐·贝克知道2009年上映的电影《成事在人》（*Invictus*）讲述了纳尔逊·曼德拉和南非世界杯橄榄球冠军赛的故事，他应该知道影片所讲述的内容忠实于真实故事。贝克和许多人一样，相信体育运动有着缔造和平的力量，也帮助这支球队从种族隔离的象征转变成为新南非的骄傲。

贝克曾与前教练海登·弗莱（Hayden Fry）、汤姆·兰德里（Tom

Landry）和邦·菲利普斯（Bum Phillips）一起工作。除了向教练朋友传递应对技巧外，贝克还帮助克里斯蒂处理了一轮轮比赛带来的心理高峰和心理低谷。贝克说："他（克里斯蒂）是使球队做好准备的那个关键因素。"

正如电影中所描绘的，在两次比赛之间的休息时间，球队成员们登上一艘船，参观了那个囚禁曼德拉长达 27 年的岛屿。在罗本岛，曼德拉将威廉·欧内斯特·亨利（William Ernest Henley）的一首短诗《不可征服》（*Invictus*）写在他牢房内的一张纸片上。

贝克说，"这是激励计划中的一部分"，目的是向球员们展示他们日益增强的民族认同感。如图 9.4 所示，贝克在向人们解释南非跳羚队的转型历程。在图中可以看到由当时的橄榄球教练基奇·克里斯蒂签名的橄榄球。

贝克的一个建议——南非人应采用非洲人的歌曲——似乎已被采纳，他们选用了当地流行歌曲索索洛扎（Shosholoza）。而后他的另一个关键建议——应尽可能说服纳尔逊·曼德拉认同跳羚队——终于也变成了现实。贝克还提出了其他策略，如让跳羚队球员造访乡镇。

贝克是一名体育运动爱好者，他坚信体育运动在社会和政治上的团结能力。电影《成事在人》生动地捕捉到南非举国上下欢欣鼓舞的景象，似乎证实了他的观点。或许可以说服贝克与南非国家足球队队员简单聊聊。足球比橄榄球更能让人摆脱球场的束缚，但我们在这里真正谈论的并不是比赛机制，而是球员头脑和内心深处的东西。

在贝克推动和影响的多数大规模变革中，体育和社会两种维度以完整性、系统性和功能性的方式结合在一起，专门为系统的参与者所设计。网站上也将1995年橄榄球世界杯的参赛策略表述为"六战制胜"（Six Games to Glory）。

图9.4　唐·贝克谈论《六战制胜》

体育可以成为强劲的灵丹妙药

在对本书进行研究的过程中,我们发现了如图9.5所示的文字,作为贝克与跳羚队教练互动的深度证据。

1995年8月6日,《达拉斯晨报》(*The Dallas Morning News*)上发表了唐写的这段文字:

> 如果你将橄榄球看作是一群矮胖过时的人玩的游戏,以为他们在去最近的酒吧之前会聚在一起打斗,那么请再看一次。如果你观看了5月25日起在开普敦举行的橄榄球世界杯的电视转播,将会看到这种比赛的最纯粹表现。对于数百万的南非人来说,橄榄球赛是唯一的比赛。而所谓的美式橄榄球令人感到困惑,比赛停顿又重新开始,处罚种类也太多。当然,真正的男人也不需要穿戴护具。在过去的10年中,我对橄榄球越来越感兴趣。这项运动中既有面对面的争夺,也有在边界上一字排开的新式攻击。
>
> 这项运动中有着我一开始不了解的细微差别。并列争球是个工程奇迹,它通过施加力量和压力来获得优势和控球。而且,我真的很喜欢看到球员意想不到地在3.66米外突然从立柱上抛踢球,改变比赛的节奏。
>
> 特别是对于阿非利卡人来说,橄榄球就像一种宗教。昔日的伟大英雄们身着带有跳羚标志的绿金色队服,参与跟不列颠与爱尔兰雄狮队、新西兰全黑队和澳大利亚小袋鼠队的比赛。一个年轻人的成长仪式与各种水平的橄榄球运动有关:他小时候赤脚在学校比赛,长大后便幻想成为效忠于自己最喜爱的省队或跳羚队的英雄。

但是，就像过去几十年的美式橄榄球运动那样，橄榄球运动也正处在重大的文化变革之中。传统模式已被专业模式取代。省队队服上印有商业赞助商的标志。一线球员被非正式地称为"职业球员"已有一段时间。电视广告和杂志广告中都出现了高知名度的橄榄球明星。

世界杯比赛即将在全球范围内进行电视转播，那时这些变化将变得显而易见。比赛在南非举行，因此人们可以在当地电视上观看每场比赛。南非之前从未举办过如此大规模的活动。旅馆和出租汽车被订满了。南非航空在国际和国内航线上增加了747架巨型客机。据估计，4万名宾客加入涌入南非的游客大潮中，这个共和国在和平地完成权力过渡之后，仍处于欣欣向荣的状态。

纳尔逊·曼德拉和德克勒克的个人魅力和政治智慧使得国家政府团结一致，也使得整个社会走上正轨。在5月25日至6月24日期间，16个国家和地区在9个体育场馆内进行了32场比赛。决赛在约翰内斯堡的埃利斯公园举行，这是一个全国橄榄球联盟等级的体育场，可容纳7万名观众，豪华包间也座无虚席。如果南非在冠军赛中遇上世界杯热门球队澳大利亚队，那么埃利斯公园的狂热和喧闹程度将不亚于最近举行的滚石乐队音乐会。对于南非跳羚队来说，世界杯代表着一个关键时刻。在种族隔离时期，整个橄榄球运动项目都遭受到了影响。在这个新生的民主国家重新进入国际社会的时刻，一场主场胜利，甚至即使只是成功地举办了世界杯比赛，都会为鼓舞当地人民的士气带来奇迹般的效果。

1995年的橄榄球世界杯简直有着纯粹的魔力！

KITCH CHRISTIE
Sunnyside Park Hotel
FAX 011 27 11 642 0019

21 June 1995

This will be my final fax before the championship game on Saturday. I enjoyed visiting with Clay and Judy on the telephone yesterday -- and was especially pleased to learn that you chaps were back at Sun City. That's exactly the kind of thing you should have done on Monday-Tuesday BEFORE restarting the team's engine on Wednesday -- then build through Saturday when PRIME returns. Last Saturday's game was too wrenching and emotionally draining. You desperately need to come off the top of the energy peak for the player's systems to recharge themselves.

I don't think you will have any trouble getting HIGH Energy out of the team. You may, in fact, need to counter balance the growing pressure by staying loose yourself - putting everything into perspective - joking around -- and preventing too much excitement, too early. This would be the time I would use the Chariots of Fire video. I know so little about rugby I cannot comment on the All Blacks although it appears they've had a pretty easy time of it. The fax I'm sending from Paul Stringer is interesting. He's putting our new book together at Oxford. Also, note my column for the Dallas Morning News. You remind me a lot of Rudy T - the suddenly successful Houston Rockets coach. The Rockets came from behind in ALL four playoff series to win.

This Loumu character is interesting. I've seen several clips of him. I assume it's "freakish" for a kid that size to be on the wing. I talked to several of my football coaching friends about how to deal with a huge freight train: Their collective strategy: SWARM HIM!

1. Deprive him of the ball. 2. Hit him quick so he can't get up a head of steam. 3. Don't try to hit him head on and up high. Rather, hit him low and from the side. (The idea is to trip him up so he has a big fall onto hard ground. The old saying "the bigger they are the harder (and further) they fall. 4. Often you can strip the ball from a big man, especially if he simply plows ahead. 5. put lots of jerseys on him early in the game so he begins to slow down late. (Of course, Texas kids know how to bull dog someone but I don't know how you define high tackles in rugby!) 6. Have your players hang a mental sign on him of something or somebody that brings out the anger in them so they are hitting that something -- not the player. Still wish you had the Zulu war dancers and drums to counter the Haka. That would strike fear in the heart of any rational soul! Nose patches might really pay off at the Ellis Park altitude.

I'm not returning to South Africa until August. Just could not get the trip organised to be there for the finals. Assume you must get back to your business in July/August. I've talked with Dr. Len Weinstein - the cricket team doctor - about offering an evening session to the sport related professions on building a high performance athletic team. I do hope you do some serious debriefing when all this is over. Best of everything on the 24th! Please send my best wishes to the team. I believe they will win the Final Game to Glory. Only a very few people in any country EVER have such a defining moment to enjoy and savour.

图 9.5 1995 年 6 月 21 日贝克发给南非跳羚队教练基奇·克里斯蒂的传真节选

螺旋动力与俄罗斯

图 9.6 展示了《螺旋动力学》一书俄文译本的封面。图 9.7 中，唐·贝克和埃尔扎·马洛夫与研究螺旋动力学的俄罗斯小组成员们在一起。螺旋动力或许能为冷战和两个超级大国之间持续存在的紧张局势提供一个非常必要的解释。螺旋动力辅助技术的应用可以说明同化对比效应在这里是如何体现的。在图 9.8 中，一位俄罗斯领导人正在解释将螺旋动力学应用于前景规划而获得的见解，还分享了 2045 年俄罗斯的理想未来。

欲获取更多有关螺旋动力与俄罗斯的信息，可访问本书的支持网站 www.spiraldynamicsglobal.com。

结语

在本章中，我们分享了各种不同的案例和应用的集锦，在实践、行业、国家和社会层面阐述了网状组织方法的可转移性、可变更性、真实性和适用性。

从图 9.9 中可以明显看出，要想在任何环境中将不同的密码连接、对齐和编织在一起，就需要领导者了解各种元模因密码，基于"第二层级"视角看待问题，并围绕最高目标将人类能量编织在系中，以释放系统的执行能力。后面的第四部分"螺旋动力辅助技术"（Spiral Dynamics PLUS）将会介绍各种决策系统和领导力支持系统，也会介绍图9.9中爱迪思给出的两个缩写词，即VSM（生命体征监测器）以及CAPI（权威、权力和影响力）。

图9.6 《螺旋动力学》俄文译本的封面

图 9.7　唐·贝克和埃尔扎·马洛夫在俄罗斯

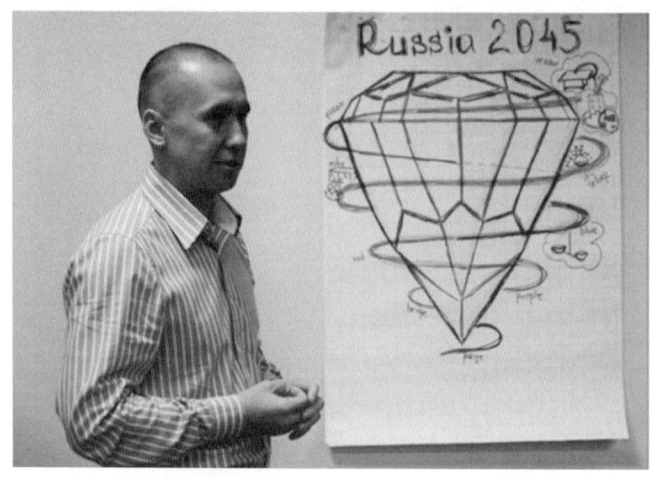

图 9.8　用螺旋动力密码表示的俄罗斯 2045 年前景规划

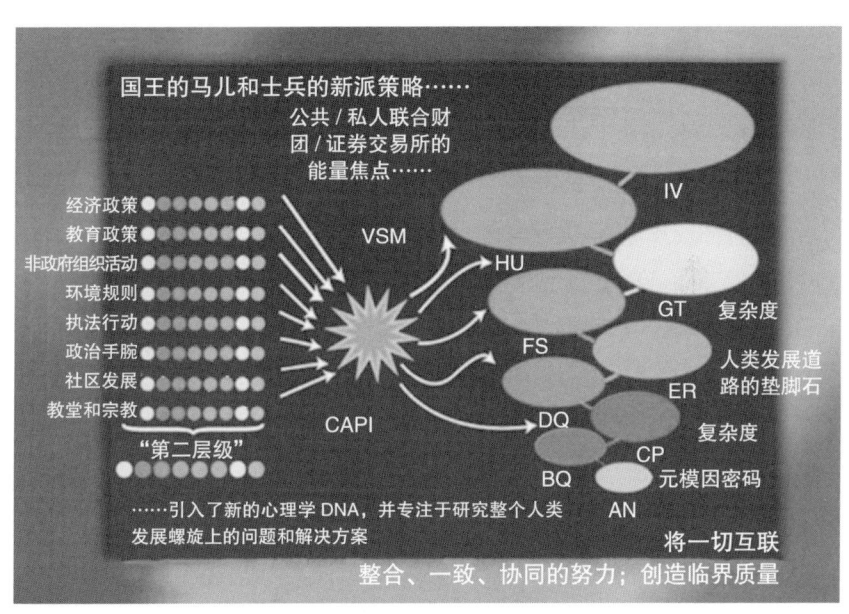

图 9.9 国王的马儿、士兵和女兵的新派策略

第10章　多种工作场所中的组织参与：螺旋动力的国际应用

引言

在本章中，笔者将介绍处理国家文化各个方面的不同理论和方法，还会介绍描述各种世界观或思维系统原型的螺旋动力学理论。了解组织中的这些思维系统的表现方式可以帮助组织变革和发展顾问及业务领导者在整个组织中转换战略和意义，同时确保干预措施在文化层面上和谐一致。本章还将讨论参与度基准（Benchmark of Engagement，BeQ）的应用，它将元模因密码独特地整合到不同背景下人们对参与度的完整理解中。

在多元文化背景下，通过持续关注影响参与度主题的包容性，可以将复杂性以真实、完整的方式呈现出来。本章将介绍在不同的多元文化背景下的四个不同案例。其中非洲案例包括东非的坦桑尼亚案例和西非的加纳案例。此外，我们将通过研究中国和澳大利亚的螺旋动力案例增长见识。

可供考虑的多元文化方法

在国外进行研究时可尝试采用以下多元文化方法：吉尔特·霍夫斯泰德（Geert Hofstede）的文化维度理论方法（2005）、海耶斯（Hayes）的全球研究法（2011）、弗恩斯·特朗皮纳斯（Fons Trompenaars）和汉普登-特纳（Hampden-Turner）的研究方法（1997），以及笔者（2015）与克莱尔·格雷夫斯（1974）、唐·贝克（2013）和洛兰·劳布舍尔（2014）所描述的螺旋动力学方法。下面简要讨论每种方法。参与度基准可与这些理论达成一致。这些方法中描述的理论构建模块已纳入了维尔乔恩-特布兰赫（Viljoen-Terblanche，2008）所推行的扎根理论研究中。在参与度研究中整合国家文化动力，可确保在研究设计的所有阶段，我们都可以从民族志学视角考虑员工的不同世界观和思维结构。

霍夫斯泰德的文化维度理论方法

组织所在国的世界观可为参与度基准调查所报告的动态提供有价值的背景信息。霍夫斯泰德（2005）建议跨国经营的管理层既要了解当地情况，又要对当地情况感同身受。霍夫斯泰德认为，国家文化在如表10.1所述的几个方面存在差异（Brewer and Venaik，2014）。

表 10.1　霍夫斯泰德文化维度

霍夫斯泰德文化维度	描述
权力距离	国民对人民之间的不平等习以为常的程度
个人主义	社会对个人或集体成就和人际关系加以强化的程度
阳刚之气	文化对支配、自信、物质获取有益的程度对比文化对人、感觉和生活质量有益的程度
规避不确定性	国民对结构化解决方案的偏好程度
长期导向	与短期行为相比，未来导向（例如储蓄）价值观所达到的程度，这意味着采用过去与现在的视角，例如履行社会义务并尊重传统

通过了解组织经营所在国的文化背景，可以更好地理解人们释放出来的动力。在理解特定环境的动力时可尝试采用这个理论，将业务运营中所释放的独特人员动态情境化，就可以在干预过程中对需要解决的问题以及如何解决这些问题进行强化定制。

霍夫斯泰德研究的基准数据可从互联网上轻松获得。需要记住的是，霍夫斯泰德使用的特定样本组是在特定组织环境中完成的，因此我们需要考虑这个数据是否适用于接受研究的总体人群。

全球研究法

全球领导力和组织行为有效性研究法（Global Leadership and Organizational Behavior Effectiveness Kesearch，GLOBE）简称全球研究法，扩展了霍夫斯泰德的工作成果（House et al.，2004）。这种研究方法分别考虑了表 10.2 所描述的 7 个不同维度。

表 10.2 全球研究维度

全球研究维度	描述
绩效导向	指的是社会对高水平绩效的鼓励程度,对创新和改进的奖励程度
自信	指个人在社会关系中表现出的自信、强硬、支配性和进取性的程度
未来导向	社会或组织成员相信自己的行为会影响自己的未来的程度,奖励那些公平、宽容、无私、善良和关心他人的个体
人文导向	指集体对公平、宽容、无私、善良和关心他人的个体的鼓励与奖励程度
制度集体主义	指社会的组织和制度规范与实践在何种程度上鼓励和奖励集体行动及集体资源分配
团体或个人集体主义	描述个人在组织和家庭中表达自豪感、忠诚度或凝聚力的程度
性别平等主义	指集体最大限度地减少性别不平等的程度

在组织中解释参与度研究结果时考虑到这些方面,可以极大地帮助人们理解不同的世界观以及如何在不同国家开展业务。本章后面介绍的"包容性螺旋动力学"方法就考虑到了国家文化中的这些方面。典型的做法是使用混合方法收集数据,将官方的霍夫斯泰德数据与社会系统中出现的主题进行比较,来确定社会系统中发挥作用的国家文化动态。

特朗皮纳斯研究方法

特朗皮纳斯和汉普登－特纳（1997）确定了表10.3所示的7个部门，可以在不同的文化中进行比较。

表10.3 特朗皮纳斯和汉普登－特纳维度

特朗皮纳斯和汉普登－特纳维度		描述
普遍性	特殊性	规则相对于关系的重要性
个人主义	社群主义	作为个人或群体发挥作用
具体	扩散	使个人生活和工作区分开来的程度
中立	感性	是中立的还是表现出了情感
成就	归属	必须证明自己才能获得地位，还是可以被赋予地位
过去—连续性	未来—共时性	是一次完成一件事还是同时完成几件事
内部	外部	是控制环境还是受环境所控制

本章的目的不是提供有关国家文化各个方面的全面文献综述，而是要使读者敏锐地意识到应该从组织动态的角度研究国家文化或主导文化，不能孤立地分析组织和组织中的人员。研究这些动态可以提供有关组织动态的有价值的信息。需要提醒组织变革和发展顾问、领导者和实践者的是，在解释任何商业智能结果，如参与度研究结果时，要注意多元文化的动态。

螺旋动力方法

本书专注于研究螺旋动力学理论，本书第一部分已描述了其理论基础。为了避免重复，表10.4展示了改编自贝克（2013）的一个关于螺旋动力系统和原型的不同表述。

表10.4 螺旋动力系统和原型

组织的传奇
每个格雷夫斯式价值系统都有其独特的组织模式，这些组织模式经过了演变，可以使系统资源与运用它们解决的那些已触发的发展问题相适应

1.A-N"群体"（个体性）
· 群居行为
· 强者包围并保护弱者
· 居住在一起进行繁衍、觅食等行为
· 由天气以及食物和水的供应情况决定人的移动迁徙

2. B-O "部族"（集体性）
· 圆周形态的氏族、亲属、部族和家庭结构
· 由亲属关系、性别、年龄和血统决定人的角色
· 严格保留生活方式和文化
· 由尊长/萨满提出建议，由酋长做出决定
· 要求服从领导者/尊长的习俗

3. C-P "帝国"（个体性）
· 权力导向——强者生存得最好
· 由最有权势的人做出决定
· "大老板"指导着推动群众工作的管理者
· 向下沟通，实力决定关系

续表

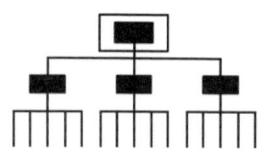

4. D-Q "被动等级制度"（集体性）
· 严格而僵化的结构和等级规则
· 由具有适当地位和权力的人做出决定
· 神权通过世俗的权威得以表达
· 跨阶级的向下沟通和横向沟通
· 人们停留在"本属于他们"的地方

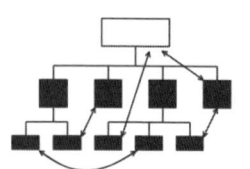

5. E-R "主动等级制度"（个体性）
· 官僚主义和地位导向
· 由接受了授权的人做出决定
· 分配特定份额的职责
· 向上、向下和横向沟通
· 权力与组织中的威望和地位相关——允许向上晋升

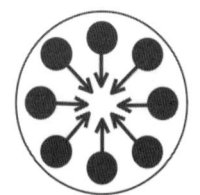

6. F-S "社交网络"（集体性）
· 平等互利的组织
· 不关注地位或特权
· "人"作为一个群体来做出决策
· 全方位地频繁沟通
· 强调共识、情感敏感性和人类需求

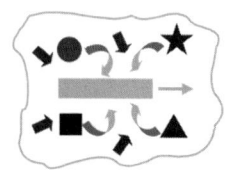

7. G-T "功能流程"（整体性）
· 根据当前任务决定结构
· 以项目为中心，不断变化的"功能性"领导层
· 由有能力者做出决策
· 仅在必要时进行沟通
· 如果情况适合，可采纳 B-O 至 F-S 中的任意密码

表10.4中展示了格雷夫斯确定的八个密码中的前七个，最后一个"青色"密码未包含在此表中，因为它未在组织中得到体现。这一理论应用于主导文化动态时，其重要性不容低估。在表10.4中，

第一列表示思维结构或特定结构的分形，第二列包含了对于理解组织中的人员动态非常重要的信息。"米色"没有固定的组织模式。"米色"的人为了生存，哪里有食物或金钱他们就会去哪里。维尔乔恩和劳布舍尔积极地致力重新构建"米色"概念。而且，他们还与安娜玛丽·沃霍夫（Annamarie Voorhoeve）等人一起参与了海牙人类发展中心（Den Hague Centre of Human Emergence）的"米色之美"计划。

"紫色"的思维结构是以圆周形态组织而成的。在部落或社区的中间有一个领导者，诸如一位尊长或一位父亲。社区中的其他人服务于尊长的需求。这是一个集体性的系统，部落很重要。身份是根据他人、土地和天空来定义的。通常人们会选定图腾动物，让图腾动物的精神栖居于部落内。新兴经济体中普遍存在着"米色"和"紫色"两种思维模式。

"紫色"是和平的，而且能从字面意义上解释事物。陌生人可能是一个真正的天使。重要的是，组织必须了解，新兴经济体中的非洲南部至少有65%的人具有"紫色"思维结构。劳布舍尔在2013年的博士学位论文中阐述了这一主题，丰富了人们对"紫色"密码的理解。

尽管如本书前几章所述，世界迫切需要功能性系统思维，但"第二层级"的"黄色"密码作为一种价值系统，在新兴经济体的普通民众中远未充分体现出来。"青色"密码也是如此。贝克（2013）解释说，目前还没有到达临界点，也还没有足够多的人可以创造全球思维体系的转变。劳布舍尔（2013）热诚地警告说，我们不应将精力花在成为"黄色"或"青色"上，而应将注意力聚焦在世界需要我们的地方。全球领导力的挑战是：

> 如何找到功能性的"第二层级"方法，使"橙色"和"蓝色"的领导者能够通过"紫色"和"红色"的员工来执行组织策略？

参与多元文化组织

按照国际惯例，薪酬支出会占组织总成本的60%至80%。加拿大领导力理事会（Leadership Council of Canada，2008）发现，国际上只有28%的人真正参与——将自己的才能带到组织中来。维尔乔恩（2017）发现，在新兴经济体中，只有20%的人真正参与到了组织中。实际上，人力资本投资的投资回报率（Return on Investment，ROI）往往都没能得到提高。

越来越明显的是，人类密码不同，对应的参与驱动因素也会有所不同。为了生存，"米色"的人类会在很短时间内参与到组织中来。"紫色"的人类会致力满足其家庭和社区的需求。"红色"的人类如果认为他们自己可以取得胜利并获得权力，他们就会参与进来。"蓝色"的人类参与到组织中的前提是人们遵守规则，而组织也符合道德规范并有着长期的激励措施。"橙色"的人类参与到组织中的前提是他们将组织视为优化系统的工具，同时自己的个人需求能得到满足。如果组织中存在动态增长又具有包容性，"绿色"的人类就会参与进来。如果他们仍处于组织内且有权优化整个系统，"黄色"的"第二层级"密码就会参与到组织中来。

不同的螺旋动力密码抛出的问题不同，因而导致人们的行为表现不同、判断不同，产生的意义也不同。在参与到系统中时，我们应特别将原型思维系统考虑进来（Viljoen，2014）。这个方面对领导者而言至关重要，因此不容忽视。如果领导者能够理解他们所在的系统中人们的思维结构，那么他们就能够相应地调整沟通、策略、奖励、赞赏、纪律和文化。

描述主导文化非常重要。参与度基准就是这样一种描述这些思维系统如何在处理大规模系统中主导文化的方法部分得到体现的工具。这种理解对于创造能够让身处多元文化环境中的员工得以参与的条件极其重要。正如克罗地亚的一位商业领袖所解释的那样："如果有健康的土壤，那么植物自然会健康。有机农业告诉我们，应把一切重心放在培育土壤上，而不是过度关注植物本身。如果改变了思维方式，那么几年内你的土壤中将不再有农药。"作为一名"紫色"商业领袖，这位商业领袖用比喻的方式讲了这样一番话。了解特定员工所需的土壤（人文条件），以便将他们的声音传达到组织机构中，可以在很大程度上帮助企业领导者构建起可持续发展的公司。

非洲样本组的参与动态

全世界的人在电视上看到的非洲的图景往往是这样的：严重的艾滋病危机、埃博拉病毒威胁、残酷的内战、西方努力影响非洲民主进程并为他们提供债务减免、各种野生动物，还有电影《血钻石》(Blood Diamond)中描绘的残酷场景；然而与此相对的是，在非洲还存在着伟大的人性和智慧。坦桑尼亚人将自己描述为长颈鹿，是在内心默默哭泣的卑微动物（Bateman and Bobbett, 2001）。这是"紫色"密码社会的典型特征。如今，在非洲开展业务的组织有了神圣的机会可以配合当地社群的生活节奏和天性，为人们留下真正可持续的遗产。

在非洲，讲故事是一种无形而又普遍存在的文化形式，因为具有这种特性，其得以在殖民主义和基督教影响下幸存下来——无法被压制、操纵或剥夺（Lessem and Nussbaum, 1996）。非洲文化多数是口头文化，因此非洲文化中充满了极大的欢乐。讲故事是非洲领导人的核心能力（Lessem, 1993），因为社交能力会决定人们的社会地位和社会见识；具备讲好故事的能力，可以提高管理者的管理敏感性和管理技巧（DePree, 1989）。对每个人来说，无论讲的是神话、传说、比喻、寓言还是仪式，都能体现这一点（Jung et al., 1978）。克里斯蒂和雷森等人（1994）将非洲人描述为天生会讲故事的人。非洲领导者可以将此天赋作为礼物奉献给商业世界。

霍夫斯泰德（1980）警告说，参与国际工作时，人们往往倾向于根据自身经验和自己的本土文化采取行动。组织所在国家的外部文化会影响组织文化（Sagiv and Schwartz，2000）。西方领导者在非洲国家开展业务时应考虑到这些多样性因素。

下一小节将分享两个非洲案例的故事。在这两个案例中我们均使用了螺旋动力和参与度基准来描述主导文化动力和其他参与因素。

在东非开展业务：坦桑尼亚

案例组织

在维多利亚湖以南的一家金矿中，每天都在开采贵重的黄色金属——黄金。重型机械的轰鸣声和车辆进进出出是这座矿上的常态，在2001年矿上出产了约50万盎司的黄金，而在此基础上，2002年的黄金产量又增加了近15%。在开矿前，当地村庄的人口不到3万；如今，这里居住着约12万人，其中80%的人以各种方式依靠这座金矿生活。2005年矿上出产了300万盎司黄金，取得了重大成就，为坦桑尼亚的黄金生产做出了重要贡献。

2005年以前，矿主一直广泛使用承包商来履行几项采矿职能，而在2005年，他们决定进行自营采矿，即将承包商、员工和设备以及矿山作为一个统一的实体来购买。从逻辑上讲，这对增加员工人数，加强矿山设施的使用，设备的维护和操作，将各种熟练员工和非熟练员工纳入现有员工队伍中，以及整合来自世界各地的人（以及他们的思维模式）的情感和多样性等方面有着巨大的影响。

当时的员工规模在480名全职员工数量的基础上又扩增了1 685个全职承包商。现场还有14个承包商雇用了剩余的工人。这样一来，矿上不仅需要整合员工，还需要整合流程、结构和运营等方面。

干预

为了理解员工和承包商的思维模式，我们进行了一项参与度研究，其中也描述了螺旋动力分布。研究表明，员工重视执行任务的实践指导，具有切合实际的期望，需要具体而明确地逐步说明，并期待产生特定的成果。这项研究认为员工值得信赖、善良体贴、敏感温柔且极其善于观察上级的行为。员工大多为"紫色"，管理者为"蓝色"。员工们对管理层的描述是冷漠、寡言、矜持、令人难以捉摸。

研究结果令管理层感到惊讶，因为他们本以为员工会要求得到更高的薪酬。环境气氛研究的结果清楚地表明，与其进行货币干预，不如也将监管发展、软技能培训和战略调整重视起来。

于是该组织起草了一项转型战略，提出了拟议的干预措施，并实施了基于巴龙（2003）理论的情商之旅。

由于整个管理系统（执行委员会、管理委员会、部门主管和监理人员）都受到了这种重组工作的影响，因此他们实施了特定的组织发展干预措施，即基于情商理论的自我控制过程。所有参与其中的领导者都参加了为期三天的人本主义发展干预，重点关注系统思维原则、新的工作世界以及个人价值观与组织价值观的关联方式。在干预过程中，特别强调了情商发展、在多元文化环境中进行良好运作的能力以及如何提高参与度。

执行委员会（Exco）团队和管理委员会（Mancom）团队在外部场地参加了一个推动团队建设的会议。会上利用人格类型差异作为这种人文组织发展过程的基础。这次会议的重点是了解个人之间的异同，决定角色和责任，并分享彼此的期望。会上大家重新审视了组织的价值陈述，小组成员共同为团队创建了目标。

会议结束两周后，该组织中26位最高级别的员工参加了塔维斯托克（Tavistock）精神分析活动（Cilliers and May, 2002）。塔维斯托克活动的重点是处理小组内部的无意识动力，探讨组织内部的政治手腕、权力游戏和分裂等问题，在有利的环境中探讨组织中产生信任问题的原因。每个人都有机会就自己的行为对他人产生的影响提供反馈，并且他们对应采取、继续或终止的行为和行动达成一致。活动中大家提供了直接反馈，并解决了所有"不可言说的问题"，例如外籍人士与当地的动态问题。

为了优化团队动态，所有自然团队（在日常运营中一起工作的团队）都应参加团队发展会议。在团队发展会议上大家探讨了情商理论。正如罗杰斯（1985）所描述的，推行这一决定时也采用了基于情商理论的人文主义促进方法。通过运用这种方法，行为会得到规范，同时行为产生的意外影响也会显现出来。

通过应用工业剧场，全体员工都参与其中，重点关注多样性动态、系统中的刻板印象和对组织挑战的共同理解。在大型系统活动中，协调员通过讲故事来协助员工专注于自己的情商技能并共同制订行动计划，以改善工作场所的动态。这些干预措施的重点是影响员工的思维模式并增强同理心、自我尊重和加强现实检验。为建立大家对矿场中当前任务的共同理解,他们使用了"一起攀登乞力马扎罗山"的比喻,即以恭敬的方式共同努力以取得组织的成功。

干预结果

由于管理团队发生了重大变化,因此没有进行后续的文化研究来确定组织间动态的变化。但是,在进行干预之后的两年内,组织中的 13 位高层管理人员中有 8 位获得了晋升。

事后进行了情商指数测量,以确定管理委员会团队中选定成员的个人成长情况。参与重新测量的一组人员由 5 名外籍人士和 8 名当地人组成。情商总分从 104 分提高到 110 分。在参与事后测量的 13 名领导者的那组样本中,只有 3 名领导者的情商总分没有提高。由于总分未提高的 3 人中有 2 人经受了个体创伤,因而可以推导出在这些人当中,未受任何特定因素影响而总分下降的只有 1 人。

由统计结果可以肯定地得出结论:在增强自信、强化自我尊重、改善人际关系和提高自信分量表上的情商指数得分方面,这次情商之旅取得了我们想要的结果。理解螺旋动力学理论,可增进情商的发展。尽管在统计上不显著,情商之旅进行期间针对性设计的其他两个发展分量表,即解决问题分量表和乐观分量表,大家的得分也分别提高了 5 分以上。

管理的目标是在不浪费生产时间的情况下整合两种劳动力。最后举行了一个小时的庆典,仅在此期间生产活动有一次暂停。没有浪费生产时间，也没有因浪费生产时间而给人们造成伤害。此外，外部国际审计师已将这次成功的组织融合记录在册，并确定组织发展计划是促成这一成功的因素。

在西非开展业务：加纳

案例组织

最初，在加纳进行参与度研究是因为那里生产水平低下以及大家普遍觉得加纳人懒惰。有人会问：一个第三世界国家是否真的能够遵守国际安全和质量标准？执行管理团队的成员们几乎都没有想到，短短9个月内，员工们对工作的态度就从一开始的漠不关心转变为全情投入，该矿也获得了国际安全奖（且此后连续8年持续获奖）。在不到一年的时间里，员工的表现超出了人们的所有期望。

参与度基准研究的结果与执行管理团队的原始假设大相径庭。员工们感到自己未获得尊重。这主要是由以下原因造成的：

- 员工的居住地与工作地点相距22公里，且道路经常被雨水冲毁，路况很糟，在这段道路上开车要花一个半小时左右的时间。
- 午餐时食物未煮透。
- 矿坑中没有水源供应。
- 淋浴设施不足，员工无法干干净净地回家。
- 领导者不与员工交谈。

研究还表明，98%的员工具有"紫色"模因密码，而首席执行官具有明显的"橙色"密码偏好。除执行委员会团队的一位领导者表示他具有"红色"思维模式外，其余8位成员均遵从"蓝色"价值系统。当研究团队参与进来时，管理层不愿意在无法生产的资产上投入更多的资金，因而我们必须找到创新的方法来弄清当地的情况。

干预措施

加纳是一个拥有78个部落的国家，它靠近赤道，平均温度为39摄氏度，湿度通常在98%左右。加纳有两个季节——夏季和雨季。一年中有三个月的时间，风会从撒哈拉沙漠吹来，尘土将一切都染成红色。

在最初的对话中，负责案例组织和社区工作的加纳人明显展现了出色的"紫色"思维系统。参与度转换策略的设计很大程度上取决于这种判断。

首先，在开始参与度研究之前，我们咨询了当地的南纳（酋长）。研究小组解释说，他们来这里是为了聆听，并请求与人们进行交谈。这是一次非常有帮助的尝试，每个人都愿意分享他们的观点。

员工表示有接受咨询的感觉。最初，他们不信任这种参与过程，尽管越来越多的人（不一定都接到了参与特定会议的邀请）参加了会议，但一开始人们说话很少。但是很快，分配给员工的空间就显得太小了，容纳不了所有人。而在接下来的五年中，研究团队在那里时,就会有一种美好的氛围和能量释放出来——每个人都想分享自己的故事。尽管不是每个人都能与研究人员交谈,但研究人员会在他们发现的材料上都写下笔记,通常以当地的契维语(Twi)书写。因此,要听每个故事,都需要经过翻译才能理解每一条信息。

探究有两个阶段——首先进行研究,然后给出反馈。这构成了更大的组织发展和变革过程的一部分。在反馈会议上有一些有趣的时刻。当研究人员说了一些所有人都同意的话时,这群人喊叫起来,简直就像一个人发声一样。尽管调查表要求匿名填写,但在加纳,人们坚持在表格上写下自己的姓名——表示大家必须听到他们的声音。

在介绍了参与度基准之后,一位加纳领导者提出不理解为什么外国人要把这个问题搞得如此麻烦。"如果希望有客人来访,就要让家里保持温馨,我们的组织不就是员工的家吗?"对于我们组织中的领导者来说,这似乎是一个值得思考的问题。

领导者是否会花费精力打造温馨的文化,并在工作场所中给员工带来心理安全感,从而为他们创造归属感?

多年以来,管理团队都在试图解决道路的难题。政府不会在一条600公里长的道路上只修复其中的20公里。要想修整这段路,他们就必须修这一整条路。这根本不划算。

执行委员会团队决定驾驶巴士往返于这条道路,为期一周的时间。一次乘车后,人力资源总监说他头痛得厉害。必须得做点什么才能改善他头痛的情况,所以后来他们就只得打开所有的车窗。总经理从矿坑里移出一台大型刮土机,每天都用它来修整矿工们上班必经的那段道路。当然,矿坑里少了一台刮土机会导致生产量下降。在讨论如何解决这个问题的联合行动计划会议上,一个小组成员提出了与巴士承包商更改服务水平协议的想法。大家一致认为,在未来六年里,所有巴士都必须配备空调。这样,员工乘车时就可以关闭窗户,人们在上班或回家途中就不会被灰尘染成红色的了。这是员工们感到未受尊重的核心问题。人力资源主管立即实施了这一举措,计划在几年的时间里为巴士车队配备空调。但到了第五年,仍有40%的巴士没有配备空调。作为研究人员,我感到非常羞愧,因为我们承诺的事情没能在规定时间内完成。我向小组成员解释说我们的计划超期了。然而,我接收到了最人道的回应。员工们向我确认说,只要情况有所改善,他们就很高兴。那天他们的这一回应增进了我对非洲人的了解。

  员工认为自己没有得到尊重,还因为厨师们未能有足够多的时间准备食物并将食物煮透。通过制定合理的时间表,这个问题很快就得到了解决。

  总经理非常认真地对待这项研究。他想知道每天有多少人参与进来,也想知道为了使情况尽快变好他能做些什么。前一天员工们还在抱怨矿坑里没有水源供应,第二天这个问题就解决了。这样积极而迅速的反应确实有助于确认流程的可信性。

总经理还在工作地点和村庄的巴士车站附近接入了水源。我们从中得出的教训是，研究人员将"不受尊重"这种感觉进行概念化的方式是完全错误的。一些在国际上被广泛使用的工具提出的问题也是错误的，无法触及诸如尊重等概念的核心。加纳人热爱工作。他们在工作的时候，时间不会飞逝。这是一个他们无法理解的概念。他们不是为了打发时间工作，对于他们而言，工作也是生活。加纳人为自己的工作感到自豪。他们不想脏兮兮地去上班。他们也不希望回家时满身都是红色的灰尘。饮食就像一种仪式——这在加纳人看来是非常重要的一部分。给人吃未煮好的食物，在"紫色"密码价值观里确实是失礼的。对"紫色"员工而言，情况就是这样。对他们来说，与领导者保持联系也很重要，哪怕仅仅只是见到他们。于是，尽管会让国际企业办公室感到沮丧，但每到周三，总经理都会启动一次路演，与所有员工进行交谈。

干预结果

在接受研究的 8 个月时间里，该矿获得了为跨国公司颁发的国际安全盾牌奖，这是非常出色的成绩，因为仅仅几个月前，在该奖项候选时它还排在最后一名。

我们针对加纳的文化动态又重新进行了五年的测量。在连续的参与度基准测量中，当地加纳人认为，他们受到了尊重并表现出更高的参与度。《包容性组织发展》（*Inclusive Organizational Development*；Viljoen，2015）一书中发布了完整的研究案例，其中也报告了对生产力和其他业务指标的影响。

非洲的动态很容易被曲解。那些将自己的足迹延展到这片多元化大陆的组织者必须考虑到，不同的思维结构在这里发挥着作用。与其假设非洲人必定与其他第一世界国家的员工相似，不如从深层的民族志学视角，特别是在螺旋动力的影响启发下出发，这样可以极大地帮助我们转化策略并理解组织动态和提高参与度。

澳大利亚样本组的参与动态

南非的研究人员很难在澳大利亚进行参与度研究。澳大利亚人天生就不愿意考虑他国顾问的见解。在这里，我们与4 000多名员工一起工作了5年。起初，这些群组成员可谓是不情不愿，甚至是消极被动或咄咄逼人的。他们不把我们当作"同伴"看待。然而，情况很快发生了变化，因为群组成员们逐渐认识到，研究人员不会意图将另一个世界的模型叠加到他们身上，而是会向他们请教，来了解对他们而言什么是重要的。澳大利亚人不一定会看重本国以外的事物。在我看来，如何做比做什么更重要。顾问和经理们经常访问澳大利亚，基于模式告诉他们如何把事情做得更好，甚至根本不先去考虑为什么要以特定的方式做事。澳大利亚人有时还会因为语言上的玩笑而动怒。曾有其他组织的一位部门负责人想敦促他们在最后期限内完成工作，就使用了一张步枪的图片和一个纸盒，盒子上写着："把它给我，否则……"澳大利亚人根本没有给出幽默的回应，而是对这位部门负责人提出了正式投诉，认为他的做法很无礼。

而同样的这句话写给加纳人,却逗得他们整个团队笑了一个星期。

参与研究的澳大利亚人格外恭敬有礼。人们不必大声说出彼此的不同意见,因为维持合作关系很重要(出自《参与度基准报告2013年版》)。如果反馈不积极,也会带来问题,我们尽可能久地规避了这样的情况。此外,生活方式也是个重要问题。人们认为工作不一定非得在明天完成,到时要是做不完我们还可以继续做。而对于来自其他国家的外籍人士来说,这就有点问题了,因为这样会显得过于闲散。

我们进行了一项文化研究,大多数澳大利亚人的螺旋动力偏好都显示为"蓝色",这代表了"遵守规则"。可是,这仍然是一个集体系统,因而也揭示出了同伴情谊。这是一个兼容的系统。"蓝色"系统通常会有"家庭秘密",他们也确实会以令人不悦的方式发表对自己组织的看法。在信任关系受到损害的澳大利亚系统中,参与电子研究会使消极影响加剧。员工心里会存疑,想知道是否可以追踪他们的问卷。他们做的电子问卷与随堂做的匿名问卷相比也存在18%的数据差异。这一动态证实了确实存在这样的假设,即"我们不能畅所欲言""我们要保护自己""他人不应该知道"。如果无人监管,就得自行遵守规则。然而,有趣的是,澳大利亚人衡量问题的方式阴柔而委婉。在反馈中,我开玩笑地说他们是大泰迪熊,大个子矿工们竟都赞同我的看法。他们让我去看澳大利亚输给跳羚队的那场橄榄球比赛,看看他们是怎么哭的。

澳大利亚的焦点小组喜欢科技和数字化。其成员觉得用书面形式进行研究很无聊，科技能创造奇迹。由于他们的组织层级结构森严，所以将总体研究结果首先反馈给最高领导者就显得非常重要。这些看不见的层级结构应当得到尊重。

这个集体极具包容性——在我曾经工作过的系统中，只有这个系统要求每个小组成员下班后都要进行社交活动，从而与更多人建立联系。他们还邀请长辈来照看孩子（也许是为了获得退税），不过家庭动态、孩子、兄弟姐妹和朋友都可以成为社交对话中的一部分。也许是由于原住民的人口比例很小，这种动态并未被记录在组织文化研究中。然而，他们提醒研究人员要谨防扒手。他们在这种多样性动态层面仍未得到整合。

人是出于知识视角得到接纳的，而非出于权威视角。在澳大利亚开展业务，必须得非常小心，不要表现得骄纵、自大或傲慢。忠于自我、真实可靠的人能走得更远。这个社会的集体性特质使得人们也会欣赏讲故事和说寓言的人。但需要提醒的是：不能讲"紫色"故事。隐喻或愤世嫉俗的幽默故事会令人印象深刻，但多愁善感的故事却不会让他们感兴趣。

部分中国员工样本组的参与度动态

>一个人的脚有多大，得到的尊重就有多大。

以部分中国员工为代表的参与度呈现出非常有趣的动态。三个组织参加了参与度研究，8 000多名中国员工构成了部分样本组。可是每次中国员工样本组成员都不愿意参与研究。此处所述的研究是指在中国一家银行进行的参与度研究的一个组成部分。

我们事先召开了三次准备会议才说服样本组成员完成表格。关于直属经理问题的所有答案都被架高到一定程度，人们明显抗拒对直属经理或老板发表任何负面言论。然而，随着过程的发展，我们建立起一种可爱的仪式。我们以一种特定的方式向彼此表达问候——躬身的同时互握双手来表达问候，以示尊敬。有些方面并不是口头上表达出来的，而是以戏剧化的方式展现出来的，这就创造出了很多乐趣。最终，他们的目光都聚焦在领导者身上以获得认可。尽管由于儒家的信仰结构和长远愿景的影响，可以预料到在系统中会表现出大量"蓝色"，但无论年轻人还是老年人，"紫色"都得到了体现，给别人留面子、遵循仪式、赞扬老祖宗并会参考他们的处世原则。即使是年轻人也很谨慎，不会冒犯老祖宗，尽管他们并不觉得这之间有任何影响或依赖关系存在。

过多使用第一人称语言（"我"如何如何）会令人感到不悦。关于自我的表达会以团体或集体的形式表述出来。东道主文化在这里表现得很明显。中国员工样本组会最大限度地尊重外国人。如果外国人想要了解中国人真正的内在思维模式、结构和信仰并进而成为该群体中的一部分，建议他们严格遵循中国人的处世方式。得分较高的是在参与度、团队合作和战略认同方面。表面看起来他们的行为似乎是"蓝色"的。然而，文化研究显示的条形码大多是"紫色"

的，并带有少许"红色"和一点"蓝色"。而99%的参与者表示他们与集体联系在一起。

以上信息可以为那些派往中国工作的顾问或商业领导者提供帮助，便于他们尝试在中国开展运营之前可以了解这种集体文化的微妙动态。螺旋动力学也能为此提供很大的帮助。把建立关系放在第一位，尊重他人比处理手头的任务更为重要，尤其在初次会面时更应如此。了解中国人集体性心理的动态也有助于增进全球利益相关者与他们在国际空间中的中国商业伙伴之间的关系。

结语

在本章中，笔者试图从丰富的背景和整体视角来阐述参与度，并强调了确保组织发展研究或参与度研究工作具有多元文化敏感性的重要性。笔者还提出了一种流动的新兴方法，能够允许我们在个人、群体、组织和主导文化领域具有可渗透的边界。参与度基准哲学就是这样的一种方法。

我们必须聆听不同人的故事——倾听他们讲述的故事，更重要的是，也要倾听那些他们未提及的故事。在我们的社会系统中，必须找到一种方法来描述或系统地呈现这些故事和动态，以便了解组织中的社会和权力格局。从这些叙事和故事中获得的见解可以在几个方面为领导者带来极大的助益：首先，能帮助他们理解个人、群体、组织和主导文化之间的系统性相互作用；其次，能帮助他们诊断和决定在什么地方、如何实施干预措施，便于他们以功能性方式构建组织动态，以及应当干预到何种程度；再次，能帮助他们量化参与度转化策略的影响；最后，能协助领导者收集兼容格式的元数据。这样做是为了确定领导者最初在何处找到了系统以及又在何处离它而去。这可以用来量化他们的行为带来的影响。在某些情况下，由于黄金价格处于极低水平等因素，我们在进行这项研究工作时业务指标会出现下滑，但仍可能在安全和生产上显示出文化层面的积极转变。

在讨论我们所实施的参与度转化策略时，我们考虑到了坦桑尼亚、加纳、澳大利亚和中国的独特文化因素。这些结果和故事构成了参与度基准研究数据库的一部分，该数据库由五大洲42个不同国家的5.5万多名参与者的数据构成。

企业领导者需要了解螺旋动力知识并知道自己所在组织、社群和员工的独特条形码，这是大前提。显然，普遍的领导力挑战是如何让"紫色"和"红色"人员实施"蓝色"和"橙色"的组织计划。实际上，为了优化组织系统中千变万化的差异，领导层需要进行"第二层级"的功能性思考。通过认真了解员工和包含特定组织的社会的信息，就可以获得能够确保这种转化顺利进行的深刻见解。

注：本章内容源自笔者所著的《组织变革与发展》中的一章，该书于2015年由知识资源出版社（Knowledge Resources）出版。

第四部分

螺旋动力辅助技术

· 螺旋动力辅助技术

第 11 章　螺旋动力辅助技术

引言

本章将介绍与人类本性"主密码"互为补充的各种技术。"黄色"和"青色"密码都属于"存在"系统。"黄色"密码是由差异和变化构成的混沌机体,而"青色"密码是一种优雅而平衡的连锁系统。

随着新的生存状况出现,新的密码形成了。我们不能否认,当今人类面临的生存状况比以往任何时候都更具挑战性和危险性。贝克解释说,我们面临着令人兴奋的选择。在 2002 年接受《什么是启蒙?》(*What is Enlightenment?*)杂志的杰西卡·鲁米舍尔(Jessica Roemischer)采访时,他又讲道:"……从塑造自然栖息地到基因拼接,再到通过各种方式利用科学改变人类体验的一切,我想还没有人意识到这意味着什么。作为一个物种,我们以前从未有过这种能力。"他进一步推理,认为以核武器形式表现出的力量是在较复杂的"橙色"密码影响下发展得来的,在这当中具有以往"蓝色"密

> "红色"影响的时间短、力量有限,但会频繁反复地搅动出现,对全球和平构成真正的威胁。

码的稳定影响,现如今却处于"红色"密码的控制之下——不再受到"蓝色"的影响、管控和问责,也感应不到随着这种特殊技术的发展,会在"橙色"中出现相互破坏的潜在可能性。"红色"影响的时间短、力量有限,但会频繁反复地搅动出现,对全球和平构成真正的威胁。

> 这是我们这个物种所面临的一个主要风险。

本章介绍了一系列支持性、互补性的技术,由于它们在哲学上具有一致的基础,故而这些技术可以在转换过程的介入阶段结合螺旋动力学加以应用。值得注意的是,本章通过介绍辅助技术之间的交织联系,描述了贝克多年来精心设计的独特方法。通过本章所述的不同技术间的交织联系,读者可从书中介绍的各种案例中找到能够证明人们的转变尝试的一些实际应用和整体方法。

爱迪思(Adizes)方法

爱迪思方法与螺旋

爱迪思的方法论和知识体系与唐·贝克博士关于自然设计的观点高度一致。多年来,螺旋动力学与伊查克·爱迪思的方法间的融合不断加强,形成了一种充分共生的关系,从而一同促进了爱迪思商学院（Adizes Business School）各种博士学位课程的开设，并将螺旋动力学纳入该研究机构的博士学位课程当中。

爱迪思方法的构成部分

爱迪思方法的知识体系由4个部分构成，即模型、方法、行为准则和语言，还有爱迪思方法的专业实践。从概念上讲，这些部分是各不相同的，但实际上，它们构成了一个统一且高度融合的知识和实践体系。

这个部分的目的不是要详细描述爱迪思方法的构成部分，而是要提出一种综合性的观点，以衬托功能性螺旋动力学中的"黄色"决策者角色。

组织作为有机体存在

生命有机体是有机组织的根本隐喻。这个生命有机体将实体视为一个整体，因而它具有综合性；它采用格式塔视角看待事件，因而又具有整合性。在爱迪思看来，组织是有良知、有意识的生命系统；因此，爱迪思模型中就包括了：

- 以人为本的组织模式；
- 像对待人那样对待组织的方法；
- 人本主义行为准则（Selznick，2008）；
- 语言。

在四种世界假说中，有机体说是整合程度最高的一种假说。对我们而言至关重要的一点是需要记住，隐喻中最重要的信息是与行为相关的，而非与实体相关（Morgan，1997）。

爱迪思企业生命周期

组织诞生、成长、成熟、老化，最终会走向衰亡。换言之，组织的生命周期具有可预知的特性。这一周期可划分为成长期和老化期两个范畴。作为人的组织拥有价值观，而作为生活和文化的存在，组织拥有其语言。图11.1展现了爱迪思企业生命周期。

从图11.1中可以清楚地看到，久而久之，随着组织老化，控制度的提高会损害其灵活度，造成至关紧要的内部聚焦。该图与西格蒙德曲线（Sigmund Curve）和贝克的领导力方程式（Leadership Equation of Beck）非常相像，它警示领导者们要同时关注其社会空间内外部的生存状况。

在爱迪思看来，作为不断变化的现实的世界具有赫拉克利特式（Heraclitean）本质。他把变化视为机遇和威胁的源头。组织就像其他生物体一样，都是处在一个感知并适应世界变化以求生存和发展的持续不断的自我创造过程之中（Varela et al.，1974）。

考虑到变化的存在，当子系统没有同步发生变化时，子系统之间就会分裂瓦解。组织和所有生物体所面临的挑战都是如何能够在保持融合的同时做出改变。因此，一体化是爱迪思方法中的关键价值和主旨所在。

该方法将组织视为类似人一样的、存在水平更高的实体。为了实现短期及长期的运作,它们需要能量,且必须履行生产、管理、创新和整合这四项基本职能(Adizes,1970)。

为适应外部变化,组织需要做出与内部变化相关的决策并加以实施。在爱迪思看来,决策所需的流程和要素,与实施阶段所需的流程和要素是相异并且对立的。

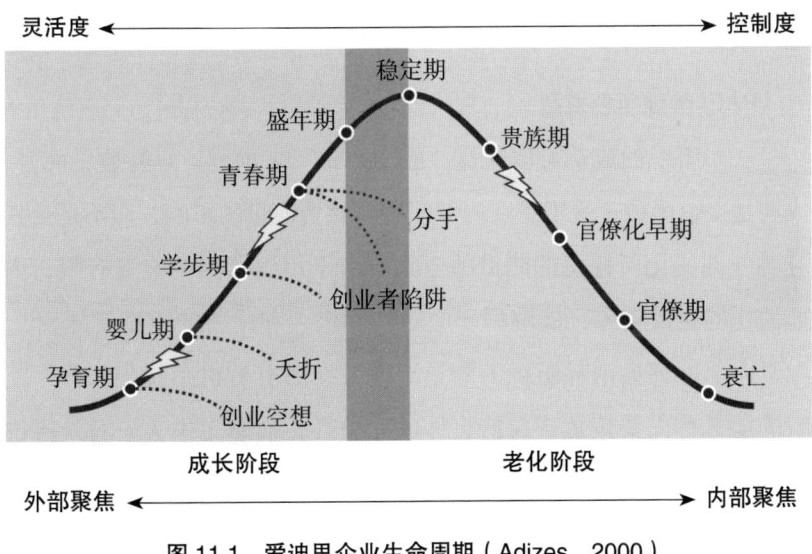

图 11.1 爱迪思企业生命周期(Adizes,2000)

内部冲突的四个来源

爱迪思提出了内部冲突的四个来源——其中有三个冲突来源为他所原创,而第四个是由瓦尔德苏索(Valdesuso)基于贝克和科万

> 成功是一个函数,受组织在内部问题上耗费能量的影响,而不是受其应对外部变化所耗费的能量的影响。

(Beck and Cowan,1996)的研究提出的。这四个来源分别为:

- 不同的管理风格——PAEI管理角色模型;
- 不同的利益——CAPI;
- 不同的认知——是、应该、想要;
- 不同的价值观——螺旋动力。

下面来简要讨论以上每个冲突来源的内容。

PAEI管理角色模型

一个组织的成功可以通过"成功公式"来预测。对爱迪思而言,成功是一个函数,受组织在内部问题上耗费能量的影响,而不是受其应对外部变化所耗费的能量的影响。由于组织可用的能量有限,内部消耗的能量越多,能够用于应对外部机会和威胁的能量就越少。

内部冲突会消耗组织的能量。就像在所有有机系统中一样,组织的能量首先要聚焦于保持自体的完整性,而非集中去应对外部挑战,这就是自我平衡原则。由于内部冲突会造成能量损耗,因而避开具有破坏性的内部冲突是一个事关生死存亡的问题。PAEI管理角色模型也会在组织生命周期的过程中发生改变。

CAPI

在做决策时,我们需要一个成员间相互帮助的团队。在决策的实施阶段,我们也需要联合爱迪思所谓的CAPI,即具有权威、权力和影响力的人一同合作。约翰·安德森(John Anderson)说:"通过冲突，有时甚至是只有通过冲突，我们才能认识到自己的目的和宗旨是什么。"（引自 MacIntyre，1991）图 11.2 展示了权威、权力和影响力的联合作用——CAPI。

权威、权力和影响力的联合作用——CAPI

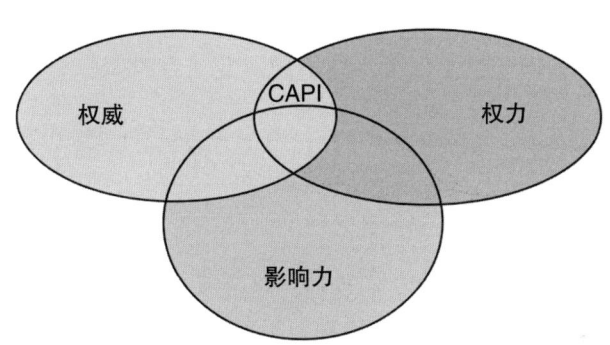

图 11.2 权威、权力和影响力的联合作用——CAPI

不同的认知

需注意，冲突的产生源自人们具有不同的风格、不同的兴趣、不同的认知和不同的价值观，因此引发了重要分歧，即在应对变化时需要存在差异，而如果存在差异又会引起能量损耗冲突，造成内耗（Schumacher，1977）。总之，每个有机体和组织都面临着变化与整合之间的重要分歧。

螺旋动力

尽管螺旋动力学构成了爱迪思方法不可分割的一个组成部分，

但由于稍后我们将对这一主题进行详细讨论，因此这里便不再赘述。爱迪思（1999）假定我们都是"管理不善者"，因而，要想使组织得到良好的管理，就需要互补的团队相互支持。因此，我们就需要采用一种参与式的管理风格，而这种风格本身就需要有一种通用的"语言"。参与式管理要求执行人员参与决策（Aubrey and Cohen，1995）。了解如何与员工以及具有不同螺旋动力的人打交道是至关重要的。

爱迪思方法

爱迪思方法注重的是形式而没有聚焦于内容。在行动过程中达成的共识能造就环境，在此环境中可以更轻松地解决冲突（Selznick，2008）。而结构化的过程决定了发展知识和智慧的形式（Aubrey and Cohen，1995）。爱迪思方法的基础是爱迪思基本公式（Adizes Basic Equation，ABE），即："任务应反映在结构中；任务和结构应反映在信息系统中，而任务、结构和信息系统这三者都应反映在奖励系统中。"

换言之，这四个子系统应通过匹配来进行整合。爱迪思解释说，由于一直存在变化，构成爱迪思基本公式的几个组成部分很少同步发生变化，这会导致系统崩解，而崩解是所有问题产生的根源。

爱迪思方法的道德准则

爱迪思方法采取的立场中，道德准则需要人们为组织的现在和将来的福祉而工作，而不是为个人工作，即便他们是这个组织的所有者也一样。由于这个模型将组织视为生命有机体，并且由于生命是整合的，而死亡是崩解的，因此各种差异的整合而非崩解就成为首要价值。所有问题的产生都是缺乏整合的表现；如果出现问题，就应立即寻找是在哪里产生了崩解。这就是螺旋动力提供的见解所能带来的益处。

爱迪思提倡的所有其他价值观和美德，即尊重、信任、宽容和耐心，也都支持整合。整合对于有机实体非常重要，以至于组织中的能量首先会被用来维持内部及实体的完整性。

每个螺旋动态价值系统对于尊重、信任、宽容和耐心都有着不同的看法。为了体现组织的整合性或包容性，正如维尔乔恩（2015）所描述的那样，各种领域都应整合在一起，从而形成一幅完整的织锦。

爱迪思强调指出，当个人信念与职业或办公室的道德准则发生冲突时，人们必须选择支持自己角色的道德准则。问题不仅涉及应支持个人还是职业中的道德准则，还牵涉何为该组织或职业真正的道德准则。

看待世界的新方法需要用新的语言来表达（Seely and Duguid，2000）。根据罗蒂（Rorty）的说法（引自 Tsoukas，2005），新词汇是用来构建前所未见的新愿景的工具。语言使得人们可以采取集体行动。我们必须认识到自己和他人使用的词汇所起到的作用。语言不仅能描述世界，还能解释世界（Tsoukas，2005）。

使用共通的语言能促进人们之间的沟通和理解，进而促成变革的实现。螺旋动力的语言具有不同的价值系统，持有不同的肢体语言态度（Laubscher，2013）。人们经常有意无意地用沉默、物理空间和言谈举止来表达想法，并且这些会受到思想多样性的影响。

结论

本部分的关键结论是，爱迪思方法的四个构成部分是由组织作为生命而存在的根本隐喻引发的。有机组织的根本隐喻（Pepper，1942）具有综合性和整合性，因此其他隐喻并不能像它这样，同时具备实体（组织）和事件（格式塔）的完整性。要真正理解爱迪思方法，就必须理解它的所有构成部分都是基于人本主义的根本隐喻而产生的，而整合是其关键价值所在；换言之，这种存在状态使组织得以生存和发展。

简单生命体征和生命体征监测器

组织、社会运动或政府都需要获得人们的反馈，以了解其文化的定位，正如托马斯·约翰斯在本节中写到生命体征监测器时所解释的那样。这种反馈是必要的，因为如果想要前进，就必须先了解自己的位置。每个组织都会成为一个有机整体，但与自然有机体不同的是，组织必须建立能够倾听自己声音的系统，来帮助自己看到组织在环境中或在实现最高目标的过程中所处的位置。这种系统能让领导者知道落脚点在哪里，通常会导致形成反射性反馈循环，使主体成为客体、客体变成主体。

我们建议创建生命体征监测器来监控组织或选区内人们的健康状况。我们需要了解社区所处的变化阶段以及当前的生存状况。这并不一定是个复杂的系统，但我们需要采用一种方法来量化并观察选区内人们世界观的涌动，既可采用基础方法开展调查，也可采用先进方法启用神经网络扫描系统。重要的是要有数据支撑，以帮助我们理解小组能够接受的那类信息，即帮助我们创建一种策略，使人们在某种价值系统中感到安全，但又不会助长该价值系统的阴暗面滋生。从本质上看，这意味着要关注该价值系统的需求。

组织的生命体征能够让我们恰如其分地捕捉到文化并允许我们对文化的发展方向进行预测性推断。我们可以通过民意测验的方式来手动获取生命体征，也可以自动获得这些数据。生命体征可以是帮助我们实现战略目标的关键绩效指标（Key Performance Indicators，KPI），可以用来衡量企业文化的定位。无论如何，生命体征应该能够让我们看到自己的生存状态并能得知人们在文化层面上对此产生的反馈。它们应避开噪声的侵扰。现如今我们周围充斥着海量的信息，但其中能有助于我们做决策的信息并没有多少。

- 理解自己的最高目标是什么，也要了解自己或组织如何与这个目标相关联。这未必非得经历自上而下的过程，但必须将整个组织纳入研究范畴内。
- 找到能够直接影响自己的最高目标，可能会受自己或团队影响的统计数据。许多公司只是因为要获得关键绩效指标而去制定这些指标,但正如戴明(Deming,1994)所说:"通过结果进行管理,就像通过看后视镜来驾驶汽车一样。"组织可能就会只考虑实现那些关键绩效指标。例如某公司要求销售人员每月必须召开三次会议,但当销售人员开始专注于会议而非集中精力进行销售时,这可能会成为一个问题。

- 使这些统计信息易于获取,就像医院的生命体征监测器,随时可开启。
- 行动起来。

图11.3显示了构建中的生命体征监测器,它在人们使用社交媒体时能够自动捕捉到他们的价值系统信息,目的是向组织提出一个思路,让组织了解如何激励某些特定人群并在系统中向领导层发出预警信号。

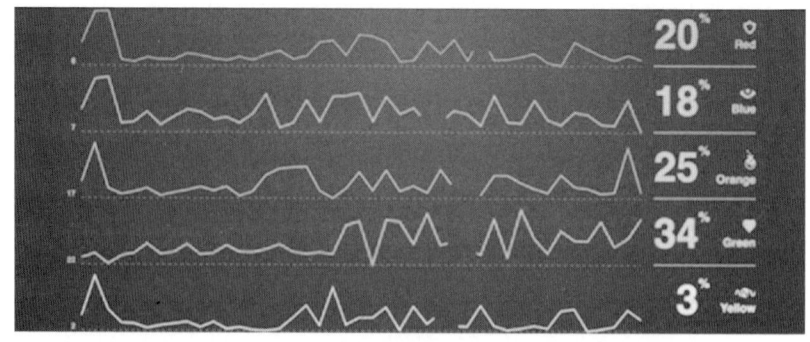

图11.3　生命体征监测器(Johns,2017)

同化对比效应

导言

一旦人类在思想上接纳了某种观点或看法，其大脑就会将所有其他事物整合起来对其表示支持和赞同，这种说法已在心理学上得到普遍认可。这种心理的建构主义本质导致了价值同化对比效应的产生，本节中将对此加以描述。

丽莎·罗森鲍姆（Lisa Rosenbaum，2017）强调了叙事在巩固某种信念方面所呈现出的力量。当情境刺激和目标刺激具有相似或相近的特征时，同化效应出现的可能性更大。不过，在我们信息分类方式的影响下，对比效应也可能会发生。相较于目标刺激而言，情境刺激越极端，产生对比效应的倾向就会越大。

早在1954年，利昂·费斯廷格（Leon Festinger）就曾解释说，个人会通过将自己与他人的观点和能力进行比较来评价自身，以此来定义自己。这一论点构成了社会比较理论的基础。穆扎费尔·谢里夫（Muzafer Sherif）是现代社会心理学的奠基人。他尤其关注理解社会过程、社会规范和社会冲突。贝克在很大程度上受到了谢里夫的影响，最终获得了社会心理学博士学位。

实验

谢里夫发展了现实冲突理论，基于彼此争夺所需资源的群体的概念，将内部群体冲突和负面刻板印象描述了出来。他使用罗伯斯山洞（Robbers Cave）实验来验证了这一理论。实验参与者为 22 名 11 岁的白人男孩，他们的智商和学业成绩均高于五年级学生的平均水平。此外，他们的父母均健在且都来自新教徒家庭。这些孩子被送到一个位于俄克拉何马州罗伯斯山洞州立公园的特别偏远的夏令营，离家很远，以减少外部因素的影响。经评估，他们心理正常，入营前他们也互不相识。

研究人员还设置了夏令营辅导员的角色，将参与者分为两组，并将他们分配到相距很远的小屋居住。起初，两个小组并不知道彼此的存在，通过参与各种户外活动，小组内部形成了凝聚力。他们甚至还取好了组名，穿上相似的衬衫，立上旗帜，以此来确立小组标识。他们还制定了小组规范，并且两个小组中都建立了领导架构。后来两组之间开始产生偏见——最初只是表现为口头上的嘲讽和辱骂，但随着竞争加剧，偏见表现得更加直接，例如其中一组将对方的旗帜焚毁。

这种紧张关系持续发酵，发展为强烈的攻击行为，以至于研究人员不得不对他们进行身体干预。研究人员给他们留了两天的冷静期，要求参与者列出两个小组各自的特点。一组表现得极为积极，而另一组则表现得极为消极。在此之后，研究人员试图减少这两组男孩群体之间的偏见，但结果只是令情况变得更糟。

只有迫使两个小组一起努力达成共同的目标，才能缓解他们之间的紧张关系。能使冲突群体在融合阶段显著减少偏见的目标，谢里夫称之为最高目标。他将最高目标定义为需要两个或更多的参与者或群体通力合作才能实现的并且通常能给对立双方都带来回报的目标。

应用

贝克在南非三次应用了价值同化对比效应，直接影响了种族隔离时期的种族动态。巴勒斯坦/以色列案例中也用到了这个效应。第 5 章和第 6 章分别介绍了南非案例和巴勒斯坦/以色列案例。贝克和科万（1996）在写有关恐怖主义的文章时对价值同化对比效应做了详细解释，文章可参见 https://goo.gl/L1nYa2 网站。图 11.4 通过各种排列在视觉上展现了"我/我们"与"他们"之间是如何产生同化而后又如何产生对比的。

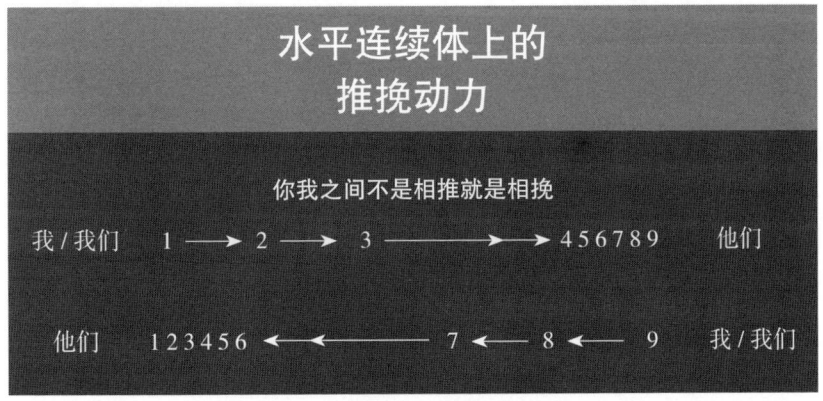

图 11.4　水平连续体上的推挽动力

在图11.4的第一个连续图中,由于水平窗口不同,并非每个人都能够分辨出思维多样性的不同层次、级别或程度,于是会产生两种变形。在第一种情况下,如果标尺上的位置与自己的位置接近,则个体可能会否认差异,并将其同化为自己的位置。

而在另一种情况下,个体可能会把另一个位置推离自己,从而将其推向"敌方"阵营。你可能认为我们是相似的,但我认为你是他们当中的一员——这被称为对比效应,可以在第二个连续体中看到。对比的方向从另一端开始发生改变,一些极端的思维在对端产生出来。

在复杂的思维系统中,还有一个垂直的连续体可以应用。如图11.5所示,在应用了价值系统密码的同化—对比效应中可以看到这种连续体。图中显示,信念和行为频谱上会产生出6种强度。

图11.5将螺旋动力学透镜叠加在了信念强度频谱上,显示了各种水平透镜和垂直透镜在一个社会中产生的影响和它们的复杂性。

信念和行动频谱:6种强度

火焰喷射手——具有侵略性、暴力性、掠夺性,意在摧毁、攻击和消灭
狂热者——高度教条、盲目偏袒,狂热的福音派信徒,要么全无要求,要么所有的都想要
理论家——真正的信徒、绝对主义者,有着坚定的信念和严格的界限
温和派——信念较为温和,能看到其他选择,不那么热切,也少了自我投入,更为开放
实用主义者——非常务实,相信有效可行的方法,提倡可能性艺术
调解者——寻求共识,找到每个人的位置,包容所有人

图 11.5 信念和行动频谱——6 种强度

在价值同化对比效应里，在同化过程中，个体将否认或忽略自己与偏好位置之间的差异，并将其他位置拉入接受区。这是一种能够导致达成共识的变形形式。或者在对比过程中，个体将取代其他对照位置，并将它们推得比实际位置更远。这种两极的排列会将中间位置的观点分化到敌方阵营中去。这导致中间位置消失，开始形成"我们"对"他们"两个阵营的两极分化，并由此产生了强烈的冲突。

图 11.6 中给出了不同频谱的元模因密码。

频谱上的元模因密码

		频谱"中心"		元模因密码
	L–1	调解者	R–1	橙色/绿色
	L–2	实用主义者	R–2	橙色
	L–3	温和派	R–3	蓝色/橙色
	L–4	理论家	R–4	蓝色
L–5		狂热者	R–5	蓝色/红色
L–6		火焰喷射手	R–6	红色

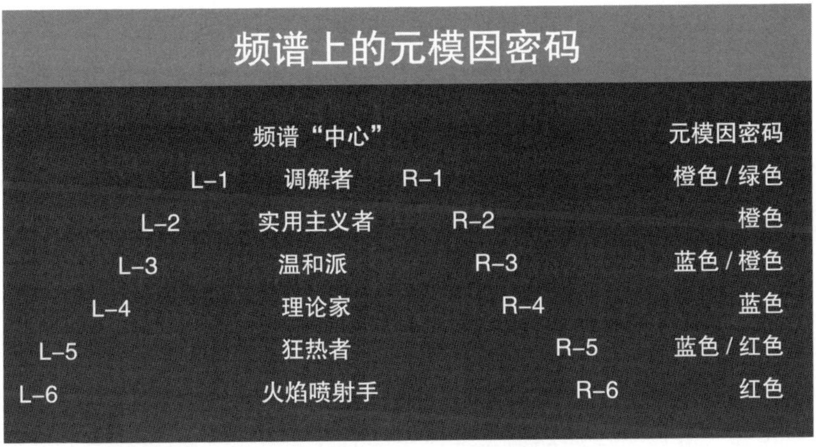

图 11.6　不同频谱的元模因密码

从图 11.6 中可以清楚地看到，如果没有一个将不同的元模因密码绑定在一起的最高目标，那么社会系统将永远受到宗教激进主义、两极分化和冲突的困扰。任何国家要想满足人民的需要，必须得有一个能够唤起社会凝聚力的新目标。此外，应当将所有不同的部分加以整合、对齐，以便使多种元素、实体、利益和动机的协同作用在健康的功能环境中交织在一起。我们将它称为网状组织（MeshWORKS）。

网状组织

它是一个特定的项目和过程，在这里，各种差异被编织进公司、文化、社区或整个社会的织锦中。"第二层级"的领导者或网状组织成员是那些能够在分裂中看到凝聚力、在复杂中看到简单、在混乱中看到秩序的人。他们更多地充当整体设计工程师（Intergarl Design Engineers，IDE）的角色，而不会完全依赖于冲突管理或对话促进。

网状组织是一种揭示存在于不同文化之间的最基本的价值系统密码的方法，并且如果有必要发现这些密码，它们会影响表层的表现。在个人层面上，可以使用各种评估工具来对这些密码进行评估，例如"心理地图"。在集体层面上，生命体征监测器[1]的重要性会变得至关重要。

要创建一个网状组织，需要了解每个实体的独特动态以及多个实体进入某种类型的关系时的协同影响。工作会议一词传达了务实、工作面、基层、底线的概念，代表着理论真正派上用场的时刻，使理论在实践中得到了体现。

网络化意味着将以下各项进行整合、对齐和综合：

拥有市场、客户、顾客、利益相关者、赞助者、病患

---

1 如本章前一节所述。

和支持者的实体。

+

具有各种职能的实体,如研发、销售和营销、会计、生产、人际关系、领导模式、时间线、技术和业务系统。

+

具有不同密码、生存状况、发展差距和形形色色复杂程度的实体。

如果没有进行网络化,则可能造成一片混乱!

价值工程的应用——螺旋动力方法

唯一能够保证人与人之间开放协作的事情是,我们愿意通过对话的力量来改变我们的信念和行为。

——山姆·哈里斯(Sam Harris)

本节内容源自笔者所著的《组织变革与发展》中的一章,该书于2015年由知识资源出版社出版。

导言

作为持续改进或改善计划中的一部分,价值管理在20世纪80

年代已成为组织运作流程中的重要组成部分。[1]这是一项持续的工作，旨在改善产品、服务或流程。在日本，爱德华兹·戴明（W. Edwards Deming，1950）教导高层管理代表如何改进设计，从而改善服务提供方式。大卫·哈钦斯（David Hutchins，2008）提出，品质圈是这些过程中不可或缺的一部分。如今，在制造企业中仍可以看到这种过程的不同变体，例如州际公交线路中的"绿圈"、南非丰田公司的品质圈和医疗保健中的"计划—执行—研究—行动（PDSA）"测试循环。

贝克和范·希尔登（Van Heerden，1982）指出，日本产品的优质导致其出口增加，随之也导致日本与其他国家发生摩擦。他们将品质圈活动的基本哲学原则描述如下：

· 有助于改善公司的内部结构，也有助于促进公司的成长。
· 尊重人的个性，使工作场所成为一个愉快而又充满挑战的地方。
· 展示人的全部能力，使人的潜能得到无限利用。

在20世纪80年代，南非公司拼命地尝试实施这些日本哲学原则。对于其中许多公司而言，这一举措和多数其他的一时狂热现象一样，很快就消失了。贝克和范·希尔登（1982）指出了一个原因：与日本不同的是，南非任何一家工厂中50%的成人劳动力是文盲。因此，参照日本品质圈而采用统计方法就会存在问题。

---

[1] 出自 Masaaki（1986）。

与凯斯·范·希尔登和唐·贝克密切合作的洛兰·劳布舍尔（2013）意识到，日本的密码与南非的密码存在很大差异。"蓝色"优化举措对"紫色"系统没有影响。[1] 需要采用一种不同的方法来确保不同的思维系统将跨越思维多样性的边界联结起来。价值管理有意识地引导一群人经历一个结构化、共享的决策过程，从而使各组可以令模拟与数字思维相互作用，实现共同的理解和包容。这被称为人类曼荼罗——包容性的"价值圈"。

本章的这一部分将通过整合螺旋动力学知识来介绍价值工程的应用，以短例形式分享应用该方法的各种情况。

价值工程

根据贝克和范·希尔登（1982）的说法，1963年，范·希尔登在南非弗吉尼亚金矿工作时第一次听到"价值工程"一词。他们成立了一个工作研究小组，整合爱德华·德波诺（Edward de Bono）和爱德华兹·戴明的思想。范·希尔登也受到拉里·迈尔斯（Larry Miles）以及第二次世界大战后在通用电气公司所做工作的影响。范·希尔登后来获得了美国价值工程师协会（Society of American Value Engineers）颁发的各种荣誉，在1974年获得了价值专家认证，随后在1988年1月获得了价值专家终身奖，并在1988年5月获得了价值工程优秀证书。

南非在宗教、种族、语言、文化和思维体系方面存在着广泛

---

1 第3章介绍了有关螺旋动力学密码的详细信息。

差异，迫切需要在 20 世纪 80 年代初紧急开发出能够有效地将这些多样性联结起来的新方法。人们普遍认为南非是世界的一个缩影。范·希尔登认为，这个国家和人民走向美好未来的关键在于全面承担和尽力实践各项行动计划和政策，以实现有着相互理解和共识基础的共同目标。

20 世纪 80 年代初，范·希尔登在美国的一次会议上听到了贝克的讲话，之后他意识到必须得让贝克访问南非。后来，在这个多元而动荡的国家发生社会起义期间，他们携手在不稳定的采矿部门共同开展了许多工作。南非国家价值中心（National Value Centre）成立于 1986 年，这个实体处于稳定发展中并持续创造着价值，而贝克、范·希尔登和劳布舍尔是这个实体的负责人。本章的案例研究都是在这个实体支持下开展的。

价值工程与价值圈

爱德华兹·戴明（2000）断言，生产过程中 85% 的问题都应归咎于管理层。范·希尔登（1974）进一步提到，在南非，人们总认为责任出在员工身上，也不去考虑他们的意见和感受。借助于包容性文化可以实现的组织的长期可持续性往往不是管理层关心的问题。人在系统中表现出来的干劲是领导者需要考虑的一个关键因素。人要是感受不到尊重或赞赏，会感觉自己对工作不够投入（Viljoen，2015）。通过对业务指标进行衡量可以得知，敬业度与成功有着直接关系（Viljoen，2014）。我们可以通过品质圈在系统中释放人的干劲，这是一种价值工程方法。

哈钦斯（Hutchins，1995）解释说，品质圈是一个由员工及其主管（或团队领导者）组成的志愿者团队，他们经过培训后可以鉴别、分析和解决与工作相关的问题。他们可以向管理层分享提高组织绩效的解决方案。在这个过程中，员工能够得到激励。哈钦斯还说道（1995）："……品质圈是劳动分工概念的非人化替代方案，在这种概念中，员工或个人被当作机器人对待。"团队成员在培训中学到了不同的解决问题的技巧，其中包括鱼骨图、帕累托图、过程映射、直方图、饼图、运行图、控制图、散点图和相关性分析流程图等图形工具。

螺旋动力的哲学原则可以使价值工程和管理的内涵极大地丰富起来。Litemaster公司的工人开发了"价值圈"这个名称并为它创建了一个标识。在成为圈中的一员并体验其价值之后，人们问他们："我们应该怎么描述这个圈？"然后他们画了三个相交的圆圈，并解释说一个圆圈代表质量，一个圆圈代表数量，最后一个圆圈代表成本。根据他们的观点，这三者凑在一起，共同为我们带来价值。价值圈的概念由此产生。在促进价值圈发展的过程中，重点是通过所有要素的包容性，在质量、数量和成本之间找到平衡。在本章中，我们将定位价值圈方法，讨论一个典型的过程，并分享5个研究案例。

价值圈过程

客户、股东、工会和管理层等利益相关者对系统有着特定的期望。员工通过系统的输入、转换和输出过程，将最终的输出交付出来，从而使利益相关者感到满意。在流程的转换阶段，人力资源和财务等服务部门提供支持。维尔乔恩-特布兰赫（2008）在攻读博士学位的过程中提出的概念表明，流程改进是通过包容性过程共同创造的。

贝克和范·希尔登（1982）将价值圈描述为一个允许人们参与并能促进解决方案实施的项目。劳布舍尔对这个概念做了改进，将不同的思维系统整合为一个整体——人的曼荼罗。总的来看，价值圈会促进个人的成长，也会让右脑型的人有能力使用左脑，并让左脑型的人有能力使用右脑。这样，就能很好地激发出人们潜在的聪明才智。

在这个过程中，顾问会带领员工交替进行模拟思维活动和数字思维活动。在这样的过程中，顾问会大量使用螺旋动力学知识，特别是关于"紫色"密码和"红色"密码的知识。大多数情况下，顾问会忽略这些思维系统与"蓝色"世界观和"橙色"世界观的区别。实施了精心计划的策略却似乎没有引发任何影响时，混乱就会产生。

接受指派前来解决难题的员工必须是那些注意到困难或抱怨困难的人，这可谓"适用性"的体现。人们对态度和行为的观察，与对各种心理学理论、管理理论、思想著作和对行业的理解的研究结合在一起。

领导者、推动者或组织发展实践者应扮演催化剂的角色。尽管我们可以将催化剂嵌入系统，也可以将它从系统中移除，从而使变化得以发生，但催化剂仍会保有其自身的维数。

典型的价值圈过程

表11.1讨论了价值的典型处理流程，而这个过程产生的结果成为汇报会议的输入。

表11.1　由人组成的曼荼罗过程（Laubscher，2015a）

方法	问题
目标	遇到了什么问题？我们需要讨论什么？
信息/功能	目前发生了什么？
评估	哪个功能最重要？
帕累托原则	把精力聚焦在前20%的人身上。
创造力	我们还能做些什么？（在这里不允许做出任何判断。）
评估/发展	我们可以结合哪些想法来制订出一个好计划？费用是多少？
五星评级	哪个想法可以获得五星评价？哪些想法可以获得一星、二星、三星、四星或五星评价？
报告/计划	星级。
反馈/调整	提出解决方案： ·拒绝； ·为做决定而进行分析推理； ·责任； ·汇报（规定截止日期）； ·告知已采取的行动。

不同的价值管理案例

医疗保健问题

本节内容是由医疗质量专家安思尔·普林斯卢（Ansie Prinsloo）所写。

南非的医疗保健行业面临着与其他地区相同的全球性挑战，包括医疗保健的复杂性增强、抗生素耐药性生物的出现以及预算的限制（Flott et al., 2017），也呼吁人们采取一致有效的方法来提升医疗保健效果（Porter, 2006）。

为病患提供护理服务的医院面临着复杂且极为不确定的环境，系统故障会对病患造成伤害，也侵害人们的价值观（Vincent, 2006）。在南非，护士短缺，特别是高技能水平的护士短缺，以及人们的需求似乎无法得到满足，或等待看诊的病患很多，都能使这种复杂性进一步加剧。医院所采用的补偿性策略包括为护理团队配备低级别的医护人员或提高低技能人员的水平，减少他们与技能水平更高的人员之间的差距，在本已具有多样性的群体中增加多重技能和经验（Gray, Vawda and Jack, 2017）。

在这种复杂环境下，护士管理工作得到越来越多的关注，人们倾向于遵循分层的、强有力的"蓝色"驱动策略，并对这些多样性、多文化且通常具有"紫色"密码或"红色"密码的群体进行自上而下的管理。大量的病例和结果应对措施给一线护理和管理人员带来越来越多的压力，使他们越来越无法做到相互联系。一线员工不堪重负，管理层却以为他们对工作缺乏兴趣，于是便拼命试图提高员工参与度，转而采用审计活动等"蓝色"手段，但这进一步削弱了团队凝聚力。在这种环境中引入变化可能不仅不会带来改善，实际上会使病患和医护人员的关系变得更糟（Deming，1994）。

正如戴明所解释的那样，将改善周期与团队内部对于不同思维方式的赞赏和尊重结合起来，才能够在对这些团队的管理中获得突破（Langley，2009）。护理团队和管理层注重包容性参与，共同分析问题并设计解决方案，从而促使人们围绕共同目标展开对话。

作为团队，我们可以使用流程和系统分析等通用工具来分析问题，关注于采取非惩罚性举措。每次获得关于护理系统何时何地发生故障的信息，或得知发生故障的原因，都能促使团队成员产生改进的想法，据此可预知这将会为团队带来他们想要的改善。随后，团队成员在他们的实际工作环境中对这些变化进行了小规模的测试，他们转而变成了工作环境的共同创造者。团队在选择下一个测试思路之前，都要持续参考既定的目标和措施，先对测试结果进行集体研究和讨论。正如价值圈中所解释的那样，管理层发挥促进作用，关注于与团队成员进行协商和沟通。整个团队在是选择科学的、左脑层面的改善（例如问题分析和测量），还是选择右脑层面的改善（产生可以进行测试的想法从而引发改善）之间举棋不定。通过使用运行图，可以跟踪和显示护理部门的工作表现。这是一个功能强大的工具，可以激发人们参与关于工作进展的对话并庆贺团队所取得的成功。

在病患护理方面如果确实开始有问题发生，团队会自行反省，审视可能引发系统问题的众多因素，并采取改进措施以防止问题复发（Prinsloo，2017）。尊重系统内的多元文化，可以发展形成新的集体性"公正文化"（Vincent，2006），这对于增强病患安全性至关重要。这种文化并不会惩罚性地责备个人，而是会欣赏整个系统和系统中的人。"第二层级"的思维允许人们将不同价值密码带来的才能在系统中以人类能量的形式释放出来。这将会提升患者护理指数，同时提高生产率（Viljoen in Martins，Martins and Viljoen，2017）。

大比勒陀利亚市政研讨会（Greater Pretoria Metroplitan Council，GPMC）期间的出租车暴力问题

在新千年之初，比勒陀利亚发生了一起重大的出租车暴力冲突事件。出租车司机互相残杀，并纵火焚烧对方的车辆。安德鲁·巴克（Andrew Barker）受邀促成了出租车协会、公众和省政府当局之间的会谈，并寻求了洛兰·劳布舍尔的协助。这场研讨会的目标是制订出一项可实施的计划，在一年之内使出租车行业转变成为无暴力的行业。

在与利益相关者交谈后，他们得出的结论是，当时盛行的商务用语让出租车行业的人们觉得陌生。因此必须要确立一种机制，以增进他们对复杂的英语业务术语的理解。

众所周知，这些人都是足球迷。贝克和劳布舍尔从足球、橄榄球、网球等不同类型的运动项目中收集了尽可能多的球。第二天，在大比勒陀利亚市政研讨会的会议室里，顾问们开始互相掷球，再把球扔回来。这种方法可以用来平息之前那种危险的冲突情况。

顾问向利益相关者解释说，这些球代表了具有规则和制度的比赛，比赛中必然会对违规行为进行处罚。当然，球类运动不仅关乎纪律，而且它仍然是令人兴奋和愉悦的。劳布舍尔建议小组通过足球比赛的框架来研究冲突局势。足球比赛有严格的规则，包括观众在内的所有参与者都必须了解规则。人处于规则的控制之下，每个参与者都有自己要扮演的角色，每个参与者在比赛中还有一项需要执行的特定功能。如果可以将出租车行业重组为一支一流的足球队，那么暴力事件就可以销声匿迹。人们借由足球比赛这个隐喻来理解出租车行业的复杂性，因为足球是他们可以与之关联起来的事物。

出租车行业的所有利益相关者都了解足球比赛的规则。人人都知道守门员应该做什么，因而顾问可以将出租车行业的规则转化为人们对足球比赛的理解。例如安全员可以理解为守门员，出租车是赛场，出租车检查员是裁判。

当在场的人们意识到，因为了解足球比赛规则，他们也就可以了解原本看起来似乎很复杂的业务时，会议室的气氛发生了巨大变化。这太神奇了！

在对所有已确定的方面进行战略性处理并以适当的比例对其加以应用后，他们便将所需的功能确定了下来。他们对足球规则进行了平行比较，从而建立起出租车行业的规则结构。表11.2是从原始报告中摘录出来的，用来说明足球比赛中的角色和规则可以如何与出租车行业的规则相对应。该表描述了足球比赛中的概念和思想，然后将它们与出租车行业中的业务概念和思想进行对应。由此，大家便可以就实现目标所需采取的行动和所需进行的活动提出建议。在利益相关者的合作下，大家就可以确定每个人应该履行的角色以及必须执行该任务的日期。

表 11.2　出租车行业中的角色和规则构成了价值圈

功能：功能与建议均未确定			
比赛——足球		生活——出租车行业	建议
问题与陈述	概念与思想	概念与思想	行动与活动
1 确认球所在的位置	焦点	车辆是焦点	无
2 是什么比赛	获胜	生存游戏	无
3 球员是谁	团队	球员是出租车车主	无
4 如何学习比赛规则	在想要的地方比赛	拥有并使用车辆	无

研讨会非常成功，会后顾问向大比勒陀利亚市政研讨会提交了一份报告。后来运输部索要了这份报告的副本。比勒陀利亚出租车行业的整体组织安排就是根据这次研讨会的结果建立起来的。

西部深层金矿矿工宿舍的床铺问题

施行价值圈管理的另一个案例是在西部深层金矿的经理理查德·迪克·索尔姆（Richard Dick Solm）的赞助下进行的。为了使研讨会具有尽可能高的包容性，我们挑选了 14 名矿工参与小组研讨，并进一步认识到我们可以从矿上的三四千名低级雇员中挑选出更多的参与者。

小组成员有机会在矿工宿舍中选择任何他们想改善的地方，而他们一致认为要改造床铺。

在宿舍里，所有床铺均为上下铺，床下的空间必须由两个人共用。我们对床铺进行研究后，发现床铺的使用者面临着三个问题：他们睡前没地方放《圣经》（或任何其他书籍）；吸烟者没地方放烟灰缸；而第三个问题主要涉及床下空间的利用，因为各种各样的东西，如湿靴子、杂物，甚至吃剩的食物都被塞进了这个空间，还会有人乱摸和乱动其他人放在床下的私人物品。

而这也暴露了另一个相关问题。当矿工从地下来到地面后，他们得把靴子洗干净，并且靴子洗好后很长时间都会一直是湿的。为了解决这个问题，宿舍管理员搭起了高度超过75厘米的木杆架，让矿工可以将靴子倒挂在这些木杆上晾干。这个方法很好，但一到晚上就不好用了，因为如果有新靴子晾在木杆上，很有可能会被偷。因此，湿靴子最终就被放在了床下。自然，这种做法是矿工们完全不能接受的。

价值管理小组的成员们需要给出建设性方案来解决这些已知问题。他们建议，可以在床头焊接一个金属环，将烟灰缸插入其中，承托《圣经》或其他书籍的架子也可插入其中，这样就能解决前两个问题。

接着就剩下第三个问题尚待解决。此处最具创意的计划是将床下空间封闭起来，对床铺进行改造，这样就可以将湿的靴子和夹克放在一个安全干燥的空间里，通过空气流动来把它们吹干。

显然，"紫色"方法在小组中发挥着作用，而先前遵循的"蓝色"管理准则是不成功且不可持续的。因而我们必须采用"紫色"方法。有人向矿场经理提出建议，让他派遣一名焊工交由团队支配，帮助他们打造自己的床铺。但是这名焊工不许他们提出任何建议，所以他们就只能独立制造样品床。最终，小组参与者们做出了样品床，他们依靠自己的力量做好了方案设计，改造了床铺，解决了问题。这使他们倍感自豪。

样品床陈列在宿舍管理员的办公室外，为矿场提供各种设备的公司代表在这里看到它后，便来询问是否可以将样品床借走，并参照它的样子制作出一张令矿场满意的床。这张床的设计图是基于矿工们制作的设计图绘制而成的。样品床被借走后，不久一张看起来非常漂亮的彩绘床被送了回来。管理层决定要订购一些这样的"新型"床，用以替换那些过时的旧床。

通常，订单中的所有货品都会被运送到矿仓，可是这些新床在晚上6点直接被送到了宿舍。当时太阳就要落山，所有的高管也都已下班回家。宿舍警卫人员接到通知，按要求将新床堆放在阳台上，或者也可以采取另一种方案将这些床运回约翰内斯堡，第二天再把它们送回来。他们后来决定将新床放置在阳台上，由守卫员看护，第二天早上再由宿舍管理员把这些床公平地分配出去。

第二天早上，当宿舍管理员到达时，阳台上只剩下破败不堪的旧床。经调查发现，晚上有高管将新床据为己有，他们命令低级别的矿工将旧床搬出来放到阳台上。负责设计新床的小组成员并未对此感到愤慨，因为尽管有高管侵占了新床，但这也表明了高管对小组成员的设计技能的认可和推崇。

从那以后，每当有价值圈方案宣布，都没有人会反对。实际上，人们都非常渴望能够入选参与这样的研讨会，共同创造出真正的解决方案。

价值圈带来的好处

价值圈通常能够为人们带来的好处包括：

- 在公司内部创建一个开放的环境，使各个级别的员工之间可以不受限制地交流。
- 通过各级员工的参与，企业能够充分利用所有人力资源的能力和技能，并且由于员工们参与了进来，他们便更有动力在自己的职责范围内精进。
- 组织中员工的心声得到了倾听，也增强了组织的包容性。
- 决策变得更加结构化和可持续。现在，人们在各个组织级别上都可以做出具有成本效益的创新决策。

价值圈为各种各样的企业带来了切实的利益，其表现形式为产量增加，员工参与度和敬业度增强，最终货币营业额实现增长，同时人员流动率也得以降低。价值圈研讨会的参与者表示他们的意识也发生了永久性的转变，不仅他们的工作方式改变了，他们在家庭、社区和整个社会中发挥作用的方式也改变了。

卡可夫（Carkhuff）的七维技能模型

理论

卡可夫的工作核心是通过咨询来为人们提供帮助。他的主要贡献在于提供了一种方法，使我们能够学习如何去帮助那些需要得到咨询的人。他工作的基础是认为我们不一定都要成为专业人士。只要能够通晓卡可夫提出的有效促进人际交往的7个维度，非专业人士也可以为人们提供咨询帮助。表11.3描述了卡可夫的七维技能模型。

表 11.3　卡可夫的七维技能模型（Carkhuff，1969）

自发维度	同理心	理解 理解他人的状态、条件、参照系或观点的能力 受助者相信"你能感受到我的感受" 帮助者努力去获得与对方的经历准确"链接"的感觉 注意：在去共情对方的假定现实前，先审视一下，找到实实在在的"鹿皮鞋"感觉（鹿皮鞋＝这就是我所认为/感觉的穿进你的鞋子里感受你的立场）

续表

自发维度	尊重	关心他人 做出回应时传达出对他人的关心 做出回应时应传达出一种信念，相信他们有能力为应对自己的处境有所行动
	真实性	真实做自己 帮助者，处于当下，对自己抱有全然的觉察 帮助者对受助者进行直接的人际接触并做出真实的回应 帮助者汇报他们的内在状态（具有类似于"开放性与私密性"的差别，与交流的情境有关，而与交流内容无关）
响应维度	自我表露	自愿提供个人信息 帮助者会根据受助者的兴趣和关注，持开放态度自愿公开个人信息
	具体性	具体化 变抽象为具体 人们表达得越具体，就越有可能与自己的体验连接起来
	对抗性	实事求是 指出世界、感觉和行为之间不协调、不一致的地方 邀请人们检查自己的行为并在必要时做出改变
	即时性	现在发生了什么 帮助者与受助者讨论他们之间所发生的事情的能力 帮助者与受助者讨论自己与受助者之间的关系的能力

应用

卡可夫采取了一种广泛的人际交流方法，涵盖了所有人际交往活动，而不仅限于那些旨在帮助他人的交往活动。该模型中包含了三个关键的帮助阶段：探索、理解和行动。

技能 1

七维模型最初从"同理心"开始,卡可夫认为它是所有帮助维度中最重要的一个维度。他将"同理心"定义为具有功能性,即帮助者和受助者的活动不能分开进行。一个人在"同理心"方面的表现水平中包含了"敏锐度"判断。它可分为 5 级,在第 1 级时倾听者或帮助者共情理解对方的感受时并不敏锐;而到第 5 级时,倾听者能够了解并确认受助者的感受,这种表现是显而易见甚至真实可感的。而中间的几个级别给出了对中度意识水平的判断,但这时倾听者无法充分理解受助者。不过这并不是敏锐度较低造成的,关键因素在于体验或共同经历,也就是说,有过同样深度的需求,或者甚至在一起共同体验过,这样,就会在更高的敏感度水平上产生共鸣。引起"同理心"水平差异的另一个因素与倾听的艺术有关,即一个人为了促使同理反应产生所采用的倾听艺术的能力水平。这些维度源自 1961 年查尔斯·特鲁阿克斯(Charles Truax)设计的"同理心精确测量量表"。我们也使用这个量表对这些维度进行了持续的验证。

技能 2

第二个维度是"尊重",涉及语言和非语言层面的交流,交流中倾听者或帮助者对受助者表现出积极的镇定态度,并对受助者的情感、感受和经历表示关切。语言和非语言层面的"尊重"也有着不同水平的区分。第 1 级表示对受助者很少有尊重或根本就不尊重,但到了第 4 级和第 5 级,就表示对受助者的困境具有深切的关心和共情。

技能 3

第三个维度是"真实性",是指一个人在与对方见面时的表现是"真实的",而不是隐藏在假象背后,从而避免在帮助者和受助者之间建立有意义的联系。构建"真实性"需要做到自我觉察,允许受助者体验到帮助者的感受。这是人与人之间的直接接触,做自己,并允许彼此相互照见。"真实性"维度的第 1 级与帮助者的防御程度有关,他们在接触受助者的过程中无法允许他人进入自己的内在机制,感受自己的感觉和情感。从某种程度上看,这样的互动具有破坏性,甚至是有伤害性的。随着级别升高,双方之间的交流也变得越来越轻松自在,并发展成一种相互交流和非剥削性共享,双方建设性地表达消极和积极的情感,提升了有意义互动的深度。

卡可夫描述的前三个维度,即"同理心""尊重"和"真实性",是在人际关系中进行有效沟通从而去帮助他人的必要条件。这些维度最初由罗杰斯提出(Rogers,1967),后来由卡可夫加以扩展,在这个基础上又提出了另外四个维度来描述人们在互动过程中做出恰当反应所需的技能。从本质上看,前三个维度为人与人之间进行开放而坦诚的对话奠定了基础,而后四个维度则指导帮助者对受助者做出反应。

技能 4

卡可夫也将"自我表露"描述为帮助者和受助者之间自然而然地坦诚相待。分享的信息越多,理解的层次就会越深。当处于"自我表露"维度的第 1 级时,帮助者很少或根本没有分享自己的信息,与受助者的互动只是流于表面上的诚实,没有任何信息是自愿分享出来的。而到了最高级别,即第 5 级时,就需要建立起信任,这样人们便会感到放松,从而愿意分享那些深埋于心的令人感到羞耻或尴尬的经历。

技能 5

在"具体性"这一维度上,所有模糊或不明确的评论都要消除;它关乎细节和正确性,因而能够增进人们对于事物的理解。在"具体性"维度的第 1 级,帮助者未做任何努力去引导与受助者之间的互动朝着相关或特定的交流方向发展。而到了最高级别,即第 5 级时,帮助者可以积极地辅助受助者用具体词汇直接表达出相关的所有感受和信息。

技能 6

"对抗性"这个维度鼓励人们去探索那些看似不一致的元素,包括与自我、行为、见解、资源甚至感知相关的概念的构想。在最初阶段,这些主题似乎都与互动无关;然而,退后一步来评估所有相关方的行为会对我们有帮助。在这个维度的第 1 级,帮助者与受助者之间是分离的,判断力也没有了,甚至会存在刻板印象,尽管消极,但重要的是这个维度上的初始级别得到了激活。而到了最高级别,即第 5 级时,彼此之间的差异和不一致被识别出来,也会立即得到讨论,使得相关方彼此协调一致,讨论甚至直面紧张局势时也都可以是平静而不带偏见的。

技能7

"即时性"维度对人们在互动过程中实时感知到的细微差别进行实时处理。它描述的是帮助者感知沟通轨迹中的细微变化，并在内心寻找产生这些变化的原因。帮助者可以询问受助者为什么改变了沟通轨迹以及为什么必须这样做。在"即时性"维度的第1级，帮助者会忽视甚至不理会这些细微差别。到了中间的级别，帮助者会采用试探性方法来讨论感知到的变化，但不一定会深入探讨具体细节或寻求响应。而到了最高级别时，帮助者与受助者就能够开放而坦诚地讨论互动中的细微变化了。

卡可夫设计这个模型是为了维护人际互动的完整性。他将互动分为两个阶段加以描述，即最初的参与阶段以及适于促进互动的响应阶段。模型中的所有维度都建立在"同理心"的基础上，更具体地说，是建立在共情性理解的基础上。这个维度模型代表了一种实用观点，具有理论合理性，可以与其他涉及人际互动的理论相结合——互动中的人们处于不同的状态下并受自己状态的影响。

贝克将卡可夫的七维技能整合到自己的螺旋动力实践中。下面描述了一些这样的案例。

警察局案例

2017年5月唐在达拉斯登顿的办公室接受黎加·维尔乔恩的采

访时回忆道：

我们与福特基金会签订了一份合同，以处理达拉斯警察局和该市各种元素之间的冲突，涉及达拉斯南部的"项目"以及城市环境。我们设计了一种独特的方法，使现场官员获得远高于当时的文化意识项目所需的技能，因为他们需要的技能不会仅用于解决冲突或将肇事者送入监狱。我曾与罗伯特·伯格（Robert Berg）博士一起参与北得克萨斯大学的咨询教育项目，我们使用了来自罗伯特·卡可夫的系统性人际关系培训的七维模型。

我们将富有同理心、热情和真诚的技能包教给军官们，就算使用最传统的"红脖子"思维方式也能产生惊人的效果。我们与上夜班的官员们一起开车。既然我们有"黑人"公民也有"白人"军官，那就没关系了。以种族为基础的指控便止步于此。我们与南非警察局和米德尔堡各镇的激进煽动者之间也有了类似的收获。

体育领域案例

唐继续回忆：

在体育方面，我曾与弗雷德·埃克斯（Fred Akers）以及得克萨斯大学的足球教练们一起工作（可别告诉那些迅速成长起来的我的男性粉丝）。我曾写过一篇文章，提到一名球员在训练中大声呼喊："嗨，教练，我要先从做线卫球员开始做起。我太兴奋了，迫不及待地想要告诉我的父亲和我的女朋友，我实在太激动了。家人和朋友们都会为我感到骄傲的。我要从棉花碗中线卫球员开始做起！"

我请求 8 位教练都分别对这位球员做出回应。他们都回答说："很好，但是你需要继续努力以保持住自己的位置。"最后，他们都笑了，因为他们都没能表现出基本的"同理心""温暖"和"真实性"这样的技能，但他们却变得爱评判了，给出了"父亲式"的建议且谈论的是他们自己。每次当球员不再讲话时，交流都会停止。

这是一种极其强大的概念和技能，可用于执法、教育和冲突管理。

功能设计的 7 个步骤

我们今天使用的决策公式可以说不足以解决顽固而复杂的系统性问题。通常，在试图解决我们的冲突（用来创建平等的 FS 或"绿色"密码）时，我们会止步于对话和审议阶段。但有审议过程还不够，我们必须设计系统，使我们经过审议所得出的解决方案能真正得以实现。接下来的这一部分中，将描述由贝克和约翰斯（2017）提出的功能设计的 7 个步骤。

辩论——竞争，说服他人

人们持有自己的观点，然后会通过寻找其他观点中的欠缺之处来力推自己的观点。这种具有对抗性的争论使论点的正题和反题两极分化。这场辩论的目的是打败对手。这种策略有助于人们寻找论点中的欠缺之处，并有助于人们了解这些弱点是否可以在论点中得到强化，或者在逻辑方面是否存在致命缺陷。分歧在辩论过程中得以显现。

对话——共同谈论轶事和个人生活经历

对话是产生集体学习、形成意义共享和待执行的承诺的过程。人们互相交谈，并不一定会反对对方的观点，而是会寻求共同的理解。博姆（Bohm，1998）解释说，对话的目的是理解意识本身，并探索日常关系和交流中存在的问题的本质。对话的过程可能非常耗时，并且在这 7 个步骤中它应该以一种精心计划好的促进性方式进行推进。

审议——试图理解并开始创建解决方案

通常情况下，对话会让人们确定一些达成了一致的内容，并深入探究其中的一些发现。它还有助于人们就一个话题持有各种不同的观点。在审议过程中，小组将探讨人们提出的各种观点，以寻求对它们产生深刻而有意义的理解。有时，人们会止步于审议阶段，但为了实现系统性的改变，通常必须设计出解决方案。

诊断——提出不同的假设

经过前面3个步骤之后,我们开始从多个不同角度去了解一个问题的发展历史,这使得小组可以建立起关于这个问题的假设。人们进行了各种尝试来了解在系统中起作用的动态。批判性的思维结构使得我们有了进步的可能,而我们也是能够对批判性思维结构进行分析的。

设计

在这一步骤中,我们要共同设计一个计划,来处理那个将所有不同的观点和问题都考虑进去的假设。在这个阶段,小组会去寻找那些使问题继续存在并产生恶化的动态。我们的动力在于尝试解决问题,可能会偏向于采取行动和进行现场测试,并可以促进联合行动计划的推进。

清理——通过精简的形式来清理现状

功能设计的第六步要求小组清理现状。圣吉(Senge)等人(2004)将这一阶段描述为放手以求顺其自然地发展。清理现状的三种方法是:

(1)去除——仅保留有用的东西。通过使用这种方法,一个组织可以去除其不再需要的东西,而仅保留必要的东西。

(2)销毁——淘汰现有的全部系统。

(3)停用——做好保存工作,以纪念和庆贺系统的进步。我们

> 建立索引意味着我们可以在不同的人员类别之前使用"某些"一词，以避免对某一类别的所有人员造成既不准确又易导致误解的刻板印象。

在这里庆贺新系统的建立。

部署

新系统的部署包括对第五步经共同设计而提出的解决方案进行实施和布局。新系统在这里得到接纳和构建。不过在这一步骤中可能会揭露出未曾预料过的问题。

语言的影响

在我们就语言的使用对贝克（2017）进行采访时，他提醒了以下几点：

> 避免语义的荒唐错乱。例如每当特朗普说他反对穆斯林时，他都应该说反对的是"某些穆斯林"，他本应该这样说，否则，人们会指控他对所有穆斯林抱有成见，但那并不是他的立场。这同样也适用于他对"墨西哥人"的言论，他可以通过说"某些墨西哥人"，使自己的姿态得以正确地纠正。由于没有给自己建立索引，他惹了大麻烦。我们都必须注意自己的言辞，否则我们可能会传达一些有害的刻板印象，从而可能产生破坏和伤害，并永久地损害人际关系。建立索引意味着我们可以在不同的人员类别之前使用"某些"一词，以避免对某一类别的所有人员造成既不准确

又易导致误解的刻板印象。如果造成误解，我们必然会为此付出代价。

贝克（2017）认为，这个问题对于特朗普来说几乎是致命的。

标注日期意味着我们认识到词语在特定的日期语境下是有意义的。有时我们会投射出几年前的想法，这种想法在此时此地并不适用，但在当时却是适用的。为了建立关系并增强自我意识，我们需要弄清楚自己的想法是发生在最近还是发生在过去。标注日期从整体来看迫使我们将想法放在时间的背景下，并基于当下这一天来定义。人确实会改变。标注日期是至关重要的，因为词语被限定在特定的时间范围内，而我们看到的是它在这个特定的时间范围内具有意义。

标注引号是我们用来表示某个词具有特定含义的方式，我可能认为就是如此，也可能不以为然；但是既然别人在这样使用这个词，我在它的上面加上了引号，以区别于它的其他含义。我们这样做，是为了将自己与这层含义或术语的特定概念区分开。实际上这是一个预警信号，意思是说："注意，我若这样使用它，只是因为这些人这样使用它；但我不一定会这样使用它。"这样，我就否认了这个词带有特殊含义。

添加连字符是指在我们的语言中仅靠单个的词不足以解释我们的现实，于是我们经常会添加连字符将两个词组合在一起来表达特殊的含义。添加连字符是将两个词重组为一个新词的方法，因为仅靠其中任何一个词都无法传达新词所具有的全部含义。这样我们就创造了一个混合词。通过连字符连接后，前后两个词的词意都得到了部分体现，一起组合出新的词意来，因为我们无法仅用其中的单个词来定义我们想要表达的意思。这是试图通过词语的组合来构建出更恰当的含义。

接下来是 IS 语病的问题。这个问题源于我们幻想自己可以告诉别人关于一些事情的所有内容。但事实上我们却做不到这样。这是一种天真的想法。思想和文字所具有的含义会比我们所能表达的更丰富、更复杂。此处提到的思想就是指要认识到这一现实。

在螺旋动力学的语境中，这几个方面变得非常重要，因为不同的密码所使用的语言不同。劳布舍尔（2013）解释说，大脑是使用母语的语言进行编程的。莎伦·安德伍德（Sharon Underwood，1984）为攻读博士学位开发了脑扫描仪器，它可以将数字思维和模拟思维区分开来。

"螺旋动力辅助技术"这一章介绍了与螺旋动力有着哲学、理论和实践等方面相互作用的一些辅助技术。纳入的主题包括爱迪思方法、生命体征监测器的使用、同化对比效应、价值工程、卡可夫的七维技能模型、功能设计的 7 个步骤以及整合语言使用中细微差别的重要性。下文将会介绍螺旋动力的一些实际应用，并向读者提供其他相关资料以供查阅。

第五部分

人类进步之路

- 螺旋动力学的应用
- 其他资料
  * 大规模变革项目的具体信息
  * 学术研究
  * 博客和文章
- 参考文献

第 12 章　螺旋动力学的应用

螺旋动力学的一些实际应用

螺旋动力学可以说是第一个重要的系统化和概念化的体系，也是一种复杂的思维方式，可以解释在当前领先的高级领导层思维中盛行的关于"大局"和整体观的方方面面的事物，并提供了一种可以同时考虑宏观和微观问题的机制和方法论，还提出了一种明确、实用和可用的变革技术，可以在一个精心设计的有机体中整合并联结所有的变量、利益相关者、文化、亚文化和其他利益，而这个有机体将技术、业务系统以及人员动态整合在了一个无缝的互动过程中。

在任何应用文献、期刊、畅销书、学术课程或顾问包中都找不到与螺旋动力学相似的理论体系。它绝世独立地存在着。许多人很难把思想集中于整体方面，因为我们受到的训练让我们只会关注局部。我们习惯于快速解决问题，进行单因分析和寻求单方面的解决方案，例如进行洗车式干预或使用微型应用程序。

其他一切，包括工作流程重组、激励、工作设计、文化多样性、执行领导能力、创造力培训、行为准则、价值观计划、扁平化组织设计以及其他风靡一时的事物等，都只是整体中的某个部分。只不过，每个人都声称自己在寻找一种新的、功能更强大的体系，它具有更敏锐的人文关怀，能够了解不断围绕我们产生的文化和地缘政治方面的深刻变化，并有能力精准解决实际问题和关于底线责任的问题。但如果只是盯着表面去看，人们能分辨出这种方法吗？

最后，螺旋动力是我们在其中开发出的综合性保护架结构的首个概念性框架，我们能够将所有其他观点、理论、专家见解、模型、概念、程序包和"解决方案"挂在这个保护架上面。我们不拒绝接纳任何其他技术、方法、培训计划、变革计划或战略计划形式，因为几乎所有这些都有它们的用武之地。螺旋动力的不同之处在于，我们发展出一种能力，使所有这些规划都能适应各种群体、功能、受众和文化的特定需求、发展水平和思维方式。

这些是现行的其他行政、组织、文化、管理或教育模式无法做到的。螺旋动力技术中隐含着一种新发现的人类智能——这是一种经过仔细研究和现场测试的全新思维方式和解决问题的过程，它比任何其他方法都能更快地触及问题的核心。人们进行文化变革的尝试大多收效甚微，因为它们无法处理隐藏在组织、企业、政府、社会机构、学校或政党经营方式的"核心和灵魂"中的社会心理"DNA"密码。当人们试图将完全不同的组织或实体进行合并、融合或完全整合到具有竞争力和熟练技术的全新关系中时，情况也是如此。

我们以往的经验证明，在过去的20年间，并不是每位高管、培训经理、专业决策者或普通人都能理解我们刚才所探讨的内容。实际上，螺旋动力预测了哪些人能够最好地欣赏和运用它。与其让所有人都接受整套方案，不如描述他们生活中涉及的那部分螺旋，或描述他们必须面对的主要问题的范围（例如"蓝色"至"橙色"色带对于放松公共部门的管制或对任何特定功能进行私有化是至关重要的；或者如果希望了解思想工作者和知识工作者之间的差异，尤其是在高科技行业中这两者之间的差异，则"绿色"至"黄色"色带将会显得至关重要）。

本书描述了螺旋动力的整套方案以及特定片段和过程在不同国家的几种"真实生活"中的应用。许多的实际案例主要来自工业、商业利益、教育、社区发展领域，当然也涉及体育和田径运动中的大量应用。

螺旋动力应用实例与说明

- 我们为达拉斯的一家大型市中心银行设计了一份营销简报和策略，其中包括：对银行员工的价值系统进行概要分析；创建为期一天的营销简报，在这些价值系统间进行交流；推荐一整套的后续活动，在全年加强人们的信念，改变人们的态度。负责市场营销的高级副总裁在一份银行杂志上声称,他认为我们的计划是使银行新账户增加63%的主要原因。
- 我们与南非一家大型银行集团的高管紧密合作,为该国的各种人群设计了金融方案、银行设施以及营销和沟通策略。这使得人们设计和建设了针对各种价值系统和元模因而专门定制的社区银行。此外,我们还描述了如何根据银行员工与特定社区环境的适合度来分配银行经理。注意,这里的螺旋动力能够将所有内容链接到其他内容,从而做出决定和选择,使资源和程序自然匹配,同时也符合客户的思维模式和价值系统。此外,通过应用螺旋动力还可将各种银行实体合并到新的关系中。
- 我们在一家美国大航空公司协助高管明确地定义了公司的战略,然后使所有功能(选拔、广告、乘客关系、着装规范、管理、市场营销和员工沟通)与这项特定战略保持一致。这家航空公司目前成为整个运输业中利润最高的航空公司之一,并且被美国及国外的许多竞争对手模仿。我们还识别乘客身上激活的元模因并对其做出响应,来训练所有空乘人员与客户沟通的技巧。
- 我们与另一家美国大航空公司合作了多年,合作方向涉及空乘人员的选择、培训和监督过程。我们所做的是帮助该公司调整所有流程,设计人际关系培训项目,并引入新的团队招募和选拔方法,以提高引进最能适应该航空公司文化的人才类型的概率。
- 我们将螺旋动力学思想引入了美国陆军工程兵团(U.S. Army Corps of Engineers),以解释为什么不同的属性能够激活不同的元模因,以及兵团如何才能最好地应对土地收购中的价值观优先级问题。共有60次为期两天的研讨会在全国各地兵团的不动产部门举办。

- 我们为一家美国大型能源公司设计了一个全面的计划和流程，使高管、经理和主管干部整体做好准备，以应对石油领域的重大转变、员工价值系统的变化以及在全球市场开展业务的独特要求。通过一百多次领导简报、研讨会、讲习班、培训计划和咨询干预，这些概念在公司成员之间得到了传递。

- 一家大型的油田服务公司持续使用螺旋动力方法在全世界范围内实现其管理和现场培训职能，目的是使其现场工作人员无论在石油领域还是在办公场所，针对不同文化背景下的价值系统都能够更有效地做出应对。

- 从国防部到园区服务部门，联邦和州的许多机构都能为人们提供螺旋动力培训。数年来，我们与美国国税局（Internal Revenue Service）合作，努力提升其职能以适应新的信息时代技术，关注美国纳税人不断变化的观念和态度，并将专业人员和管理人员安置在与其元模因概貌相匹配的职能、地理区域和职业道路上。我们还发挥作用，使美国联邦航空管理局（U.S. Federal Aviation Administration）能够通过实施精心设计的甄选流程，更好地识别出最适合担任空中交通管制员的人选。

- 美国的一家大型油漆和墙面涂料公司也在应用螺旋动力方法。我们帮助该公司将整个"系统性"流程引入核心行政决策能力中，使涂料制造商（工厂）与涂料商店和该领域的涂料销售人员更彻底地整合在一起，以更好地为客户服务。此外，我们还介绍了如何检测和监测市场、监管机构及当地社区特殊需求中的主要元模因变化。

- 我们在执法、刑事司法、救灾、环境保护等方面具有丰富的经验。在警务方面，我们为一群警官设计了一个危机干预项目，使用螺旋动力模型训练了试用警官和假释警官，在达拉斯沃思堡机场建立了警务/消防/EMS系统，并对一个主要城市的武装部队进行了培训，培训期间将螺旋动力作为一种了解文化多样性以及其他公共安全工作的方式加以运用。

- 我们参与市政当局的未来规划和城市发展。通过管理最深层次的元模因流程和冲突，螺旋动力方法为我们提供了一个创建健康社区的新框架。目前，接受过螺旋动力培训的外部顾问在利用我们的资料和概念来构建以学术为基础的城市规划和设计项目。

- 我们与南非（以及美国）的不锈钢、铝、混凝土的制造商，金矿开采公司，重型建筑的建筑商，酒店，面包店，渔业、电力、汽车制造、医疗保健以及其他几个行业合作。螺旋动力被广泛应用在战略/系统规划、平权行动和多样性、宿舍管理、激励和沟通以及社会变革等方面。在敏感文化、种族和民族理解、合作与融合方面，我们开发出来的可能是"世界上最好的"项目。

- 在早期的几年中，我们在格雷夫斯的协助和建议下为南非设计了一项全面的社会转型计划和国家建设战略。这项工作历时16年，在此期间我们去往南非超过63次。我们与政治和商业领袖、整体教育事业、地方政府、教会领袖、科学界和城市规划部门积极合作。在媒体、头版头条以及数百个广播电视访谈和节目中，我们的知名度都很高。这些情况在第5章中有所介绍。

- 我们在英国、冰岛、荷兰、巴勒斯坦和以色列帮助推进了大规模的转型过程。

- 我们将螺旋动力学作为基础理论使用，在21世纪的第一个10年末期完成了世界第三大金矿开采公司的成功转型。有18个国家参与这项研究和转型工作。

- 这项理论在南非最大的一家民营卫生保健组织中得到应用，改善了患者的护理体验。

- 目前，在领导力和多元文化领域，螺旋动力成为国际上的6个博士和硕士学位课程的组成部分。

- 在1991年，贝克与南非记者格雷厄姆·林斯科特共同撰写了《熔炉：打造南非的未来》一书。这本书在1992年的关键转型时期成为畅销书。科万和贝克合著了基础理论著作《螺旋动力学》，于1996年由牛津的布莱克威尔（Blackwell）公司出版，在1997年7月即位列南非非小说类畅销书榜首。目前，在社区、大型银行、医院集团、国际矿业公司、青年康复项目，以及从高管到工作的许多职能方面，我们都在实施各种方案。据我们所知，这是第一个用于解决整个社会所面临的问题的人类动力学模型，对于正在经历高度动荡和社会变革需求的社会而言，尤其适用。

- 2016 年 5 月 23 日，安德鲁·斯通勋爵（Lord Andrew Stone）在英国上议院的议会辩论中回应了女王关于外交事务的讲话：

> 多年来，我一直都了解唐·贝克所做的工作，并从他身上学到，应该听取人们对话中的意见，将其与他们的处境联系起来，理解他们所叙述的正是他们面临的事实。去年，我陪同贝克博士访问了他所工作的地区，在他的帮助下，我们试图将一些潜在的积极方面联系起来，以实现广泛而持久的地区和解。[1]

贝克及其同仁们开展的螺旋动力工作将学术理论与现场应用做了整合。他们使当地从业者、领导者和员工能够运用螺旋动力方法，确保技能转移和能力建设顺利进行。

关于元模因密码的最终思考

总而言之，我在此提醒读者注意以下几点：

- 是和弦而不是音符。它并不是固化的人的类型或严格的象限模型，而是对人类发展的理解。在元模因密码方面，我们是有重心的。

---

[1] 源自《赋权期刊》（*Empowerment Journal*）2016 年 6 月刊，第 1~10 页。

例如，它可能以"蓝色"、绝对性、为所有人伸张正义的新兴"橙色"为中心，这是带有个人主义色彩的，希望能获得个人自主。一切建立在他们的世界中正在发生的事情之上。

- 系统潜藏在心灵的地下室。我们曾经使用过并对其赋予了洞察力、技能和意义的价值系统，在个人发展历史中帮助我们应对生存状况，但它们仍潜藏在心灵的地下室——如果我们能够对其进行整合和超越，就仍可以像超能力那样使用它们。即使其能量耗尽，当生存状况要求我们做出调整时，我们仍然能使用它们。

- 顶层出现新情况。新的系统将会出现。这指的是我们内心的系统，而不是指人的类型。人的类型不会一成不变，时间也不会停止。在成长时期，我们可能会在两种系统之间难于抉择，造成内心和外部世界的混乱。

- 发展（运动）与静止。随着生存状况的改变和内心变化的发生，我们也在经历元模因的变化。随着生存状况的改变，我们内心的系统也在发生变化。如果这些变化无法得到理解和允许，在人际关系中就会产生冲突。

- "某些人"规则。不要存有刻板印象，如果想要使用集体名词，就在集体名词前添加上"某些"一词，例如"某些女性……"。

- 方程式与解。当许多不同的变量发生作用时，就用方程式来检查工作中的多个变量。方程式描述了8种不同的变化变量，并将为个人、组织和整个社会的映射提供全面的框架。

> 我们应当将螺旋动力学看作一个公式，从而可以将其视为一种发现独特性的方法，而不是将它看作试图找到对所有人都适用的解决方案的系统。

- 螺旋动力学是公式而不是系统。我们应当将螺旋动力学看作一个公式，从而可以将其视为一种发现独特性的方法，而不是将它看作试图找到对所有人都适用的解决方案的系统。
- 由于可以为每种场景创建一个唯一的条形码，因此可以为社会系统创建条形码。条形码表示：这些人是谁？他们在做什么？他们需要做什么？这是一种解决方案（不是正好合适的解决方案）。
- 如果意识到存在不同的价值系统，我们可能不会摈弃旧的价值系统，而是会将它囊括在新系统内并超越它，就像超级大国那样，可以在不同情况下使用不同的密码，对其特性加以利用。
- 格雷夫斯（1974）提醒我们，并不是一个领导者比另一个领导者更好——相反，最好的领导者是内外一致的，其内心遵守的准则能够最有效地应对生存状况的外部变化。

反思螺旋动力和主密码的发展历程

在第 2 章中，螺旋动力学的构建者克莱尔·W. 格雷夫斯由于在这个研究领域做出了基础性贡献而受到认可。如果不是他将成人发展理论开创性地扩展到了生理—心理—社会模型中，这本书就不可能问世。思想的融合向我们呈现了第 3 章和第 4 章中所展示的结果。在本书第四部分"螺旋动力辅助技术"中，补充描述了与唐·E. 贝克博士的独特方法互为补充的技术。

有些旅伴见证了螺旋动力学和人类本性主密码的非凡发展和应用价值，对本书提供了支持。不可否认，贝克为他们的生活增添了价值，对此他们是充满感激的。

在这样一本书中不得不提的是贝克和科万一起走过的那段旅程。他们之间长达29年的友谊和伙伴关系不仅促成了第一本螺旋动力学书籍的诞生，而且使这项理论在各种空间内得到了应用。随着时间的推移，这项理论的应用空间变得越来越宽广：贝克推演出了整体理论，而科万开始将神经语言程序学（Neuro-Linguistic Programming，NLP）进一步融合到螺旋动力方法中。

29年后，贝克和科万不再同路而行。肯·威尔伯（Ken Wilber）的著作以及整合心理学，让贝克找到了共鸣。他确信，这个世界需要有整合能力的领导者和"第二层级"思维来解决"第一层级"的诸多问题。威尔伯在他的《一味》（One Taste from Wilber）一书的早期版本出版后，便专门为贝克定制了一本并亲笔签名，将那本书作为礼物送给贝克，并补充说他是贝克最忠实的粉丝（见图12.1）。

在后来威尔伯出版的《万物理论》（A Theory of Everything）中[1]，有一些证据表明，这两位巨匠的思想有着显著的不同。威尔伯将螺旋动力学描述为意识波不断发展到某些水平的一个例子。多年来，他越来越频繁地提到格雷夫斯最初的著述。威尔伯解释说："他扩展了波的水平，使它包含了更高层次的超个人的波流和状态，并将许

1　螺旋动力学最初是由克莱尔·格雷夫斯以这种方式进行广泛描述的。

多不同的变化状态和流经主波流的发展流囊括了进来。"主波流的概念源自他著名的4Q/8L模型（Wilber，2001）。威尔伯认为贝克/格雷夫斯方法只是意识发展的一个单向方面，而在贝克看来，螺旋恰好位于4Q/8L模型的中间位置，而主密码是支撑所有其他应用的基础。在图12.2中，四个轴上的各种彩点就是这种观点的一种呈现。

图 12.1　威尔伯签名的《一味》专属版

乔恩·弗里曼（2017）在他的论文《组织发展：第二层级、自然设计和生活系统》（*Organizational Development: Tier 2, Natural Design and Living Systems*）中提出了一个有价值的问题。他的研究重点是未来我们如何能够促进和支持意识的新转变。他列出的一种方法是引用拉卢（Laloux）在《重塑组织》（*Re-inventing Organizations*）一书中对格雷夫斯理论进行的非常简单的介绍。这本书又名《蓝绿色组织》（*Teal Organizations*），很受读者欢迎。拉卢在书中谈道："掌握螺旋动力学，能够让我们释放人类能量、调整人的能力并实现真正变革；组织受人类意识的下一阶段的启发，但缺乏对螺旋动力学的深入理解。"贝克（2016）并不支持威尔伯设定的配色方案。他非常担心，在人类价值系统从"我们"（冷色）变为"我"（暖色）并循环往复的过程中，这种摆荡的节奏可能会产生中断。他认为，在为价值系统交替设定冷暖色调时，会丢失一种非常有价值的属性。

如今，贝克和威尔伯偶尔会互发电子邮件。有传言称贝克向威尔伯发起了公开辩论挑战。令我们感兴趣的是他们对事业的承诺，以及他们愿意继续探讨彼此之间的相似和不同之处，并愿意就那个能够如此清晰地展示我们世界观的主题收集新的见解和认识。在自己的世界观面前，我们无处可逃。

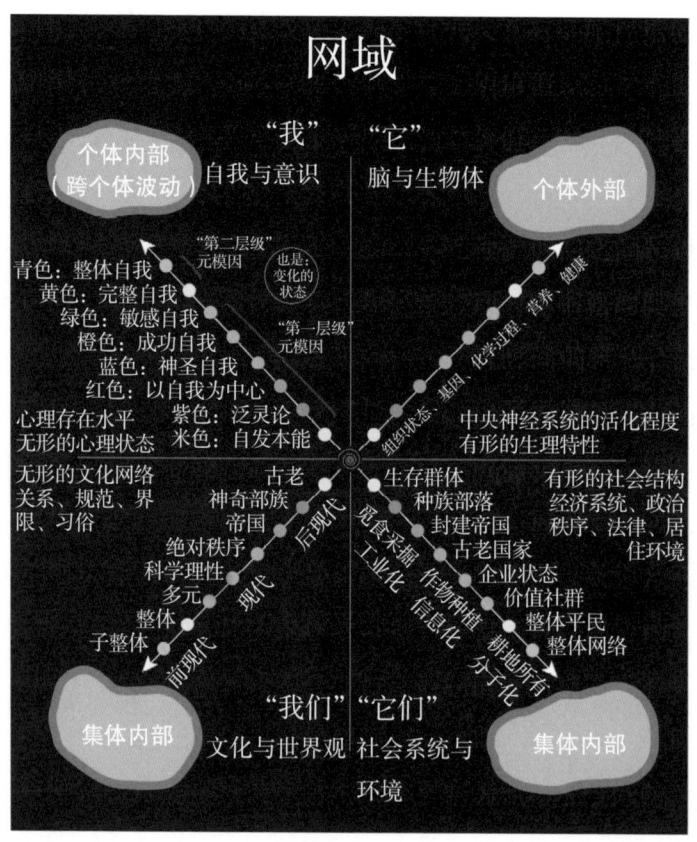

图12.2 贝克与威尔伯的4Q/8L模型和螺旋动力学（2001）

获得的见解和铭记的构想

《什么是启蒙？》（*What is Enlightenment*？）杂志的杰西卡·鲁米舍尔（Jessica Roemischer, 2002）采访贝克时，他们之间进行了以下的对话：

鲁米舍尔：以今天的发展速度来看，20世纪的发展变化仿佛是25年就能完成的。那么，在接下来的25年中，我们能够得到的发展又可以是20世纪时的4倍。到了21世纪，我们将取得过去2万年才能获得的进步，与20世纪相比，所产生的技术变革又要多出将近一千倍。

贝克：这是一个惊人的假设。但这就假定了我们的生物遗传系统中具有复杂的密码，足以迅速应对如此多的变化。那些研究免疫系统的人已经开始怀疑我们是否真正具备所需的能力来应对这种复杂性，甚至身体上能否吃得消。所以，前面那种说法是假定存在一种有机体有能力消化这么多的变化。我不知道事实上是不是这样，我知道的是，今天我们正经历着不可思议的变革，因为在我看来，十几亿人正在同时经过螺旋的不同层级和水平。因而，我们的物种不是沿着一条水平线单向前进发展，而是围绕螺旋上升或下降，产生多种变化。许多人现在又返回到了我们三百年前撤离的地带。

鲁米舍尔：进化生物学家伊丽莎白·桑托里斯（Elisabet Sahtouris）曾说过："压力是导致进化产生的唯一因素。"在我们当前的生存状况下，人们承受的压力越来越大，这与我们当中很大一部分人可能会沿着螺旋向上发展是否存在关联？

贝克：所以说，除了危机之外，基础模因系统还必须具有一定的稳定性。我们必须要有能力创建新的概念系统，因为如果仅是将自身暴露于问题中而不作为，可能会使整个社会发生倒退。这正是在津巴布韦发生的事情，那是一个非常富饶的地方，但事实上目前却有数百万人在那里忍饥挨饿。因此,压力本身并不是关键。正如诺贝尔奖获得者伊利亚·普里戈金(Ilya Prigogine)所说,当先前的系统开始消失时,我们就会到达一个临界地带,通过它,要么会跃升到一个更复杂的系统,要么会下降到一个不那么复杂的系统。变化就发生在这个临界地带的临界点上。尽管要想摆脱模因范式,必然会需要有压力危机的参与,但它本身并不能保证我们实现必要的发展。到目前为止,我们面临着这个问题。

鲁米舍尔:好的,这是个大问题。在跃升至"第二层级"后我们将如何解答这个问题?

贝克:到了这个临界点上,经考察,所有旧的模因系统都不能令人满意。虽然"黄色"模因("第二层级"的第一层)会在未来几年得到充分展现,但请记住,下一层模因的最终结构和能力必须匹配和/或超越它所面临的生存状况的复杂性。它必须能感知到全局以及万事万物之间的相互联系。因此,"黄色"将具有强化的纵向视角,有能力超越、包容和珍视过去发生的事情,也能预测未来。

采访结束时鲁米舍尔(2006)自己做出了以下思考:

> 格雷夫斯是对的,跃升至"第二层级"的过程是"重要的",因为它所指向的完全是内在冲突与深刻的内心解决方案之间的区别,是自己的所有部分和所有模因之间的区别。正如唐·贝克所指出的,这就是恐惧的消除。这不是

一件小事，意味着我们在宇宙中感到完全安适自在。

在这种观点的转变中，我进一步发现：整个螺旋的存在是必要的。正是它让我走到了今天，也让我谦卑地认识到自己确实属于贝克所描述的"永无止境地向上求索"的一部分。而这仅仅只是开始。因为摆脱恐惧和优柔寡断意味着自由地敬畏这个奇迹般不断上升的人类发展的螺旋，以及自由地敬畏创造它的宇宙秩序。当深刻的洞察力和广阔的意识领域在螺旋的上层闪耀时，真正的发展潜力就开始显现了。

在对本书进行最后的审视时，贝克审慎地思考了他对构成本书基础的强大理论所秉持的特定立场。他将研究的本体论和认识论扩展到人类对前现代、现代和后现代哲学的永无止境的求索中。这里所说的螺旋动力是超越后现代主义的第一个人类系统。格雷夫斯的第七层密码（整体、流程和功能）是一个独立的价值系统，其中包含了通过这些哲学立场（前现代、现代和后现代）与人类打交道的知识。由于这个密码真正掌握了所有系统的全部情况，它实际上是后—后现代的，因此本质上是完整的。正是这一特性使这种方法有别于其他理论。

今后应去往何方

托马斯和唐继续借助人工智能，投身于生命体征监测器的相关工作。黎加继续在非洲与洛兰合作进行"米色"和"紫色"方面的研究工作，泰迪和谢尔盖试图运用螺旋动力学理论和见解来积极地影响俄罗斯的动态。在国际上，有关"米色"之美的探索仍在继续，而其他参与者则在探索"第二层级"的各种动力。泰迪激情澎湃地指出，我们可以将目光投向北方，从而能够看到人类的第一次重大飞跃。比科（Biko，2006）基于南方视角提醒我们："从长远来看，非洲将在人际关系领域给世界奉上伟大的馈赠。"比克罗夫特（Beecroft，2015）阐述了西方能给我们带来的恩赐。本书中的中国案例研究也为我们传达了来自东方的见解。图12.3中，可以看到贝克和约翰斯在生命体征监测器旁工作。

那些通过先后与贝克和格雷夫斯结缘而得到成长的人，将会永远受到他们的影响。本书的合著者将他们得到的成长归功于贝克。同样了不起的是，贝克在他80岁高龄时，仍在尝试写一本与当今生存状况息息相关的书。图12.4为贝克与心爱的温斯顿（已故德国雪纳瑞犬）的合影，又带我们回到了本书最初向贝克夫人的致敬。这也就是说，对螺旋的理解实际上是一段旅程，它也会影响到周围的人。希望这是一段可以与所爱之人分享的旅程。

图 12.3 唐·贝克与托马斯·约翰斯设计的生命体征监测器

图 12.4 唐·贝克和他心爱的温斯顿

最终，通过在螺旋动力学整体领域的广度和深度上崭露头角，我们获得了各种不同的深刻见解，并担当起第二层级领导者的角色，从而可以将《蛋头先生》这首童谣的韵文改写为：

蛋头先生墙上坐
蛋头先生跌下墙
国王所有的马儿、士兵和女兵
能够再把他来拼凑……

蛋头先生的比喻具有唐·贝克作品的典型特征。多年来，他从世界各地收集了 80 多个矮胖的蛋头先生。在图 12.5 中，可以看到他和一个蛋头先生工艺品的合照。他富有洞察力地指出这是一个成年的蛋头先生，已经见证过了人性中的每一面。

结语

编写本书的目的是帮助各个领域的领导者们了解能够防止作为人类象征的蛋头先生一直处于破碎状态。或许，仅仅是或许，会有足够多的领导者不满于人们当前的处事方式，他们或许真的能够将蛋头先生重新拼凑起来。

图 12.5　唐·贝克和快乐的成年蛋头先生

本书探讨了人类本性的主密码现象。我们在多元文化背景下获得的关于人类发展的见解也可以应用于个人、团体、组织、国家和地缘政治层面。

在 2017 年 8 月 22 日[1]，贝克对本书进行了最后的思考，并总结

1　当时恰逢 2017 年的北美日食。

了其在发展过程中获得的见解。他提醒我们：

克莱尔·格雷夫斯在1974年告诉我们："人类的本性已为重大飞跃做好准备！"

多年来，我一直对格雷夫斯教授的研究很感兴趣，但这句大胆的表述却像在得克萨斯的暴风雨天空中划过的一道闪电，一下子击中了我。他所称的是"重大飞跃"？那不仅仅是传统的变革，而且是"重大的"变革。这不是日常变化中的简单的"一步"或一系列步骤，而是一场巨变中的"飞跃"，对人类社会具有广泛而深远的影响。在我们经历过"飞跃"之后，一切都将变得不复从前。

显然，大多数开化的人，甚至是那些刚刚觉醒的人，都能意识到，几乎在世界各地的所有人身上都正在发生着深刻的变革。报纸社论在宣扬这些变革，人们还在广播和电视上继续为它高声呐喊。

就连日食也及时出现，向我们宣告它的到来，并希望漆黑的月亮能够被太阳的光辉所照亮。具有党派意识形态的人在解释这种"飞跃"时借机大做文章，而这也只是为他们对世界末日的信仰而服务。但活着的时光是多么美好啊！是吗？这个要自己说了才算。

阅读这本书时，你们会知道在过去的几十年里我和克莱尔·格雷夫斯之间有多么亲密。我们之间有着最高程度的信任和尊重。我们有很多机会在私下进行互访。我们经常谈到"飞跃"，就是他曾写过并经常谈论的重大飞跃。

他建议我在时机成熟时寻求他人协助，促成人们废除种族隔离制度。

我也只能梦想着格雷夫斯教授能够与纳尔逊·曼德拉总统进行对话。哦,天哪,想想看那得有多好啊!我把格雷夫斯的一些录音带寄给了曼德拉,这样他就能听到格雷夫斯的讲话。正如我们在这里所说,他们就像是一对异母兄弟。

在我们终于认识到将肤色与信仰体系等同起来是多么荒谬时,我们就会知道自己对于种族主义本身的诅咒也正是如此荒谬。"白色人种"实际上意味着"蓝色"和"橙色"价值系统,因为成千上万的所谓"少数族裔"正在跨入同样复杂的螺旋层次,这使得人们对于"黑色人种"和"白色人种"固有的刻板印象显得既不真实又无关紧要。

将价值密码罗列出来——其中有"紫色"泛灵论、"红色"自我中心、"蓝色"圣洁、"橙色"唯物主义,甚至也包含了"绿色"人文主义。现在,把你们所认识的黑人和白人的名字分别对应罗列在这些价值系统中。等10年后再重做一次,会有什么样的发现呢?我与芝加哥的保罗·罗伯逊中学(Paul Robeson High School)的领导者们在一起工作了数年,经常会听到几个非常聪明的少年抱怨不已。他们害怕回到研究项目中去,因为他们在数学和科学方面都取得了非常优异的成绩,别人会指责他们"表现得像白人一样"。能明白我所说的意思吗?

我还要再讲到另外一种"飞跃",即社会上的贫富差距。提供降雨预报无法再获得奖励,只有建造了方舟才能获得奖赏。

最终，即将到来的"重大飞跃"解决的是人与人之间、不同社会形态之间以及人与社会之间的差距问题。为此，贝克在一次采访中总结了领导层需要面对的几项挑战：

> 人类正在勇敢地直面某些残酷的真相。我们需要做出一些强有力的选择，包括很多政治方面的选择、一些宗教方面的选择以及一些教育方面的选择。无论到时能否意识得到，我们在做出所有这些选择时都将以螺旋为依据。对事物仅一知半解是件危险的事情，但若无知则会更危险。如果能够了解螺旋动力的重要性和动态特性，就掌握了一种多功能工具，将它与你们的智慧和其他见解结合起来，明智而合理地使用它吧。

关于作者

唐·贝克

唐·爱德华·贝克博士是新千年活动家的典范。他致力于服务与发现,深度参与规模和发展势头不断扩大的全球企业中。1981年,贝克博士已执教20年并已受评为"美国杰出教育家",就在那时他选择去积极地推动南非的转型过程。1981年至2002年间,他63次前往南非,在幕后与政治、商业和宗教领袖以及普通民众一起工作,参与了南非从实行种族隔离制度到实行民主制度的过渡过程。2013年他再一次前往南非,这便是他的第64次到访。1996年,得克萨斯州众议院和参议院通过了一项联合决议,给予他荣誉。除了与纳尔逊·曼德拉一起为后种族隔离时期的南非创建深度和解策略,贝克博士还与托尼·布莱尔及其政策部门进行过磋商,以寻求在英国及世界其他地区实现"第三条道路"倡议的新方式。此外,贝克还与比尔·克林顿(Bill Clinton)一起探讨过美国的种族问题,并曾与新加坡政府和墨西哥政府一起工作过。

尽管贝克的工作大多涉足的是大规模系统变革领域,但他 30 年来也在一直积极与公司、公共机构、教育企业和非营利性机构合作来促成它们的转型。贝克的独特之处在于,他可以在前沿学术理论和科学理论的价值形成与变革之间自由地游走,并且能够熟练地在现实世界中施行切实有效的变革。

贝克博士通过螺旋动力激励了成千上万的人去获得组织和个人赋权的新体验,这是对克莱尔·格雷夫斯博士过往未竟的研究工作的拓展。他关注于塑造我们各种领域的深层复杂性密码。这个模型描述并解释了人类发展的极强复杂性,也展示了如何制定优雅而系统的问题解决方案,以满足人们的需求并应对他们所处的情势。在 1991 年和 1996 年,他与别人合作,分别出版了《熔炉:打造南非的未来》和经典的《螺旋动力学》两本书。他还为螺旋动力网站 www.spiraldynamicsglobal.com 的建设做出了积极贡献。

泰迪·赫伯·拉森

泰迪·赫伯·拉森于1985年毕业于哥本哈根的皇家兽医大学（Royal Veterinary University），获得兽医学博士学位。他曾在美国制药企业伊莱利利公司（Eli Lilly & Co.）工作了20多年，曾先后担任多个职位，包括北欧地区研发经理、丹麦和挪威地区的常务董事（1997—2005）和欧洲地区的文化转型总监（2005—2009）。

在担任最后一个职位时，泰迪负责管理庞大的欧洲业务转型流程，包括伊莱利利公司在欧洲的所有重要的财务、行政、市场推广和销售流程。他在工作中的一项关键任务是负责对伊莱利利欧洲公司特别挑选出的60名顶尖人才进行领导力培养。

2009年，泰迪加入丹麦的灵北制药有限公司，担任公司人力资源高级副总裁。他在这项工作中的主要职责是推动公司在全球范围内形成一种全新的思维方式和文化，同时负责人力资源职能的发展，包括领导力的培养。

自2014年1月至今，泰迪一直都是法国手术机器人公司（MedTech）

的初创公司 Re5 的全职合伙人。这家公司开发出了一种治疗难治型抑郁症的创新技术，与此对应的产品目前已在丹麦和瑞典上市。

泰迪对政治、地缘政治、哲学、文化、经济、技术和科学问题融合所产生的动力感兴趣。然而，他的主要关注点和兴趣在于社会和组织层面，尤其是组织层面，他会关注人们在重大变革时期如何推行管理工作。泰迪是螺旋动力学整体性方面的国际认证专家，多年来一直与唐·E.贝克博士紧密合作。泰迪从事螺旋动力学原理的理论和实际应用工作已有 15 年以上，是第一个人类发展中心的创建者。泰迪还是哥本哈根未来研究所（Copenhagen Institute for Futures Studies）的联合合伙人。

泰迪和他的家人住在丹麦哥本哈根郊外。他的妻子是牙医邦特（Bente）。他们育有两个孩子，女儿名为亚丽克（Rikke），儿子名为托马斯（Thomas）。

谢尔盖·索洛宁

谢尔盖·索洛宁于1973年11月28日出生于莫斯科。自2012年10月以来，他一直担任俄罗斯QIWI电子支付集团的首席执行官。他拥有斯坦福大学商业管理课程的金融和国际认证学位。自20世纪90年代末以来，谢尔盖的职业生涯和专业活动一直与后来发展成为俄罗斯支付集团的那家公司直接联系在一起。他是OSMP的创建者之一，还是俄罗斯投资俱乐部银行（后更名为第一支付银行，之后更名为QIWI银行）的负责人。除了参与QIWI集团管理部门现有的管理活动，谢尔盖还对有前途的金融科技项目进行私人投资，并负责领导俄罗斯金融科技协会。

谢尔盖毕业于俄罗斯联邦政府设立的金融大学，研究的专业为金融和信贷。后来，在2012年，他获得了斯坦福大学高管课程的商业管理证书。

谢尔盖的职业生涯有趣、多样且丰富多彩。在20世纪90年代，他参与创建了一批生产、贸易和物流领域的公司。1998年，他成为投资银行集团——俄罗斯投资俱乐部的股东兼董事会主席。从2004年起，他担任QIWI集团的股东兼董事会成员。此外，自2012年以来他一直担任QIWI集团的股东兼首席执行官。他与泰迪·拉森和唐·贝克博士一起，在QIWI集团内实践了螺旋动力学原理。

谢尔盖与妻子和5个孩子一起居住在俄罗斯首都莫斯科。

黎加·科妮莉亚·维尔乔恩

黎加·维尔乔恩博士所从事的研究、教学和咨询活动反映出她对不同社会系统中的跨国领导力、包容性、兼并和收购的可持续的兴趣。她对42个不同的国家进行过多元文化动力学研究。她是南非雷丁大学（Reading University）亨利商学院的兼职教授，也是约翰内斯堡大学（University of Johannesburg）的高级研究员。此前，她在达·芬奇学院（Da Vinci Institute）担任了12年的人事管理系主任。她将螺旋动力学积极地融入她的研究生教学中。

黎加在银行业从事她的管理事业。她是利基组织发展公司曼荼罗咨询公司（Mandala Consulting）的常务董事，这家公司专门研究大规模转型的实践和螺旋动力。2016年，她获得南非人事管理机构（Institute of People Management）颁发的首席执行官奖，以表彰她对当地和国际变革领域所做的贡献。她的商业管理博士研究聚焦于包容性和可持续的组织变革。她的工作在2008年被管理学会（Academy of Management）认定为国际研究领域的十大杰出贡献之一。

黎加是南非人民实践委员会（South African Board of People Practices，SABPP）注册的组织发展总顾问，也是人事管理学会（Institute for People Management，IPM）、南非管理顾问学会（Institute for Management Consultants South African，IMCSA）和美国心理学会（American Psychological Association，APA）的成员。

黎加是作家、推动者、讲师和讲故事的人。她持续与洛兰·劳布舍尔博士和唐·贝克博士密切合作，复述和传播克莱尔·格雷夫斯教授在学术领域首创的研究成果。她热衷于协助不同的团队紧密团结合作，还喜欢讲述那些不会写字的人所口述的古老故事。通过这种方式，她试图记录口述历史，以此作为一种传递知识的方式来保存人类的古老智慧。她与海因（Hein）结婚后过得很幸福。他们的两个儿子鲁安（Ruan）和斯蒂芬（Stefan）都对螺旋动力学的各种领域和应用感兴趣。

她居住在南非约翰内斯堡的兰德堡（Randburg）。

托马斯·约翰斯

托马斯·约翰斯是一位电气工程师和地缘政治顾问，热衷于发掘个人、团体和组织的全部潜力。他曾在联合国发表过有关大规模组织变革的演讲，并建立了有助于推进变革的系统和项目。他专门研究创新策略和技术以提高生产效率。

托马斯在2016年遇到了贝克博士，当时他正致力建立一个新的项目化的教育系统以确保人们得到受教育的机会。这是一次有趣的旅程，托马斯因此得以与组织文化中的许多思想领袖一起学习。托马斯坚信人类潜能的力量。天赋可以助人达成其他人无法达成的目标，而天才能够助人达成其他人看都看不到的目标，但是得需要意志和勇气才能把这种天才激发出来。要有勇气向别人不敢相信的目标发起攻击。解决这个世界的问题需要用到你们内心天才的力量。

托马斯与唐·贝克博士在新的螺旋动力学应用以及生命体征监测器的开发方面紧密合作。他还是本书支持网站 www.spiraldynamicsglobal.com 的网站管理员。

托马斯居住在美国达拉斯的登顿市（Denton）。

词汇表

^{V}ACE 价值同化对比效应。

自适应智能 毫不费力地理解不断变化的生存状况的能力。

条码 在个人和集体中展示密码的一种既有用又具创造性的方法是开发条形码。

米色 一个关注存续问题的密码，涉及"我如何生存？"。

BeQ 参与哲学和方法论的基准，描述系统中为了获得业务成果所需要达到的人力资源水平。

蓝色 一个关注存续问题的密码，涉及"现在我们应如何为未来做出牺牲？"。

密码 一种描述个人或社会如何理解和组织其存在中的各个部分的价值体系。它是社会系统世界观的原型。

EC 执行核心。

方程式 谁应如何领导？领导谁去做什么？为哪类人做？这些人住在哪里？为什么要做这些？

"第一层级" 螺旋的"第一层级"描述了以恐惧为驱动的密码，这些密码在个人和集体价值系统之间来回移动。

绿色　一个关注存续问题的密码，涉及"现在我们应如何做出牺牲来拯救地球？"。

整体　不同本体论、认识论和方法论假设的合并或综合。

主密码　一种整体逻辑，解释为什么以及何时出现不同的密码以及它们如何工作。

网状组织　将"米色""紫色""红色""蓝色""橙色"和"绿色"所展现出来的特质集中到一个合成的网状组织整体中的方法。

模因论　这里也考虑到了道金斯所描述的新的模因科学，并将它整合到了元模因的概念化中。尽管本书的目的不是重温经典著作，但读者应熟悉以下几个概念之间的差异，即基因、作为模因中编程动力的元模因、世界观、观念和符号学。模因既可以是思想、信念和事业，也可以是图标、对象和位置。本书作者会将价值系统、元模因和密码这几个概念互换使用。

NGO　非政府组织。

橙色　一个关注存续问题的密码，涉及"我应如何征服物质世界？"。

业绩创造者—行政管理者—企业家—整合者（PAEI）　代表了决策中的四种关键角色，是一种评估决策对相应系统所产生的影响的方法。首先，决策应使组织在短期行动和职能中发挥有效作用，即"P"角色（重点解决"做什么"的问题）。其次，长期有效性意味着组织正在实现其存续的目的，即"E"角色（重点解决"为什么"这样做的问题）。再次，决策应该能够使组织在执行短期任务和流程时变得高效,即"A"角色(重点解决"怎么做"的问题)。最后,长期效率取决于对企业系统相互关联性的清醒意识——"I"角色(重点解决"谁来做"的问题)。

紫色　一个关注存续问题的密码,涉及"为了我们的部落,现在我们应如何做出牺牲?"。

红色　一个关注存续问题的密码,涉及"现在我应如何获得权力?"。

第二层级　螺旋动力学中代表更复杂观念体系的螺旋部分——以整体、融合和可持续的方式审视自己和他人。

螺旋动力学　一种主密码,描述了我们观念体系中无形的保护架,会直接影响决定我们视角的认知结构。如唐·贝克所述,它以克莱尔·格雷夫斯的研究工作为基础。

青色　一个关注存续问题的密码,涉及"我以及我们应如何为宇宙做出牺牲?"。

生命体征监测器　一种概念性设计,就像是一个用于从宏观和微观两个层面测量人员聚集情况的仪表板。它涵盖整个国家以及小的社区甚至企业。监测器(用于扫描、检测、跟踪、探测、记录和显示迹象)一词是指可见的证据、轨迹、符号形式和指示器。"生命"一词重点强调的是实体健康的基本要素(命脉、心跳和关键脉动)。整个术语的缩写为VSM。

黄色　一个关注存续问题的密码,涉及"你我如何以功能性、整体性的方式生存?"。

其他资料

大规模变革项目的具体信息

唐·贝克的研究工作根植于克莱尔·格雷夫斯的学术内容，并在实际应用中作为螺旋动力学的行动指导。

本节向慧眼独具的实践者们分享了很多见解，介绍如何处理大规模变革项目。

针对每个项目，都汇总了以下几个方面的信息，包括：

- 作者；
- 标题；
- 日期；
- 简短描述；
- 获取文档的网址。

螺旋动力学在实践行动中的广泛应用表明这种方法具有真实性、适用性、可变性和可移植性，从而使它成为既有效又可靠的方法（Viljoen，2017）。

作者	标题	日期	描述	网址
唐·贝克	《六战制胜》	2017-12-16	《体育价值观》文件和《领导力》杂志上描述的跳羚队"六战制胜"策略	https://goo.gl/YmfMfq
唐·贝克	《整体变革公式》（Integral Change Formula）	2017-12-16	分发的文字材料中提到的整体变革，其中涉及8种变革类型以及阿尔法、贝塔、伽马、德尔塔和新阿尔法几个变革阶段	https://goo.gl/1ZcXNG
唐·贝克	《抗击艾滋病》（Anti-Aids）	2017-12-16	抗击艾滋病的文章	https://goo.gl/Z9SWaL
凯斯等人	《从规则到冷漠》（From Rule to Cool）	2017-12-16	在不列颠尼亚的"规则—冷漠"整体运动	https://goo.gl/hWLBjH
艾伦·汤金	《分层化民主》（Stratified Democracy）	2017-12-12	分层化民主	https://goo.gl/GVPq7j
泰迪·拉森	《七个帮助条件》（Seven Conditions of Helping）	2017-12-12	7个帮助条件	https://goo.gl/kU386P
唐·贝克	《社会发展阶段》（Stages of Social Dev）	2017-12-12	社会发展阶段	https://goo.gl/vM8PGQ
唐·贝克	《网状组织慈善事业》（MeshWORKS Philanthropy）	2017-12-12	慈善守则与网状组织技术	https://goo.gl/FhDf78

学术研究

在本节中读者可以看到唐·贝克所描述的螺旋动力学理论建构模块的摘要。这里介绍了唐所指导的23篇论文，还加入了较新的学术资料。不敢说这份列表是完整的，但可以说通过它，学术读者能够找到理论假设发展的轨迹，而商业读者能够获得宝贵的见解，了解在多元文化背景下如何优化人类的行为。

针对每份研究资料，都汇总了以下几个方面的信息，包括：

·日期；
·作者；
·研究问题或假设；
·研究方法论；
·研究结果；
·每份研究资料的电子链接。

作为对成人发展理论的一种表述，螺旋动力学的学术基础是确凿的。

日期	作者	研究问题或假设	电子链接	网址
2017-08-08	迪恩（Dean,S.F）	研究问题：探讨以人格为中心和以问题为中心的态度研究方法之间的关系	https://www.spiraldynamicsglobal.com/single-post/2017/08/08/Relationships-between-dogmatism-and-ego-involvement	https://goo.gl/tup3u3
2017-08-08	斯派塞（Spicer,C.E）	研究问题：这项研究有双重目的。首先，探讨了总统对公众舆论的潜在影响；其次，以战前1940年至1941年间富兰克林·罗斯福的公众舆论领导力为例进行了案例研究	https://www.spiraldynamicsglobal.com/single-post/2017/08/08/The-PresidentandAmericanPublicOpinionFranklinDRoosevelt-inthe-crisis-of1940-41	https://goo.gl/3UeSVX
2017-08-08	拉斯贝里罗伯特（Rasberry）（Robert,W.）	研究问题：这项研究的目的是考察1968年总统大选时期，乔治·华莱士（George Wallace）从最初亮相到被公众普遍接受所展现出的公众形象，同时也查明了这种形象是否导致了他在民意调查中的失败	https://www.spiraldynamicsglobal.com/singlepost/2017/08/08/The-%E2%80%9CPublic-Image%E2%80%9DofGeorge-Wallacein-the-1968-PresidentialElection	https://goo.gl/rZByJ5

续表

日期	作者	研究问题或假设	电子链接	网址
2017-08-08	富塞尔（Fussell）米拉（Mira, T.）	研究问题：这项研究有双重目的。首先，描述符号和口号在交流中所起的作用；其次，量化选定群体对有争议的口号和符号的反应	https://www.spiraldynamicsglobal.com/singlepost/2017/08/08/A-Descriptive-Study-of-theResponse-ofSelected-GroupstowardControversialsymbolsandslogans	https://goo.gl/6Q4ZBe
2017-08-08	诺埃尔（Noel,A.B.）	研究问题：设计一些方法，帮助基督教教师影响一个快速发展的不明国家，并引起国民的好感	https://www.spiraldynamicsglobal.com/singlepost/2017/08/08/The-AdventistMovement-inTrinidad-ACaseStudyin-InterculturalCommunication	https://goo.gl/pFxrbf
2017-08-08	珀金斯（Perkins,C.J.）	研究问题：考察人们先前对某个问题（例如得克萨斯州人在外购酒）的态度对他们感知同题相关信息的影响	https://www.spiraldynamicsglobal.com/singlepost/2017/08/08/A-study-oftheattitudes-andperceptionconcerningtheLiquor-by-thedrink-controversyin-thestate-of Texas	https://goo.gl/qeKyHn
2017-08-08	伦肖（Renshaw）史蒂文（Steven,I.）	研究问题：能否使用语义差异工具来测量态度强度	https://www.spiraldynamicsglobal.com/singlepost/2017/08/08/Social-Judgementthe-SemanticDifferences-andAttitude-Intensity	https://goo.gl/JTrjb9

续表

日期	作者	研究问题或假设	电子链接	网址
2017-08-08	达文波特(Davenport,D.)	研究问题：识别跨文化交流中涉及的重要变量，并将这些概念应用于与西非加纳中部的阿散蒂（Ashanti）部落成员交流基督教信仰	https://www.spiraldynamicsglobal.com/singlepost/2017/08/08/Communicating-tothe-Ashanti-TribeA-study-in-CrossCulturalCommunication	https://goo.gl/c3nxDb
2017-08-08	桑德(Saunder,G.S.)	研究问题：确定内部向下沟通的流程，以及将它在德州仪器公司（Texas Instruments Incorporated）这个特定大型企业施行时表现出来的有效性	https://www.spiraldynamicsglobal.com/singlepost/2017/08/08/An-analysis-ofthe-methods-andeffectiveness-ofthe-downwardflow-ofcommunicationsat-TexasInstrumentsIncorporated	https://goo.gl/4bXd3u
2017-08-08	乔瓦涅茨(Chovanetz,B.A.)	研究问题：作为共情作用的有效传播者，什么人最容易"被训练"	https://www.spiraldynamicsglobal.com/singlepost/2017/08/08/The-Relationshipbetween-selfconcept-andempathiccommunicativeability	https://goo.gl/zAjU7w
2017-08-08	赫伯特(Herbert,P.J.)	研究问题：使用语义差异工具时是否需要增加一个单独的态度强度测量工具？另外，还分析了由社会判断工具定义的极端强度变量和由语义差异量表定义的极性变量的不同含义	https://www.spiraldynamicsglobal.com/singlepost/2017/08/08/Relationshipsamong-attitudeextremity-polarity-and-intensity	https://goo.gl/XSc5E3

续表

日期	作者	研究问题或假设	电子链接	网址
2017-08-08	诺瓦克(Novak,R.S.)	研究问题：增进对特定组织、家长教师协会及其沟通实践的态度的知识体系的了解	https://www.spiraldynamicsglobal.com/singlepost/2017/08/08/An-Analysisof-Attitudestoward-the-roleof-the-PTAand-itscommunicationof-goalsand-programs	https://goo.gl/L5UV6e
2017-08-08	鲁米施(Roemisch,J.J.)	研究问题：构建一个写执法环境因素相关的沟通危机格式的程序框架	https://www.spiraldynamicsglobal.com/singlepost/2017/08/08/FamilyCrisisInterventionTraining-ACreativeFramework	https://goo.gl/Evp8XH
2017-08-08	马西(Marcy,D.E.)	研究问题：度假村屋移动住宅社区的社交网络	https://www.spiraldynamicsglobal.com/singlepost/2017/08/08/Analysisof-socialcommunicationnetworkoffamilies-withina-mobile-homecommunity	https://goo.gl/Rx6JuD
2017-08-08	贝克(Baker,P.B.)	研究问题：考察人际距离如何随着孩子年龄的增长而变化；孩子的自尊心与人际距离之间存在相关性	https://www.spiraldynamicsglobal.com/singlepost/2017/08/08/Therelationshipof-self-esteem-andthedevelopmentof-interpersonalspacinginelementary-schoolage-children	https://goo.gl/JBDkok

续表

日期	作者	研究问题或假设	电子链接	网址
2017-08-08	隆（Long, L.W.）	研究问题：确定可能影响军方交流的各种价值观，并描述心理发展的主要层面	https://www.spiraldynamics global.com/singlepost/2017/08/08/A-descriptivestudy-of-valuesystems-withinthe-NationalGuard	https://goo.gl/wpWuyd
2017-08-08	罗兹（Rhodes, S.C.）	研究问题：设计一个价值观包，让七年级产生基于价值观体系的认知和理解力，从而实现更加互补的课堂氛围	https://www.spiraldynamics global.com/singlepost/2017/08/08/Training-inthe-value-systemsfor-SeventhGrade studentsA-Creative-Design	https://goo.gl/YbTuWh
2017-08-08	隆（Long, P.N.）	研究问题：确定开放式学校系统中教师的各种价值观，以及这些价值观在学校各个教师群体之间的差异	https://www.spiraldynamics global.com/singlepost/2017/08/08/A-descriptivestudy-of-valuesystems-within-aschool-districtin-Texas	https://goo.gl/tt2wjD
2017-08-08	普赖尔（Pryor,D.）	研究问题：确定可能影响教会沟通的各种价值层面，并发现心理存在的主导层面	https://www.spiraldynamics global.com/singlepost/2017/08/08/A-descriptivestudy-of-valuesystems-withinreligion	https://goo.gl/NocrLs

续表

日期	作者	研究问题或假设	电子链接	网址
2017-08-08	里克（Rieke,R.N.）	研究问题：确定影响执法机构内部警务人员的各种价值观	https://www.spiraldynamics global.com/singlepost/2017/08/08/A-descriptivestudy-of-valuesystems-withinlaw-enforcementorganizations-inTexas	https://goo.gl/w8qoiE
2017-08-08	斯克金（Scoggin, G.R.）	研究问题：确定工作测试中的价值感与个人价值取向量表之间的相关性	https://www.spiraldynamics global.com/singlepost/2017/08/08/A-descriptivecomparison-ofvalue-systemanalysis-andthe-personalorientationinventory	https://goo.gl/jt1FkP
2017-08-08	波尔德罗加奇（Poldrugach,F.）	研究问题：确定影响医院内护士的各种价值观，并通过比较探知住院部护士和急诊室护士的价值观是否存在显著差异	https://www.spiraldynamic sglobal.com/singlepost/2017/08/08/A-descriptivestudy-of-thevalue-systems-of-selectednurses	https://goo.gl/uEJQZM
2017-08-08	赫夫利希（Heflich, D.L.）	研究问题：使用克莱尔·格雷夫斯的"存在水平"或价值系统理论来探索英国新古典主义和浪漫主义运动	https://www.spiraldynamics global.com/singlepost/2017/08/08/Sacrificial-andExpressive-ValueSystems-in-the-English-NeoClassic-and Romantic Movements	https://goo.gl/qXRfUp

博客和文章

在本节中读者可以看到唐·贝克和其他格雷夫斯追随者的各种不同博客和文章的集锦。为了方便读者浏览这些文章,这里汇总了以下几个方面的信息,包括时间、作者、标题和电子链接。

此处提供的列表绝不完整。然而,它为读者提供了一种易于使用的方法,让人们可以从概念上了解螺旋动力的广泛应用。

时间	作者	标题	电子链接
1974	克莱尔·格雷夫斯	《人类本性》(Human Nature)	
2017-06-11	唐·贝克	《全球大鸿沟》(Global Great Divide)	https://goo.gl/oVDkEZ
2017-06-11	唐·贝克	《网状组织的繁荣与兴旺》(MeshWORKS Thrive and Let Thrive)	https://goo.gl/fpBpCX
2017-06-11	唐·贝克	《人类的本性已为重大飞跃做好准备》(Human Nature Prepares for a Momentous Leap)	https://goo.gl/zm9CHU
2017-06-11	唐·贝克	《社会发展阶段》(Stages of Social Development)	https://goo.gl/VbgMvc
2017-06-11	唐·贝克	《两党与跨党派》(BIPARTISAN vs TRANSPARTISAN)	https://goo.gl/NvpF6H

续表

时间	作者	标题	电子链接
2017-06-11	唐·贝克	《红色与蓝色》(Red vs Blue)	https://goo.gl/CgYSoi
2017-06-11	唐·贝克	《整合时代的人类能力》(Human Capacities in the Integral Age)	https://goo.gl/kqKJop
2017-06-11	唐·贝克	《独立日之后的一天》(Independence Day Plus One)	https://goo.gl/iwkVuz
2017-06-11	唐·贝克	《地球停摆那天》(The Day the Earth Stood Still)	https://goo.gl/4i2qp6
2017-06-11	唐·贝克	《可持续文化与可持续星球》(Sustainable Cultures, Sustainable Planet)	https://goo.gl/DG5KVC
2017-06-11	唐·贝克	《全球大鸿沟》(The Global Great Divide)	https://goo.gl/Nq7nHJ
2017-07-24	唐·贝克	《人类的本性已为重大飞跃做好准备》(Human Nature Prepares for a Momentous Leap)	https://goo.gl/QXnAEu
2017-07-24	唐·贝克	《网状组织="繁荣与促繁荣"》(MeshWorks = "Thrive and Help Thrive")	https://goo.gl/WYURv7
2017-07-24	唐·贝克	《为什么布鲁克斯和格拉德韦尔需要克莱尔·格雷夫斯》(Why Brooks and Gladwell Need Clare W. Graves)	https://goo.gl/S1gWkJ
2017-07-24	唐·贝克	《津巴布韦的现实与悲剧》(The Reality and Tragedy of Zimbabwe)	https://goo.gl/5H231V

续表

时间	作者	标题	电子链接
2017-07-24	唐·贝克	《大范围心理学:整体社会的设计与变革》(*Large-Scale Psychology: The Design and Transformation of Whole Societies*)	https://goo.gl/mmubd4
2017-07-24	唐·贝克	《危机中最安全的处所》(*The Safest Place in a Crisis*)	https://goo.gl/MLhTWe